Spermann SJ / Gentner / Zimmermann SJ (Hg.)

Am Anderen wachsen

In Zusammenarbeit mit
dem **Zentrum** für Ignatianische Pädagogik

Johann Spermann SJ
Ulrike Gentner
Tobias Zimmermann SJ (Hg.)

Am Anderen wachsen

Wie Ignatianische Pädagogik
junge Menschen stark macht

HERDER

FREIBURG · BASEL · WIEN

MIX
Papier aus verantwor-
tungsvollen Quellen
FSC® C083411

© Verlag Herder GmbH, Freiburg im Breisgau 2015
Alle Rechte vorbehalten
www.herder.de

Umschlaggestaltung: wunderlichundweigand
Satz: Barbara Herrmann, Freiburg im Breisgau
Herstellung: CPI books GmbH, Leck

Printed in Germany

ISBN 978-3-451-34278-3

Inhalt

Inhalt

Teil 2
Wir wachsen zusammen – und das ist gut so!

Anhang

Prolog

„Das ganze Leben lang lernen"

„Die meisten Menschen ahnen nicht, was Gott aus ihnen machen könnte, wenn sie sich ihm nur zur Verfügung stellen würden." Diese Aussage von Ignatius von Loyola ist und bleibt eine Provokation, die einen Impuls setzt, eine Reaktion oder ein gezieltes Verhalten im Menschen hervorruft und ihn dadurch zum persönlichen Wachstum ermutigen will.

Sie lässt uns erinnern, wer wir sind, welche Würde und damit ausgedrückte Wertschätzung einer Person zuerkannt wird. Selbstachtung und Achtung des anderen Menschen findet so ihren Ausdruck, denn biblisch ist der Mensch, als Mann und Frau, ein von Gott nach seinem Bilde geschaffenes und gesegnetes Wesen (vgl. Gen 1,26–28). Die verschiedenen Talente und Charismen des Geistes ermutigen Christen im Zusammenleben, sich gegenseitig zu achten und ernst zu nehmen (vgl. 1 Kor 14,26–33).

Als Mensch zu reifen, das ist die Herausforderung. Wir werden gefragt: Bist du bereit, Vertrauen zu wagen, dir hohe Ziele zuzutrauen, aber auch in Realismus und Demut die Erfahrung eigener Grenzen zu ertragen? Bist du bereit, dich so weit loszulassen, dass du am Anderen lernst, um so frei zu werden, dass du in der Entfaltung deiner Gaben und Talente nicht nur eigene Erfüllung findest, sondern auch lernst, Verantwortung für Andere und für die Welt zu übernehmen?

Für Ignatius war das nicht nur ein Anspruch an sich und sein eigenes Reifen. Er nahm bewusst das Reifen und das Entwickeln seiner Mitmenschen in den Blick; er studierte, um „besser den Seelen helfen zu können". Er glaubte an die Erziehung und sah Vorteile in Schulen für die einzelnen Schüler, die Ortschaft und die Gesellschaft.

Wie Ignatianische Pädagogik junge Menschen stark macht – das zu reflektieren und zu zeigen, ist das Anliegen dieses Buches. Dies fördert ein Hineinwachsen in eine vertiefte Beziehung zu sich, mit den Anderen und zu Gott – und zwar gemeinsam als Schul- und

Kollegsgemeinschaft. In den Grundzügen jesuitischer Erziehung ist dies so formuliert: „Jesuitische Erziehung ist weltbejahend und hält dazu an, das ganze Leben lang weiter zu lernen".

Das Buch will Impulse geben, zum Tun anstecken und ermutigen, sich auf Erfahrungen einzulassen. Es gliedert sich in zwei Teile:

„Jeder ist anders – und das ist gut so!" – der erste Teil greift die Wachstumsprozesse und Entwicklungswege bei den einzelnen Akteuren des schulischen Miteinanders auf. Die Beiträge fragen nach der Rolle des Schülers, nach dem Selbstverständnis der Lehrperson und zeigen Wege, wie der Einzelne sich zu und seiner Bestimmung findet.

„Wir wachsen zusammen – und das ist gut so!" – im zweiten Teil kommt Schule als System in den Fokus: Welche Voraussetzungen müssen erfüllt sein, damit die Einzelnen in ein gutes Miteinander kommen, wie geschieht lernen vom Anderen und was weckt Verantwortungsbewusstsein?

Damit Ihnen der Einstieg gut und leicht gelingt, steht zu Beginn der Essay „Lebensräume statt Lernkasernen". Er erläutert Herkunft und Grundzüge der Ignatianischen Pädagogik und ist damit ein Portal für die anderen Kapitel.

Auf die Tools für die „Unterscheidung der Geister" und zum „Examen" beziehen sich die Autoren und Autorinnen immer wieder in ihren Texten. Diese ausgewählten Methoden geben einen alltagsbezogenen Einblick in die Praxis der Ignatianischen Spiritualität. Für die „Quereinsteiger" unter den Leserinnen und Lesern haben wir zu Beginn eines jeden Essays eine kurze Zusammenfassung gestellt.

Um eine flüssige Sprache zu gewährleisten, haben wir uns entschieden, weitgehend auf Differenzierungen von Schülerinnen und Schüler, Pädagoginnen und Pädagogen oder Lehrerinnen und Lehrer zu verzichten; wenn von Schülern, Lehrern, Pädagogen etc. die Rede ist, dann sind immer Jungen und Mädchen bzw. Frauen und Männer gemeint.

Das Buch ist ein anschaulicher Leitfaden, der Eltern, aktuellen und ehemaligen Schülerinnen und Schülern, Lehrkräften, pädagogischen Fachkräften, Verwaltungsangestellten und Leitungspersonen an ignatianischen Schulen und Jesuitenkollegien für ihren

Blick auf Schule gewidmet ist. Allen, die sich näher mit der jesuitischen Erziehungstradition beschäftigen möchten, bietet es einen leichten Zugang zu den Prinzipien und Erfolgsmodellen der ignatianischen Tradition.

Das Zentrum für Ignatianische Pädagogik (ZIP) hat das vorliegende Buch zusammengestellt, in dem unsere Werte und unsere Vorgehensweise dargestellt sind. Als Autoren konnten wir dazu Kolleginnen und Kollegen aus Ignatianischen Kollegien und Schulen in Ignatianischer Tradition gewinnen. Ihre Beiträge geben Einblick in die gelebte Kultur und Praxis der Ignatianischen Pädagogik.

Unser Dank dafür geht an die Stifterinnen und Stifter, die diese Publikation ideell und finanziell ermöglichten, an die Autorinnen und Autoren, an den Verlag Herder sowie an Stefan Weigand für die Unterstützung in Konzeption und Umsetzung.

Im Mai 2015

Johann Spermann SJ
Ulrike Gentner
Tobias Zimmermann SJ

Lebensräume statt Lernkasernen

Woher Ignatianische Pädagogik kommt und was sie ausmacht

Johann Spermann SJ, Ulrike Gentner, Tobias Zimmermann SJ

> *When you work, give your all.*
> *When you make plans, plan boldly.*
> *And when you dream, dream big.*
>
> James Martin SJ

Ein Blick zurück

Ignatianische Pädagogik macht junge Menschen stark. Dies erreicht sie, indem sie Schule nicht als Stätte der reinen Wissensvermittlung oder Vorbereitung auf Studium und Berufsleben ansieht, sondern als Lebensort für Kinder und Jugendliche, und Bildung auch als Auftrag, junge Menschen in ihrem Wachstum zu selbstbestimmtem und bewusstem Leben zu unterstützen. An ignatianischen Schulen bilden engagierte und kompetente Pädagogen weltoffene, wache, tätige und im wahrsten Sinne des Wortes selbstbewusste Menschen aus, die miteinander und aneinander wachsen. Eine große Bestätigung für pädagogische Fachkräfte an ignatianischen Schulen ist es, wenn Ehemalige im Rückblick auf ihre Schulzeit feststellen: „Wir haben bei Euch kritisch denken und reflektieren gelernt!"

Ignatianische Schulen gibt es nicht nur in der Trägerschaft des Jesuitenordens. Unter diesem Dach sammeln sich weitere Schulen, die sich der Ignatianischen Pädagogik verpflichtet fühlen. Viele dieser Schulen sind in der Regel mehr als nur Schulen – sogenannte Kollegien. Dies bedeutet, dass neben Schule auch Internat und Angebote einer offenen Ganztagseinrichtung wie Nachmittagsbetreuung, freie Jugendarbeit, Pfarreien und andere Angebote einen gemeinsamen Erfahrungsraum bieten, der über den schulischen Kontext hinaus in die Gesellschaft wirkt.

Aber was ist Ignatianische Pädagogik? Es ist auf alle Fälle nicht allein die Pädagogik der Jesuiten. Ignatius von Loyola gründete mit Freunden 1534 den Jesuitenorden. Sie lebten in einer Zeit, in der die Kirche sich in einer inneren Auflösung befand. Ihre Vision war es, die Kirche von innen her zu reformieren. Die Idee ihrer Ordensgründung war neu: Nicht Abkehr, sondern Hinwendung zur Welt, um sie für Gott zu gewinnen. Ignatius erkannte nach einer Zeit, in der ihn die Frage nach Gott furchtbar gequält hatte, etwas, das ihn sehr befreite: Gott hat sich in Jesus und in der ganzen Schöpfung den Menschen und damit auch ihm schon zugewandt. Gottes Gnade muss er sich nicht mühsam erringen und erarbeiten. Er erfährt, dass er als Individuum mit seiner Persönlichkeit von Gott angenommen und akzeptiert ist.

Ignatius prägte mit seinen Idealen und Werten, mit seinem Blick auf Gott und Welt sowie durch seine Schule des Gebets den Jesuitenorden. Jesuiten machen in seinem Sinn nun seit 450 Jahren Schule und Bildung, aber nicht alleine. Viele hoch motivierte Mitarbeiterinnen und Mitarbeiter, die nicht dem Orden angehören, und manches Kollegium, das sich der ignatianischen Tradition verpflichtet weiß, obwohl die Schule nicht oder nicht mehr in Trägerschaft des Ordens steht, entwickeln und entwickelten diese Form der Pädagogik beständig weiter. Diesen gemeinsamen Ansatz nennen wir Ignatianische Pädagogik. Es kommen Schulen dazu, die in der Tradition von Ordensgemeinschaften stehen, die ein eigenes, aber den Jesuiten verwandtes geistliches Fundament pflegen wie die Congregatio Jesu – im deutschen Sprachraum früher unter dem Namen Englische Fräulein bekannt. Ihre Gründerin Mary Ward setzte sich ab 1622 für Mädchenbildung auf der Grundlage ignatianischer Prinzipien ein.

Für die Jesuiten waren und sind Schulen ein wesentlicher Teil des „Kerngeschäfts". Schon in der ersten Ordensgeneration wurde festgehalten, dass jeder Jesuit seinen Teil für das Gelingen der Schulen beitragen soll.

Jesuiten machen Schule

Seit 1548 verbreiten sich über Jesuitenschulen auf der ganzen Welt schulische Standards, die heute noch unser Bildungssystem prägen. Dazu zählt beispielsweise das Lernen in Klassen nach einem festen

Lehrplan mit Aufstieg in die nächst höhere Klasse nach dem Erreichen eindeutiger Zielvorgaben. Schriftliche Prüfungen vor dem Höherrücken waren ebenfalls eine der Innovationen. Wichtig war das aktive Aneignen des Stoffes durch Üben, statt nur Aufsätze zu schreiben und den Lernstoff mündlich zu wiederholen. Der Unterricht sollte vom Entwicklungsstand der Schüler ausgehen und herausfordernd sein, aber nicht überfordern. Theater, Kunst, Tanz (einschließlich Ballett), Musik und Disputationen (heute würde man dies Debattierwettbewerb nennen) waren klassische Lern- und Übungsfelder. Das Jesuitentheater bildet bis heute eine der größten Sparten der Theaterliteratur, auch wenn die Stücke selten aufgeführt werden, waren sie doch für den kurzlebigen Moment des Lernens und die konkrete Situation einer Lerngruppe geschrieben. Ein klares Programm der Einführung in religiöse Praxis und Aneignung ethischer und religiöser Werte prägte schon immer jesuitische Schulen. Verantwortung konnte und kann gelernt werden durch Verantwortungsübernahme in außerschulischer Jugendarbeit.

Die ersten Jesuiten nannten einige Vorteile, die Schulen für die Gesellschaft, die Schüler und den Orden hatten. Unter anderem wird hervorgehoben, dass die Jesuiten selbst am besten lernen, wenn sie andere lehren, durch die Disziplin, die Beharrlichkeit und die Sorgfalt, die beim Lehren erforderlich ist. Schon damals galt, dass Jesuiten nicht Schulen betreiben, um Nachwuchs für die eigenen Reihen zu finden. Jesuitenschulen standen (ursprünglich) nur Jungen offen, die begabt waren – unabhängig vom gesellschaftlichen Stand und finanziellen Mitteln. Schulen sind für den Orden Plattformen, um gute Bildung und Erziehung zu gewährleisten und so auch Kirche und Gesellschaft zu prägen. Jesuiten lehren und lernen an Schulen. Sie lassen sich im Miteinander auch selber formen im Kontakt mit den Fragen und Themen von Schülern, Eltern und Lehrkräften. Es sind die Orte, an denen der Orden Zusammenarbeit mit Multiplikatoren lebt, lernt und übt. Schulen sind für die Kirche und nicht zuletzt den Jesuitenorden Begegnungsraum mit der säkularen Kultur. Jesuiten waren und sind nicht unkritisch in ihrem Umgang mit dieser, heißen sie aber in der Regel für gut. Dieser offene Umgang gehört geradezu zur Selbstdefinition des Jesuitenordens im Wissen, dass daraus Dynamiken entstehen, die auch das eigene Wesen formen.

Ratio Studiorum

1599 veröffentlichte der junge Jesuitenorden zwei Bücher mit großem Einfluss auf die Spiritualitätsgeschichte und die Pädagogik. Im *„Direktorium für die Exerzitien"* – einem Handbuch für Exerzitienbegleiter – wird erläutert, wie einem Menschen durch einen erfahrenen Begleiter die Chance eröffnet wird, durch Üben von Meditation, Gebet, Bibelbetrachtung und Reflexion zu erfahren, dass und wie Gott mit ihm in enger Beziehung steht.

Die Spiritualität des Ordens hängt eng zusammen mit der weiteren Veröffentlichung – der *„Ratio atque institutio studiorum societas iesu"* – einer Ausbildungsordnung im und durch den Jesuitenorden. Die „Ratio Studiorum" ist kein Erziehungshandbuch für Unterrichtsgestaltung. Es wurzelt wie das Direktorium zum Exerzitienbuch in der Überzeugung, dass alle Menschen tief mit Gott verbunden sind und gute Erziehung das Beste im Menschen fördert. Haltungen und Vorgehen der Exerzitien prägen das Vorgehen jesuitischer Lehrer. Lernen hat nach diesem Verständnis viel mit Reflexion, Erfahrungsräumen und Verkosten zu tun. Jesuiten sahen einen engen Zusammenhang zwischen dem Lernen und gelebter Frömmigkeit und einen hohen Wert in den bürgerlichen und sozialen Anwendungsmöglichkeiten der humanistischen Disziplinen. So achteten die Jesuiten besonders auf die Ausbildung von Geist und Charakter, also mehr auf Bildung, als auf den bloßen Erwerb von Information und Fortschritt in Fachdisziplinen.

Wenige der einzelnen praktischen, pädagogischen Komponenten der Erziehungskonzeption der „Ratio Studiorum" entwickelten die Jesuiten selbst. Sie prüften eher, welche bewährten oder modernen Mittel der Erziehung zu den von ihnen angezielten Grundwerten und Grundhaltungen passten. Wenn also 1599 die wichtigsten pädagogischen Grundsätze der Jesuiten in der „Ratio Studiorum" veröffentlicht wurden, ist es wichtig festzuhalten, dass dies in Anlehnung an das bewährte Modell der Universität in Paris (*modus parisiensis*) und anderer Traditionen geschah. Es gehört zum Selbstverständnis des Jesuitenordens immer wieder neu, die besten Methoden und Mittel einer Zeit zu reflektieren und bei Eignung in das eigene Vorgehen zu integrieren und Altes lassen zu können.

Neu war die Kombination, nicht die Einzelbausteine, die das Modell der Jesuiten von anderen unterschied. Deren Erprobung, Reflexion und Aneignung begründeten aber die Ausbildung einer Bildungstradition, die inzwischen auf 450 Jahre Erfahrung und auf den Einsatz in einem weltweiten Netz von Schulen blicken kann.

Ein Leitfaden zum Lernen und Lehren

In der „Ratio Studiorum" wurde das jesuitische Lehrgebäude für das sechsjährige Gymnasium (Grammatik, Humanität, Rhetorik) als Vorbereitung auf den dreijährigen „philosophischen Kurs" beschrieben, in dem Theoretische und Praktische Philosophie (Logik, Physik, Mathematik, Metaphysik, Ethik) vor allem nach Aristoteles gelehrt wurden. Interessierte setzten das Studium in einer dritten Stufe fort. Diese umfasste das theologische Fachstudium, das nach Thomas von Aquin in vier bis sechs Jahren zu absolvieren war.

Die „Ratio Studiorum" forderte in für die damalige Zeit ungewöhnlich entschiedener Weise, in der Erziehung jede Form körperlicher Züchtigung zu vermeiden. Die Jesuiten waren der Auffassung, dass die jungen Menschen an den Schulen nicht zum Lernen gezwungen werden können, sondern dass es notwendig ist, Schüler so zu motivieren, dass sie selber studieren und gebildet werden wollen. Die gute Beziehung zwischen Lehrer und Lernendem wollte Ignatius nicht durch Züchtigung verbaut wissen. Ihm ging es um Vertrauen und Vorbild. Das gute Beispiel der Lehrkräfte sollte anspornen und überzeugen, nicht aber Gewalt und Zwang. In den Jesuitenschulen spielten Wettkämpfe, Preisverleihungen und andere öffentliche Ehrungen eine wichtige Rolle. Lernen sollte positiv besetzt sein, fairer Wettbewerb untereinander sowie Preise motivieren. Darum wurde darauf geachtet, dass möglichst nur Lernaufgaben gegeben wurden, die angemessen schwer und doch gut zu lösen sind, um Erfolgserlebnisse zu garantieren. Dies war den Jesuiten deutlich wichtiger als Prüfungen mit selektivem Charakter. Begabte konnten Klassen überspringen. Hausaufgaben waren damals noch nicht so wichtig und wurden sparsam verteilt. Stattdessen installierte man ein Tutorensystem, in dem ältere Schüler jeweils zehn jüngere Schüler im Lernen unterstützten.

Die Wettkämpfe unter den Schülern wurden täglich abgehalten. Die Schüler prüften sich so gegenseitig, fragten einander aus, antworteten einander und korrigierten sich gegenseitig. Dazu wurden u. a. die Klassen in zwei Gruppen aufgeteilt, die zeigen sollten, wer über mehr Wissen verfügt. Bei all den Preisen aufgrund der Wettkämpfe ist auffällig, dass in der Regel jeder Schüler irgendwann einen Preis erhielt. Der Verzicht darauf, schwächere Schüler bloßzustellen, war Programm.

Lehrer waren angehalten, die Schüler als Individuen zu kennen, Lob und Anerkennung, Wertschätzung und Wohlwollen zu zeigen.

Leiter der Schule und der außerschulischen Bereiche – wie der Internate – war der „Rektor". Er wählte Lehrer aus, inspizierte Klassen und übte Tätigkeiten aus, wie es ein Trägervertreter noch heute an ignatianischen Schulen als Rektor tut. Schon damals trug die Hauptlast der Schulleitung der Studienpräfekt. Seine Tätigkeit entspricht denen der Schulleitungen heute an ignatianischen Schulen. Er überprüfte die Einhaltung der Studienordnung, führte die Schülerliste, besuchte die Klassen, war für die Prüfungen zuständig etc.

Als Grundlage der Ignatianischen Pädagogik stellt das erzieherische Konzept der „Ratio Studiorum" bis heute in den Auseinandersetzungen um eine angemessene Schul- und Bildungspolitik nicht nur für Jesuitenkollegien eine inspirierende Anregung dar. Seit 1986 beziehen sich ignatianische Schulen auf das Dokument des Jesuitenordens „Grundzüge Jesuitischer Erziehung".

Nicht, dass alles glänzend war, was historisch in der Folge an Jesuitenschulen geschah. Mit einem faktischen Bildungsmonopol in vielen katholischen Regionen wich nach dem großen Erfolg der Reformeifer dem Beharren auf dem Bewährten. Das System erstarrte über die Jahrhunderte, verhinderte das selbstständige Forschen und verzichtete auf eine gezielte Hinführung zu kreativem Denken, wodurch kaum wissenschaftliche Innovationen bzw. Weiterentwicklungen zustande kamen – so die Gegner. Dies zusammen mit einer heftigen Anti-Jesuitenpropaganda, die von einigen europäischen Fürsten nicht zuletzt geführt wurde, um die Kontrolle über den Bildungsbereich zu erlangen, führte letztlich zur teilweisen Ablehnung des jesuitischen Lehrsystems.

Es gab Krisen, massive Fehler bis hin zu unverzeihlichen Übergriffen an ignatianischen Schulen, wie wir 2010 im Zug der Aufklärung von Missbrauchsfällen an Jesuitenkollegien lernen mussten. Und zugleich gab es immer wieder Phasen der Erneuerung, ein Einlassen auf neue Bildungsinhalte und Methoden, eine Rückbesinnung auf den menschenfreundlichen und innovativen Kern der Ignatianischen Pädagogik.

Heute übernehmen ignatianische Schulen wie alle anderen guten Schulen die besten Methoden für die Erziehung und entwickeln diese in ihrem Sinn weiter – unter anderem im internationalen Dialog mit ignatianischen Institutionen und im deutschsprachigen Raum mit dem Zentrum für Ignatianische Pädagogik (ZIP).

Was ist aber nun Ignatianische Pädagogik? Die Antwort findet sich nicht im „Wie" und „Was", sondern im „Warum". Von Ignatianischer Pädagogik inspirierte Menschen leben, prägen und entwickeln Pädagogik aus einer bestimmten Haltung heraus. Die folgenden drei Aspekte sind dabei grundlegend.

Geistreich, beherzt, tatkräftig – drei Kernaspekte

Die Worte, die Papst Franziskus – selbst Jesuit – am 1. Juni 2013 in seiner Rede an Jesuitenschüler fand, zeigen uns, was das Wichtigste ist, das man zusammen mit dem Bildungsinhalt an einer guten Schule lernen kann:

„Dem folgend, was Ignatius gelehrt hat, ist das wichtigste Element in einer Schule, zu lernen, großherzig zu sein. Die Großherzigkeit: Diese Tugend lässt uns immer auf den Horizont blicken. Was bedeutet diese Großherzigkeit? Sie bedeutet, ein weites Herz zu haben, eine Weite des Geistes, es bedeutet, große Ideale zu haben und den Wunsch, große Dinge zu tun, um auf das zu antworten, was Gott von uns will. Und genau deswegen kann man die Dinge des Alltags, die tagtäglichen Handlungen, besser tun mit einem offenen Herzen für Gott und den Nächsten."[1]

---

1 Rede vor Jesuitenschülern, 13.6.2013, zitiert nach: Radio Vatican Papst Franziskus

In diesem Sinne werden weltweit über zwei Millionen junge Menschen von Jesuiten und ihren Mitarbeitern und Mitarbeiterinnen erzogen. Die von Franziskus angesprochene Großherzigkeit ist es, welche die weltweit über 2100 ignatianischen Schulen und 186 Universitäten unverwechselbar machen.

Ignatius war davon überzeugt, dass Gott in allen geschaffenen Dingen zu finden ist. So bemühten sich Jesuiten immer schon staunend zu bewundern und zu verstehen, was Gott geschaffen hat. Intellekt und Affektivität, Fantasie und Kreativität, Leib und Seele gehören zum Lernen.

Ignatianisch geprägte Menschen begreifen die Welt als Schöpfung Gottes, in der der Mensch ein von Gott geschaffenes und gewolltes Wesen ist. In jedem Menschen wohnt Gott. Jeder Mensch ist ein Individuum – ein Wunder Gottes, in dem Potenzial ohne Ende steckt. Aus dieser Sinn, Kraft und Leben spendenden Quelle existiert er. Gott will uns Menschen als freies und selbstverantwortetes Gegenüber. Genau dies ist das Menschenbild, das sie ihren Schülern und Schülerinnen vermitteln.

Aus diesem Grund stellt ignatianische Erziehungsarbeit die Förderung der individuellen Fähigkeiten und Bedürfnisse in den Mittelpunkt *(cura personalis)*. Dies entspricht der Weise, wie Jesuiten selbst ausgebildet werden. In ihrer Ausbildung wird intensiv darauf geachtet, was der Einzelne braucht. Niemand muss einfach durch ein bestehendes System laufen. Diese Sorge für den Einzelnen spiegelt sich auch in der Struktur ignatianischer Schulen wider, erkennbar u. a. am zentralen Stellenwert von Schulseelsorge, Lernförderung, Beratung und Prävention, insbesondere am zugewandten Umgang von Pädagogen und Schülern miteinander. Es geht darum, die eigene Würde und die der Anderen zu entdecken und wertzuschätzen.

Dieser Ansatz, der das Individuum ins Zentrum stellt, unterscheidet die ignatianisch geprägten Schulen und Bildungseinrichtungen von vielen anderen.

---

trifft Jesuitenschüler: „Erziehen ist kein Beruf, sondern eine Haltung", http://de.radiovaticana.va/storico/2013/06/07/papst_franziskus_trifft_jesuitensch%C3%BCler_%E2%80%9Eerziehen_ist_kein_beruf%2C/ted-699212

Die Vision, die allen ignatianischen Schulen und Schulen in ignatianischer Tradition gemeinsam ist und unsere Schulen prägt, fassen wir im deutschsprachigen Raum so zusammen:

„Wir engagieren uns für Schule als Ort anspruchsvoller Bildung und Erziehung, an dem die Frage nach Gott wachgehalten wird und Menschen lernen

- achtsam zu sein, inne zu halten und zu reflektieren
- ihre Talente und Freiheit zu entfalten
- kritisch zu denken und urteilsfähig zu sein
- ihre eigene Würde zu erfahren sowie die des anderen zu achten
- und sich in Solidarität und Verantwortung für eine gerechte Gesellschaft und Welt einzusetzen, all dies unter dem Anspruch der Exzellenz."

Ignatianische Pädagogik ist damit keine Schulpädagogik im Sinne pädagogischer Rezepte oder didaktischer Konzepte. Sie ist auch nicht ein anderes Wort für Pastoral und Seelsorge an Schulen. Sie beschreibt vor allem Haltungen und Wertmaßstäbe der Lehrenden und des Trägers sowie Bildungsziele der Institution für den Prozess des Lehrens im Blick auf diese Vision. Eine Kurzformel des Ansatzes steckt in der Formel: „Im Geist, mit Herz und Hand".

Diese Formel entwickelte Jerónimo Nadal, einer der engsten Mitarbeiter von Ignatius von Loyola, Gründer des Jesuitenordens: *spiritu, corde, practice* – „Im Geist, mit Herz und Hand". Oder anders gesagt: geistreich, beherzt und tatkräftig. Diese drei Begriffe fassen all das zusammen, wofür Ignatianische Pädagogik steht.

Spiritu – geistreich

„Glauben Sie wirklich, dass Gott direkt mit mir etwas zu tun haben will?" Diese Frage, wird Jesuiten häufig gestellt. Ja, Jesuiten glauben, dass Gott jeden Menschen so ernst nimmt, dass er mit ihm in Beziehung ist.

Ignatianische Pädagogik hat eine ausdrücklich religiöse Seite. Sie steht für eine Bildung, die auch die Frage nach Gott offen hält, jungen Menschen Kritikfähigkeit beibringt und zu selbstständiger Orientierung in weltanschaulichen Fragen befähigt.

An ignatianischen Schulen wird daher die Frage nach Gott nicht ausgespart. Pädagogische Kräfte tun nicht so, als sei die Frage nach dem Schöpfer und seinem Anspruch an uns belanglos. Im Gegenteil ist die Gottesfrage deshalb so oft störend, weil Gott uns Menschen „aufstören" will und uns da infrage stellt, wo wir die ganze Welt um unsere Perspektiven, unsere Wünsche und unsere Horizonte kreisen lassen. Bei allem Respekt vor nicht- oder andersgläubigen Schülern und Eltern, verkünden und verbreiten Jesuiten den Glauben und wollen auf diese Weise den Menschen zu einem erfüllten und spirituell engagierten Leben helfen. Auf ihre Weise sind die Kolleginnen und Kollegen an den Schulen eingeladen, sich im Spannungsfeld des Glaubens und der Spiritualität den Schülerinnen und Schülern als Gegenüber zu zeigen. Die weltanschauliche Toleranz im Blick auf die religiöse Haltung von Schülern und Eltern hat dabei System. Schon in den ersten Jesuitenschulen wurden von der römischen Kirche entfremdete Menschen, Lutheraner und Hussiten aufgenommen und ihre Bekenntnisentscheidung toleriert.

Die Frage nach Gott kommt in ignatianischen Schulen nicht nur als philosophische Frage daher; es geht nicht darum, nur über Gott *zu reden*. Ganz im Gegenteil: Spirituelle und religiöse Vollzüge prägen die Schulwirklichkeit. Ignatianische Pädagogik hilft üben und lernen, wie man still wird, sich sammelt, sich öffnet ... Dies geschieht zum Beispiel in den kurzen Reflexionszeiten am Ende eines Unterrichtstages, im Schulgebet, im Gottesdienst, bei Besinnungs- und Einkehrtagen, in der Gestaltung von Fasten- und Adventzeit.

Sprachfähigkeit und Offenheit für religiöse Erfahrung muss geübt werden – gerade auch für den interreligiösen und religionskritischen Diskurs. Wer ist Gott für mich? Welcher Anspruch entsteht aus der Anrede Gottes? Was bedeuten Lebenshaltung und Lebenspraxis Jesu für mich? Was in mir möchte von ihm angesprochen werden? Wofür brennt mein Herz wirklich? Was macht für mich und mein gesellschaftliches Umfeld Sinn? All diese Fragen werden an ignatianisch geprägten Schulen allen zugemutet. Wer sich mit diesen Fragen auseinandersetzt, ahnt und realisiert, dass die Welt mehr beinhaltet als das, was begreifbar ist, was nützlich ist und Erfolg verspricht.

Um dieses „Mehr" zu verstehen, ist es nötig, die Welt zu begreifen. Hier kommt der Bildungsinhalt ins Spiel. Bereits seit den ersten Gründungen im 16. Jahrhundert wurde an Jesuitenschulen Wert darauf gelegt, die ganze Bandbreite wissenschaftlichen und gesellschaftlichen Wissens abzudecken. Sprachen, Künste, Gesellschafts- und Naturwissenschaften sind unverzichtbarer Teil jeder Bildung. Zu Naturwissenschaft und Technik vermitteln wir einen positiven und kreativen Zugang und regen zu deren kritischer Reflexion auf der Ebene der erkenntnistheoretischen, ethischen und gesellschaftlichen Grundlagen an.

Corde – beherzt

Gott spricht mit uns. Wir können ihn hören, wenn wir achtsam sind. Deshalb lehrt Ignatius, genau auf die eigenen Gefühle, Sehnsüchte, Hoffnungen, Träume und Gedanken zu hören. Durch stete Übung bekommt der Mensch ein feines Gespür dafür, zu unterscheiden, was gut ist für ihn selbst und die Umwelt. Wir nehmen unser inneres Erleben unter die Lupe, und treten gleichzeitig immer wieder einen Schritt zurück, um die Lage zu analysieren. Indem wir uns immer wieder hinterfragen, lernen wir mit der Zeit die eigenen inneren Beweggründe sehr genau kennen – und können so zu einer guten Entscheidung kommen. Ignatius von Loyola nennt dieses Vorgehen die „Unterscheidung der Geister". Für dieses Vorgehen entwickelt er in seinem Exerzitienbuch eigene Regeln. Denn nicht jede Einsicht und nicht jedes Gefühl, das mich ergreift, ist die direkte Stimme Gottes. Ignatius wusste sehr wohl, dass gerade bei Menschen, die überzeugt vom Guten sind, die Gefahr wächst, den eigenen Willen mit dem Willen Gottes zu verwechseln. Seine Richtschnur findet Ignatius im Handeln Jesu und in einer engen Beziehung zu Jesus: Wie würdest du handeln? Wie kann ich handeln, damit es gut wird in der Welt? An dieser Maxime orientiert er sich; das gibt ihm Kraft und Klarheit.

Diese Sicht auf den Prozess der Entscheidungsfindung hat weit reichende Konsequenzen für die Bildungs- und Erziehungsarbeit an ignatianischen Schulen. Denn es sind ja die Entscheidungen eines Menschen, durch die er sich definiert. Als gebildet gilt uns also nicht der junge Mensch, der „fit" gemacht wurde für den Job oder für die

Erwartungen der Gesellschaft, sondern der junge Erwachsene, der sich seines Herzens verantwortungsvoll zu bedienen weiß in Verbindung mit seinem Verstand. Gebildet ist, wer gemäß seinem Alter zu einer selbstständigen Kritik-, Urteils- und Handlungsfähigkeit kommt, wer Gespür hat und ein geübtes Ohr für sein Gewissen *(sanum iudicium)*, und wer sich als Teil einer Gemeinschaft versteht und bereit ist, mit anderen zusammen am Gemeinwohl zu wirken.

Sich auf sein Herz verlassen können – diesem Ziel hat sogar alles Weitere zu dienen: *was* ich lerne (Wissen) und *wie* ich es lerne bzw. wie ich es dann präsentiere (formale Fähigkeiten). Auch dies gehört zur ignatianischen Sicht auf den Menschen, der die ignatianischen Bildungseinrichtungen einzigartig macht.

Practice – tatkräftig

Papst Franziskus sieht die Schule als Ort, Menschsein zu fördern. Gerade ignatianische Schulen seien ein Ort für die menschlichen Tugenden: Treue, Respekt, Glauben, Einsatz. Er hebt jedoch besonders hervor:

> „Ich möchte vor allem zwei grundlegende Werte betonen: die Freiheit und den Dienst. Vor allem anderen gilt: Seid freie Menschen! Was bedeutet das? Vielleicht denkt man, dass Freiheit bedeute, machen zu können, was man wolle, vielleicht sogar sich aufs Spiel setzen und den Rausch auszuprobieren, um die Langeweile zu überwinden. Das ist nicht Freiheit. Freiheit bedeutet das zu betrachten, was wir tun, und einschätzen können, was gut ist und was schlecht, welches Verhalten uns wachsen lässt. Freiheit bedeutet, immer das Gute zu wählen. Wir sind frei für das Gute. Habt keine Angst, damit auch gegen den Strom zu schwimmen, auch wenn es nicht einfach ist!"[2]

Jesuitische Schulen bieten ihren Schülern und Schülerinnen viel: ein Zuhause in den Internaten und der Nachmittagsbetreuung in offenen „Ganztagsschulen", Jugendarbeit an der Schule, Schulseel-

---

2 Rede vor Jesuitenschülern, 13.6.2013.

sorge, Schülermitverantwortung, Klassenrat, außerschulische Workshops, Fahrten und Austauschprogramme und internationale Begegnungen im Rahmen von Partnerschaften aus dem weltweiten Netz des Jesuitenordens. Aber sie verlangen ihnen auch einiges ab. Beispielsweise ist das Sozialpraktikum *(compassion)* an unseren Schulen Standard. Es ermöglicht Schülerinnen und Schülern einen Perspektivenwechsel. Sie lernen, die Welt zum Beispiel aus der Lebenswirklichkeit von Kranken, Flüchtlingen, Alten oder Obdachlosen heraus zu sehen. Und vor allem: tatkräftig daran mitzuwirken, die Welt zu einem besseren Ort zu machen. So wird Unterricht zum „Religionsunterricht mit den Händen".

Werteerziehung – Menschen mit Rückgrat

Im Alltag und Berufsleben sehen sich Menschen ständig mit Entscheidungssituationen konfrontiert. Junge Menschen müssen lernen, wie man kluge Lösungen findet, wie man sich mit Kreativität bei der Lösung von Konflikten einsetzt, und sie brauchen als Handwerkszeug für die Zukunft klare Kriterien der kritischen und praktischen Vernunft für die Zeit, in der sie selbst Menschen leiten werden. Eine hohe Sensibilität für Werte ist dann unabdingbar, wenn Menschen „richtig" entscheiden wollen. Und sie lernen am Vorbild, an Pädagogen, die dies alles im Alltag vorleben (sollen).

Werteerziehung fängt da an, wo Lehrer und Erzieher die Kinder und Jugendlichen, die ihnen anvertraut sind, um ihrer selbst willen fördern und fordern – und ihnen die Augen öffnen für die Wirklichkeit in all ihren Facetten und Dimensionen. So lernen Schüler:
– großherzig zu sein
– dankbar zu sein für das Geschenk des Lebens, für Wissen, Intelligenz, Vernunft, Kreativität und Ausdrucksfähigkeit
– sich nicht zu scheuen, das eigene Potenzial mit Disziplin und Elan zu entwickeln
– mit Strategie und Spaß zu lernen
– neugierig und offen für die Unterschiedlichkeit der Menschen, Kulturen und Religionen zu sein

- die Vielfalt der Welt sowie die Anforderungen des Lebens als Chance zu begreifen
- Gott in allen Dingen zu finden – also offen zu sein für den Sinnhorizont des Lebens und auf Gott im Hier und Jetzt zu hören
- daher nicht alles selber machen und erreichen zu müssen
- auf Gott zu vertrauen, auch wenn das Vertrauen in sich selber schwerfällt
- aus dem Glauben heraus voller Zuversicht und Hoffnung in die Zukunft zu blicken
- flexibel kreative und pragmatische Lösungen für die Fragen des Lebens zu finden
- achtsam die eigene Erfahrung und die innere Resonanz dazu wahrzunehmen, um zu guten und verantwortbaren Entscheidungen zu gelangen
- innere Freiheit, Wahrhaftigkeit, Integrität und Ehrlichkeit zu schätzen
- ethische Orientierung in einer komplexen Welt
- Traditionen zu achten, aber nicht beim Gewohnten stehen zu bleiben
- sich stets auch zu fragen, was ein nächster – neuer – guter Schritt sein könnte und was man dazu braucht
- Dialogfähigkeit, Mitgefühl und Nächstenliebe zu üben und zu achten
- Verantwortung für sich und andere – besonders aber für Benachteiligte – zu übernehmen

Diese Werte bedeuten eine Erziehung zur Selbstverantwortung, sie zielen aber auch auf die Courage, für andere Verantwortung zu übernehmen – eben „ein Mensch für Andere" zu sein.

Der Anspruch der Exzellenz

An dem Wort Exzellenz scheiden sich die Geister. Die einen sind angetrieben vom Wunsch, ihre Kinder als Teil einer „Elite" an „Eliteeinrichtungen" auszubilden, damit sie in Zukunft auch einer gesellschaftlichen „Elite" angehören. Vielen anderen Bildungseinrichtungen scheint es sinnvoll zu sein, unter Schülern und Schülerinnen möglichst viel Gleichheit herzustellen. Ignatianische Erziehung zielt einerseits auf das Lernen in Vielfalt und lehnt die Bewertung von Menschen nach ihrer Zugehörigkeit zu einer sozialen Gruppe entschieden ab. Andererseits zielt ihre Bildungsarbeit bewusst auf das Außergewöhnliche. Ihr Ziel ist gute und gleichzeitig individuelle Bildung, also die möglichst vollständige Entwicklung aller Anlagen in jedem einzelnen Menschen.

Ignatius von Loyola fordert für die Erziehung, dass unsere Erwartungen über Fachkenntnisse und über das Wissen, die einen gut ausgebildeten und fachkundigen Schüler üblicherweise charakterisieren, hinausgehen müssen. Er betont immer wieder das *magis*, das „Jeweils Mehr". Dieses „Mehr" bedeutet nicht: Vieles lernen, sondern: Verkosten lernen. Es geht um Qualität statt Quantität. „Nicht das Vielwissen sättigt die Seele", sagt Ignatius, „sondern das Verkosten der Dinge von innen."

Das *magis* drückt eine Liebe zum jeweils Größeren, Exzellenten und Besten aus. Aber – und das ist der entscheidende Unterschied – nicht nach den Maßstäben einer kapitalistischen und bürgerlichen Weltsicht, sondern nach dem Maßstab des Himmelreiches im Hier und Jetzt, nach den Maßstäben Jesu, nach dem Maßstab eines im gemeinsamen Suchen gefundenen Willens Gottes. Das „Jeweils Mehr" zielt auf die Bereitschaft, sich während des ganzen Lebens weiterzuentwickeln. Ignatius drückt das so aus: AMDG – *Ad maiorem dei gloriam*. Alles zur größeren Ehre Gottes.

Das *magis* bezieht sich nicht nur auf die Theorie, sondern auch auf das Handeln. Diese Triebfeder nehmen ignatianisch geprägte Schulen als Anstoß, Programme für soziale Dienste zu entwickeln, die dem Schüler Mut machen, das *magis* bei sich selbst aktiv zu erfahren und zu erproben.

Ignatianische Pädagogik ist von der Überzeugung geleitet, dass Lernen und Lehren in Vielfalt für eine „bunte" Schülerschaft möglich ist. Die Schulen sind keine „Kiezschulen" für geschlossene Milieus, weder für die Begüterten noch für bürgerliche oder akademische Milieus. Sie sind auch nicht „Brennpunktschulen für sozial Benachteiligte". Denn nur wo sich das Konzept Lernen in Vielfalt in Schüler- und Lehrerschaft widerspiegelt, gelingen auch Perspektiv- und Standpunktwechsel, die heute so wichtig sind. Nicht der Geldbeutel der Eltern zählt, sondern die Begeisterungsfähigkeit der Schüler und Schülerinnen für Bildung und die Offenheit, sich kritisch mit den Grundpfeilern Ignatianischer Spiritualität und Pädagogik auseinanderzusetzen. Ignatianische Schulen suchen Schüler und Schülerinnen, die sich auf religiöse, interreligiöse und interkulturelle Bildung einlassen wollen und sich für ein Ideal begeistern lassen, das über den eigenen Bedürfnishorizont hinaus weist. „Menschen für Andere" zu bilden ist der Anspruch.

Weitere Literatur:

Barry SJ, William A. / Doherty SJ, Robert G.: 2002 Contemplatives in Action: The Jesuit Way, New York. Deutsche Ausgabe: Spermann SJ, Johann / Gentner, Ulrike / Hundertmark, Peter 2014: Gott in allen Dingen finden, Annweiler.

Funiok SJ, Rüdiger / Schöndorf SJ, Harald (Hg.) 2000: Ignatius von Loyola und die Pädagogik der Jesuiten. Ein Modell für Schule und Persönlichkeitsentwicklung, Donauwörth.

Herdegen, Peter 2009: Schulische Prüfungen, Bad Heilbrunn.

Internationale Kommission für das Apostolat jesuitischer Erziehung: Grundzüge jesuitischer Erziehung (Rom, 1986), in: Neulinger SJ, Thomas (Hg.) 1998: Wissen – Gewissen – Gespür. Dokumente zur Ignatianischen Pädagogik, Thaur, S. 11–95.

Kessler SJ, Stephan Ch. 2014: The Ration Studiorum of the Jesuits. Pedagogy und Spirituality of the Jesuit Plan of Studies in the Shaping of ‚Modernity' in the Early Modern Period, in: Education for New Times. Revisiting Pedagogical Models in the Jesuit Tradition (Macau Ricci Institute Studies 6), Macau, S. 25–37.

Kessler SJ, Stephan Ch. 1999: Die Studienordnung der Jesuiten. Geschichte und Pädagogik der „Ratio Studiorum", in: Stimmen der Zeit, Heft 4, Freiburg, S. 243–254.

Mertes SJ, Klaus 2009: Verantwortung lernen. Schule im Geist der Exerzitien, Würzburg.

Mertes SJ, Klaus / Siebner SJ, Johannes 2010: Schule ist für Schüler da. Warum Eltern keine Kunden und Lehrer keine Eltern sind, Freiburg.

O'Malley SJ, John W. 1995: Die ersten Jesuiten (deutsch von Klaus Mertes SJ), Würzburg.

Schatz SJ, Klaus 2014: Die jesuitische Ratio Studiorum. Verwirklichung und Problematik eines kirchlichen Bildungsideals, in: Meyer zu Schlochtern,

Josef 2014: Die Academia Theodoriana. Von der Jesuitenuniversität zur Theologischen Fakultät Paderborn 1614–2014, Paderborn, S. 61–82.

Sievernich SJ, Michael 2003: Menschen für andere. Festvortrag in Feldkirch zum Stella Matutina Weltkonvent (http://www.stellaner-schweiz.ch/images/art_element/11_sievernich/download.pdf).

Schmitz-Stuhlträger, Kerstin 2009: Das Recht auf christliche Erziehung im Kontext der katholischen Schule: Eine kanonistische Untersuchung unter Berücksichtigung der weltlichen Rechtslage, Berlin, S. 218.

Traub SJ, George (Hg.) 2008: A Jesuit Education Reader, Chicago.

Teil 1
Jeder ist anders –
und das ist gut so!

Man lernt lieben, was man tut, an denen, die tun, was sie lieben

Tobias Zimmermann SJ

Lernen an der Schule kann nur gelingen, wenn der natürliche Wissens- und Spieldrang und die Eigeninitiative der Schüler nicht erdrückt werden. Damit Kinder eigenständig Erfahrungen sammeln und Neuanfänge wagen können, brauchen sie ein durchlässiges und faires Bildungssystem, vor allem aber Lehrer, die keine Atmosphäre von Resignation und Zynismus verbreiten, sondern als Vorbild ihren Schülern zeigen können, dass sie für ihr Fach brennen.

„Mei, Buam", seufzte Herr B., der Deutschlehrer meiner Gymnasialzeit, wieder einmal mit traurig hängendem Schnäuzer, „ich hab da einen Fehler gemacht in meinem Leben, dass ich nicht Jura studiert und die Kanzlei meines Onkels übernommen habe. Da hätt' ich wenigstens gut verdient." Gerade hatte er wieder einen Schüler entdeckt, der sich mehr für die „Motorwelt und Sport" unter seiner Bank interessierte als für die mit Leidenschaft von Herrn B. diskutierten Fragen wie „Was ist eine gerechte Gesellschaft, was ist der Mensch?!" ... Über seine Pädagogik musste ich damals schon lächeln. Warum er dennoch für mich wichtig wurde? Er forderte uns intellektuell heraus und ließ sich auf Debatten auf Augenhöhe ein. Man spürte seine Leidenschaft in diesen Fragen. Bei ihm habe ich – lange vor der Universität – gelernt, kritisch zu denken und Stellung zu beziehen.

Später traf ich ihn wieder. Er war vorzeitig in den Ruhestand gegangen. „Weißt", sagte er, „heut musst du mehr ein Psychologe und ein Sozialpädagoge sein, wenn du unterrichten willst. Da darfst nicht mehr sagen, der ist zu dumm, um was zu kapieren. Da musst du eine Diagnose über die Familie und einen Förderplan schreiben. Und zum Unterrichten kommst dann nicht mehr." Das Gespräch machte mich traurig, denn meine Gymnasialzeit war nicht unwesentlich von Lehrern geprägt, die ihre pädagogische Inkompetenz hinter autoritärem Gehabe und Dünkel verbargen. Da war z. B. jene Sprachlehrerin, die in der siebten Klasse fast jede Stunde den Schüler – nennen wir ihn einmal „Merkel" – aufrief, der nach ihrer Ansicht offenbar nicht hierhergehörte. Mit strahlendem Krokodils-Lächeln fragte sie dann jedes Mal: „Magst nach vorne kommen und dich blamieren oder soll ich gleich eine Sechs eintragen?" Wie viel Abstumpfung, Hilflosigkeit und Resignation liegen hinter dem Zynismus von Lehrern? Diese Haltung konnte sich hinter dem elitären Selbstbild einer Bildungseinrichtung verbergen, die meinte, es sei ein Zeichen von Qualität, Schüler, die nicht glatt durchliefen, als „ungeeignet" oder „störend" auszusortieren. Der Lehrer B. war nicht so. Er versuchte, einen jeden von uns zu gewinnen. Und jeden einzelnen dazu zu bewegen, das Beste aus sich zu machen.

Wie geht Lernen lernen?

Wie lernen Kinder eigentlich? Diese Frage geht uns oft verloren, wenn wir die Gestaltung von Schule und Lehrplan diskutieren. Und wie fördert man Kinder, die nie die Chance hatten, sich selbst zu erschließen, wie sie am besten lernen? „Lernen lernen" ist deshalb ein wichtiges Thema, um Schulen kindgerechter zu gestalten und wenn es darum geht, Bildungsgerechtigkeit herzustellen. Wer kümmert sich darum, dass auch der Schüler Merkel lernt, wie er am besten Vokabeln lernen kann, auch wenn z. B. keine Eltern zu Hause mit ihm lernen können? Ich glaube, dass hier einer der wesentlichen Aufträge von Schule liegt: Menschen darin zu befähigen, dass sie sich selbst Wissen aneignen können. Und sich dabei auf sich selbst verlassen können.

Wie lernen Kinder eigentlich? Früher war die Frage leicht beantwortet: Wer nicht gut lernt, muss eben mehr lernen. Das Prinzip „Wenn wenig nichts hilft, muss es eben mehr sein" trieb Kinder in die Nachhilfe. Mit oftmals enttäuschendem Ergebnis: Ganz abgesehen von den Kosten und dem Umstand, dass nicht jeder sich diese „Lernhilfe" leisten kann, eignen sich Schüler schneller als den Erwachsenen lieb ist den Habitus an „Ich lasse lernen". Es ist wie mit einem Esel, der nicht laufen will und deshalb geschoben wird:

Wenn das Schieben aufhört, bleibt er wieder stehen. Denn er wurde ja gegen seinen Willen geschoben und hat nicht gelernt, von sich aus zu gehen. Nachhilfe transportiert nur das Gefühl: Alleine kann ich es nicht. Und am Ende bleibt genau dieses Gefühl, selbst wenn der Schüler wieder einmal knapp über die Klippe gehievt wurde. Was sich also zeigt: Es kann nicht darum gehen, junge Menschen zum Jagen zu tragen. Nur, wer selbstständig zu lernen lernt, kann Freude am Lernen entwickeln. Wie aber sieht ein guter Weg dahin aus? Ein afrikanisches Sprichwort sagt, „um ein Kind zu erziehen, braucht es ein ganzes Dorf". Ich würde das gerne aufgreifen und sagen: Damit Kinder lernen und Verantwortung zu übernehmen lernen, braucht es mehr als eine Schule.

Lernen ist ein offener Prozess, weshalb es nicht darum gehen kann, den Lehrenden einmal in ihrer Ausbildung *die* Methode zu vermitteln, wie gutes Lehren geht. Als in einer offenen Denkwerkstatt mit Schülern und Lehrern „Lernen" zum Thema wurde, wünschten sich die Schülervertreter „Lernen mit Spaß". Die Formulierung provoziert Erwachsene. Die Anliegen dahinter aber finde ich spannend: Die Schüler wünschten sich mehr Gelegenheiten, kreativ und außerhalb des Schulgebäudes selbst Erfahrungen machen zu dürfen. Und sie wünschten sich Lehrende, die sie mehr ernst nehmen und einbeziehen sollten.

Lernen im ignatianischen Sinne meint genau dies und mehr als die pragmatische Aneignung von Wissen und Kompetenzen: Lernen heißt erstens, Erfahrungen zu machen, sie zweitens zu reflektieren, um dann drittens Entscheidungen zu treffen, das Gelernte selbstständig anzuwenden. Wie können wir also in den Schulen mehr Raum schaffen, dass Lehrende und Lernende gemeinsam nachdenken, wie Lernen gelingen kann? Wie kann in den Schülern die Neugier erhalten werden? Wie fördern wir Eigeninitiative und selbstverantwortliches Lernen zur Entfaltung von Talenten, was sich an Begeisterung und Liebe zeigt? Bei allem Bemühen erdrücken wir noch zu oft die kindliche Neugier und Eigeninitiative wie nebenbei beim Abarbeiten des Curriculums. Schüler in die Reflexion dieser Fragen einzubeziehen, nimmt sie ernst und schafft so ein Lernumfeld, das die Fähigkeit zur Selbstverantwortung fördert.

Um selbstständiges Lernen zu befördern, braucht es auch strukturelle Rahmenbedingungen. Deshalb waren Jesuitenkollegien eigentlich fast immer mehr als eine Schule. Es gab Felder, um sich auszuprobieren, selbst zu gestalten und selbst Verantwortung zu übernehmen, wie die Sternwarte, das Theater, die Debattierklubs, soziale Projekte wie den Besuch von Gefangenen in Gefängnissen, die Chöre und Orchester und die religiöse Jugendarbeit der marianischen Kongregationen. Sie machten das Lernangebot runder, ganzheitlicher, sinnlicher und erzogen zur Selbstständigkeit. 600 von 800 Jugendlichen am Canisius-Kolleg sind heute Mitglied einer demokratisch organisierten Jugendverbandsarbeit, die in der Tradition der marianischen Kongregationen steht. Ältere Schülerinnen und Schüler leiten Gruppen von Kindern im freien Spiel an. Die Jüngeren erhalten viel Raum zu spielen, weil Kinder spielend lernen, z. B. wie man konstruktiv zusammenarbeitet. In ihren Räumen hängen Gesprächsregeln für ein konstruktives, kollegiales Gespräch, die so vorbildlich sind, dass ich sie gerne vor ausgebildeten Pädagogen zitiere. Sie zu erarbeiten, brauchte es einen Wechsel des Standpunktes und die entsprechende Reflexion eigenen Verhaltens. Jugendliche eignen sich hier in selbstverantwortlichem Handeln unter professioneller Begleitung pädagogisches Wissen sowie soziale Kompetenz und Leitungskompetenz an. Das stärkt das Selbstbewusstsein, auch wenn es in der Schule mit dem Lernen mal nicht so läuft. Umgekehrt gibt es den hauptamtlichen Pädagogen die Chance, die Kinder und Jugendlichen von einer anderen Seite kennen- und ernst nehmen zu lernen.

Ein Kolleg ist mehr als eine Schule, weil die Kinder Lebensorte brauchen, wo sie spielend lernen. Diesen Ansatz haben wir am Canisius-Kolleg in den letzten Jahren vertieft: Kinder scheitern an Schule, weil sie nicht lernen, ihr Leben zu organisieren. Beispielsweise vertagen sie Aufgaben, bis es nicht mehr geht.

Es braucht Betreuungsangebote, die Kindern dabei helfen, einen sinnvollen Rhythmus mit Ruhephasen, Spiel und Arbeit zu entwickeln, weil sie es nicht mehr in der Familie lernen. Und es braucht Lernbegleiter, die klare Spielregeln ausgeben, ohne zu entmündigen. Es braucht angemessene Räume, um selbstständig zu lernen, mit anderen Referate vorzubereiten und sich mit Gleichaltrigen zum Spiel zu treffen. Und es braucht Angebote für die Bewältigung des Scheiterns. Denn auch das Scheitern ist eine Lernsituation, egal ob es um menschliches oder schulisches Scheitern geht: Ich bin froh, dass Lehrerinnen und Lehrer heute nicht mehr alleingelassen werden in Klassensituationen von Mobbing. Jede Schule von Qualität muss über vereinbarte Vorgehensweisen und Unterstützungsstrukturen verfügen.

Ich bin froh um jeden Einzelfall, wenn es Lehrern gelingt, permanentes unentschuldigtes Fehlen oder Störungen durch Schüler nicht ausschließlich disziplinarisch „weg-zu-dressieren", sondern im Zusammenspiel von Tutoren und Schulleitung auf tieferliegende Ursachen zu befragen und darauf zu reagieren: Depressionen oder andere psychische Schwierigkeiten, Familienkonflikte, die die ganze Kraft kosten, oder Einsamkeit, die Jugendliche Nächte vor den Computern verbringen lässt. Wir haben sogenannte „Feuerwehrstunden" eingeführt, wo Schülerinnen und Schüler sich selbst gezielt Unterstützung holen können. Dieses Angebot wird von Schülern sehr geschätzt, weil es nicht entmündigt.

All diese Felder zeigen: Damit Lernen gelingt, braucht es ein Netzwerk von Akteuren, die zusammenspielen, ohne die Kinder einer Institution zu unterwerfen, die über alle Bereiche ihres Lebens verfügt. Es braucht eine Schule, die Teil eines Lebensraumes ist, der geeignet ist, Kinder in ihrem Wachstum zu fördern. Erst in einem solchen Umfeld kann es dann auch gelingen, Schüler unterschiedlichster Herkunft, Milieus und Kulturen einen gemeinsamen Rahmen zum Lernen zu geben.

Denn Lernen in Vielfalt war Ignatius ein hohes Anliegen. Ignatius wollte keine Schule, die nur Schüler eines Milieus, einer sozialen Schicht oder einer Konfession förderte, also eben keine „Eliteschule" in dem Sinne, wie der Begriff heute oft verwandt wird. Es ging um Bildungsgerechtigkeit *und* um das Lernen selbst: Denn echte Bildung braucht den Perspektivwechsel, das Lernen am Anderen. Deshalb sind Schulen in ignatianischer Tradition bis heute so gestaltet, dass sie die Vielfalt der Welt, auch der sozialen Welt, nicht nur in Schulbüchern darstellen, sondern selbst auch verkörpern. Dafür müssen sie jene Kinder fördern, die mehr Unterstützung brauchen. Die entsprechende Haltung der Lehrenden wird mit *cura personalis* umschrieben, der „Sorge für den Einzelnen".

Sie muss aber auch systemisch in die Strukturen der Bildungseinrichtung eingeschrieben sein. So eröffnen Kollegien Kindern einen Lebensort, der bunter und vielfältiger ist als die kleine Welt, in die sie heute sonst oft eingesperrt sind. Deshalb also sind Jesuitenkollegien *mehr* als Schulen. Insofern ist es unserer Tradition nicht fremd, wenn im Zusammenhang mit der Frage des Lernens heute die Frage der Gerechtigkeit stark debattiert wird.

Darauf aber beschränkt sich nicht der Beitrag, den Ignatianische Pädagogik zur derzeitigen Debatte um Schule, Lernen und Bildung leisten kann.

Bildung braucht Spannungsfelder

Als ich in den 80er-Jahren in der alten Bundesrepublik Abitur machte, tobten gerade die Debatten um einen Bildungskanon. Feuilletonisten stellten lustige Listen auf, was „man" – „man" im Sinne von der „gebildete Mensch" – gelesen haben musste. Tiefergehend handelte es sich um die Ahnung einer im Kern sozial und ethnisch sehr homogenen Gesellschaft, in der sich der gemeinsame kulturelle Bezugsrahmen, innerhalb dessen bis dahin Schulbildung organisiert wurde, im Zuge der Globalisierung und wachsender Mobilität aufzulösen begann. Diese letzte „Schlacht" wurde noch geschlagen, als Lehrerausbildung und Schulen längst von einem grundlegenderen Kulturwandel erfasst worden waren.

Bildung ist heute zum entscheidenden Erfolgskapital geworden. Der „Wettbewerb" macht Schule, denn er wird als Motor schlechthin gesehen, der Menschen antreibt: den Einzelnen beim Lernen und die Schulen im Streben nach Qualität. Das zeigt sich etwa an Vergleichstests, die immer wichtiger werden zur Überprüfung der Fairness im Verteilungskampf um das „Bildungskapital". Mir scheint es kein Zufall zu sein, dass just zu dieser Zeit die „Kompetenzvermittlung" stärker in den Fokus der Schulentwicklung rückt. Der Antrieb dahinter lautet: Was muss ich zukünftig können, um am Markt zu bestehen? Ganz im Sinne einer industrialisierten Gesellschaft werden Wege des Lernens standardisiert und fachübergreifend eingeübt.

Positiv gesehen gibt das den Schülern eine Chance, die vorher unter die Räder kamen, weil sie sich nicht wie Kinder von Akademikern daheim abschauen konnten, wie man sich z. B. einen Text erschließt. Vor allem aber, so scheint es, arbeitet nun auch Schule an einem Bildungsprodukt, dessen Erfolg sich unmittelbar ablesen lässt. Jedenfalls denken das die Pisaner.

Ich bin allerdings überzeugt: So wenig es unserem deutschen Schulsystem geschadet hat, endlich aus der Gefangenschaft eines selbstgenügsamen Bildungsbürgertums aufzubrechen, so sehr sollten wir uns dagegen wehren, die Gegenwart von Kindern durchgängig den Erfolgsaussichten zukünftiger Arbeitnehmer und Marktteilnehmerinnen zu opfern. Der Wettbewerb, der heute so ins Zentrum unseres Denkens und unserer Motivation gesickert ist, wurde in der Ignatianischen Pädagogik einerseits durchaus genutzt, wird aber auch mit kritischer Distanz gesehen, wo er als Mittel falsch eingesetzt zentrale Ziele unseres Bildungsverständnisses beschädigt, wie den Geist der Kooperation unter Menschen, der Solidarität und Empathie ins Zentrum stellt, oder jene Selbstentfaltung, zu der essenziell die Übernahme von Verantwortung für Andere gehört. Ein Blick auf die Umbrüche zu Ignatius' Zeit und dessen Bildungsmodell zeigt, dass es moderner ist, als es vermuten lässt.

Als Ignatius nach einer höfischen Ausbildung in Verwaltung und Militär für sich das Neuland der akademischen Bildung an einer der besten Hochschulen des 16. Jahrhunderts in Paris entdeckt, da steckt die Bildungswelt seiner Zeit in einem Wandel von ebensolcher Tragweite, wie wir ihn erleben. Europa erschließt sich gerade neue Welten, geografisch und wissenschaftlich. Mit den gedruckten Büchern wandert Bildung aus den Klosterbibliotheken in die Städte der Bürger. Statt um die mittelalterliche Suche nach Wahrheit geht es um eine Bildung, die dem wachsenden Handel neue Herstellungstechniken und Orientierung in einer Situation der Verunsicherung verschafft. Die humanistische Bildungsbewegung rückt mit dem *bonum civile* Fragen des gelingenden Zusammenlebens in die Mitte schulischer Erziehung; Bildung dient dem Menschen und macht ihn zu einem sittlich handelnden Wesen.

Die ersten Jesuiten versuchen nicht, diese Spannungen aufzulösen, sondern *aus ihnen heraus* gelingende Bildung zu entwickeln.

Die katholische Reform traut dem Einzelnen zu, Gott selbst und in der Welt zu finden. Zugleich behält sich Ignatius eine gesunde Portion Skepsis gegenüber dem Menschen vor, dessen Freiheit er hauptsächlich von innen gefährdet sieht. Deshalb bedeutet Bildung den ersten Jesuiten auch weiterhin die leidenschaftliche Auseinandersetzung mit Erkenntnis- und Wahrheitsfragen. Es geht um eine Bildung im Sinne moderner Ganzheitlichkeit, aber nicht in einem idealisierenden Modell naturgegebener Harmonie, das behauptet, all diese Anliegen fielen von selbst ins Gleichgewicht, sondern in der Anleitung zu aktiver Auseinandersetzung mit Perspektiven, Fertigkeiten und Wissensbereichen, die mannigfach in Spannung zu einander stehen. Es geht am Ende um die Haltung, an diesen Spannungen zu wachsen, indem man sich ihnen stellt, sie ausbalanciert, ohne einseitig zu werden, und darin die Richtung auf das Ziel zu entdecken, auf das hin man sein Leben verwirklichen wird.

Wenn heute also die einen in Talkshows das hohe Lied der Disziplin singen, während andere ihre Schüler in Roadshows über die Straßen ziehen lassen, um das Ideal selbstorganisierten Lernens auf die Agenda eines nationalen Bildungsplans zu setzen, wenn die einen Schulzeiten immer mehr verkürzen und verdichten, während die anderen sich Gemeinschaftsschulen wünschen, in denen Kinder und Eltern möglichst lange gemeinsam lernen, dann kann Pädagogik in der Tradition eines christlichen Humanismus ignatianischer Prägung die Erfahrung beisteuern, Motive abzuwägen und an Spannungen zu wachsen. Darin besteht also ein Wert des ignatianischen Bildungsverständnisses: Dass Spannungen oder die Existenz von Gegensätzen nichts Bedrohliches ist, das es abzuschaffen oder einzuebnen gilt; sondern dass darin Chancen liegen.

Harmonie ist ein Zustand, der sich aus dem Spiel der Spannungen ergibt. Klang entsteht nur dort, wo Spannung entsteht. Das gilt für unser Bildungssystem als Ganzes, in dem Qualität entsteht, wo eine Vielfalt von Schulen und pädagogischen Konzepten sich gegenseitig herausfordern. Und es gilt für die Pädagogik selbst. Kinder suchen mit Begeisterung Herausforderungen, ob es der nächste Baum ist, auf den sie klettern, oder sie untereinander Kräfte messen. Sie testen aus, was sie können und wo sie dann eben Schiffbruch erleiden. Sie müssen die Grenzen ihrer Mitmenschen austesten, damit sie wissen, bis wohin man gehen kann, ohne dass es dem anderen weh tut. Sie müssen Normen übertreten, damit sie begreifen, dass diese wirklich gelten und was passieren kann, wenn man sie nicht ernst nimmt.

Kinder fordern heraus, und Kinder wollen ernst genommen und herausgefordert werden. Das alles geht nicht ohne Blessuren ab. Und zu einem gelingenden Leben und einer gesunden Persönlichkeit gehört auch, sich so anzunehmen, wie man eben ist. Deshalb braucht es zum Lernen Begleiter, die Kinder herausfordern innerhalb eines Vertrauensrahmens, in dem Kinder selbst Erfahrungen sammeln können, ohne an der Vorsicht der Erwachsenen zu ersticken. Es braucht Lehrende, die Kinder ermutigen und ihnen ehrliche Rückmeldungen zumuten, damit sie eine realistische Einschätzung von sich bekommen.

Das Spiel zwischen diesen Polen gelingt aber nur, wenn im Zentrum aufrichtige Wertschätzung und Empathie stehen. Und es gehört ein fairer, aber auch aufrichtiger und unideologischer Umgang mit Verschiedenheit dazu. Denn Kinder sind, Gott sei Dank, unterschiedlich. Und Vielfalt kann sich nur befruchten, solange sich jede und jeder Einzelne noch gesehen, gefördert und gefordert fühlen kann.

Den Masterplan einer Schule, die alle Kinder unter ihrem Dach angemessen fördern kann, halte ich, trotz aller Fortschritte der Binnendifferenzierung von Unterricht, für eine Allmachtsfantasie von Bildungsideologen. Sie ist nur mit Mogelpackungen zu erreichen wie der Sorte „Einheitsschule", in der letztlich alle Kinder auf dem Zugangszeugnis eine Gymnasialempfehlung haben. Dass Bildungsgerechtigkeit auch verletzt wird, wo wir Kinder im Stich lassen, die gerade Herausforderungen bräuchten, in dieser Überlegung hat mich jedenfalls die Begegnung mit Max bestärkt.

Kinder suchen Herausforderung

Max war ein Junge, den alle irgendwie mochten, der aber zugleich alle zur Verzweiflung trieb. Er redete zu Zeiten wild in die Klasse hinein. Dann wieder war er völlig abwesend. Seine Leistungen waren in guten Zeiten unauffällig, insgesamt aber zunehmend unterirdisch. Sein Platz in der Bank vermüllte völlig, weil Max Massen von Dingen dort hortete. Er brachte mit der Zeit Lehrer und Mitschüler gegen sich auf. Der Vater versuchte es mit Standpauken und mit Anschieben. Die Mutter dagegen versuchte den Sohn vor einem Übermaß an Anforderungen zu beschützen, das ihn zu überfordern schien. Es war eine Situation wie bei einem Esel, an dem alle schoben und zogen. Der schaut zwar freundlich in die Welt. Das Gezerre aber verwirrt ihn so, dass er lieber stehen bleibt und sich gar nicht mehr bewegt. Irgendwann hatte niemand mehr eine Idee. Ab da schien Max allen nur noch lästig zu sein. Erst in unserer Nachmittagsbetreuung, wo jeden Tag mit ihm ein Tagesplan vereinbart wurde, fiel auf, wie pfiffig der Junge war. Max wurde auf Hochbegabung getestet. Der Testende meinte nur trocken: „Dass Ihnen dieser Junge nicht schon längst in die innere Emigration abgetaucht ist vor lauter Langeweile, zeugt von einer geradezu heldenmütigen Bereitschaft zur Mitarbeit." Max übersprang in der Mitte des zweiten Halbjahres eine Klassenstufe, bereitete sich gleich auf den Lateintest eine Woche später vor und schrieb auf Anhieb mit gutem Erfolg mit. Er brauchte seine Anfälle hektischen Reinrufens und den Müll auf seiner Bank nicht mehr, um sich selbst vor dem Koma der Langeweile zu bewahren.

Vor meinem inneren Auge sehe ich jetzt Kollegen in Erinnerung an all die Eltern die Stirn runzeln, die in ihren Kindern den Einstein, die Callas ... kurz das Kind sehen, das überdurchschnittlich begabt sein muss, schon allein deshalb, weil es *ihr* Kind ist. Davon rede ich hier aber nicht! Mir geht es hier bei der Frage, wie Kinder zu eigenständigem Lernen kommen, darum, wie viele Potenziale verkümmern, weil Kinder sich an der falschen Stelle des Lebens nicht herausgefordert, sondern gelangweilt fühlen. Was uns Erwachsenen bei Kindern und Jugendlichen oft aus dem Blick gerät: Sie leben Wachstum! Kinder wachsen aus ihren Kleidern hinaus, wechseln Interessen und Freunde. Die einen wachsen schneller, die anderen langsamer, und irgendwann ist es andersherum. So wenig ein Schulsystem fair ist, das zu früh endgültige Etiketten verteilt, so wenig können wir ein Schulsystem verantworten, das Kinder zwingt, zu eng gewordene Kleider zu tragen.

Und wie Kinder manchmal die Herausforderung suchen! Da sitzen dann neunjährige Mädchen vor einem und sagen auf die Frage, warum sie so unbedingt auf die neue Schule wollen: „Ich möchte Altgriechisch lernen." Die Eltern verdrehen dann die Augen, weil das eingeübt klingt. „Warum willst du das denn lernen?" „Na, weil ich so gerne in das Pergamonmuseum gehe und Archäologin werden mag." Andere erklären einem die Vorzüge unterschiedlicher Arten Dinosaurier. Und manche können nicht viele Worte machen, weil sie schüchtern sind. Und trotzdem kann man hinter den wenigen Worten den heiligen Ernst des Wunsches spüren, herausgefordert und ernst genommen zu werden. Dafür brauchen junge Menschen zur rechten Zeit einen Neuanfang.

Das betrifft auch das Umfeld des Lernens: Für manche Kinder ist es natürlich schön, länger in der gewohnten Gruppe und dem vertrauten Umfeld zu lernen. Aber wie viele Kinder haben bei mir als Schulseelsorger Rat gesucht, weil sie aus Klassen kamen, wo alle, auch die Eltern, der festen Überzeugung waren, wie toll doch die Klassengemeinschaft sei. Mitten drin sitzen diese Kinder, die das nicht so empfinden. Sie sprechen es oft nicht aus, weil sie glauben, es liege an ihnen, dass sie keine richtigen Freunde finden können. Aber wer findet schon auf Kommando in einer vom Zufall zusammengewürfelten Gruppe Menschen Freunde? Vor ihnen liegt eine Ewigkeit Schulzeit, ohne die Chance auf ein neues Team.

Oder wie sollte einem Kind oder einem Jugendlichen gelingen, seine Rolle als „Schluri" wie ein zu eng gewordenes Kleid abzulegen, wenn nicht in einer neuen Gruppe. Kinder brauchen Herausforderungen und Neuanfänge: Deshalb sprechen wir bei der Aufnahme auf unsere Schule bewusst nicht mit den bisherigen Lehren. Wir schauen uns die Zeugnisse der jungen Leute an und machen uns selbst bei einem Gespräch ein Bild. Nicht selten rufen uns dann befreundete Grundschullehrer an und fragen: „Was habt Ihr Euch dabei gedacht?" Und nicht selten sagen wir dann. „Wieso?

Der oder die lernt gut und ist gut in die Gruppe gewachsen. "Auch in die Oberstufe nehmen wir nicht selten Jugendliche auf mit abenteuerlichen Zeugnissen oder langen Listen von Fehlzeiten, wenn sie uns glaubhaft machen können, dass sie durchstarten wollen, jetzt.

Ein durchlässiges und faires Bildungssystem ist für mich nicht gleichbedeutend mit einem Einheitsschulsystem. Wir werden die vielen Anforderungen an Schule und Bildungssystem nicht spannungsfrei auflösen, vor allem nicht mit einem verbindlichen Einheitsmodell von Schule innerhalb eines Bildungsmonopols unter staatlicher Bevormundung, das die Vielfalt von Kindern über einen Kamm schert. Warum ich mir an dieser Stelle Polemik erlaube? Gegenfrage: Worum geht es in Bildung und warum sollte man eigentlich Shakespeare gelesen haben?

Warum man Shakespeare nicht lesen muss

Man mag dem Bildungskanon, der nur noch in der Nostalgieecke von Feuilletons überlebt, nicht hinterhertrauern. Dennoch könnte man fragen, ob Shakespeares „Othello" in der Schule zu lesen nur noch Sinn macht, wenn man entweder anschließend eine Reportage des Geschehens zu schreiben – oder die Mechanismen der Diskriminierung nach einem standardisierten Argumentationsmodell zu diskutieren lernt?

Natürlich haben wir eine Pflicht, jungen Menschen erst einmal Rüstzeug für ihre Zukunft im Beruf mitzugeben. Aber das ist eben nur eine Dimension von Bildung. Wie viel „Vernutzung" vertragen Humanität und Kultur? Es gibt keinen rationalen Grund auf der Ebene des Nutzens, Shakespeare zu lesen, zu lernen, sich mit Bildern von Sean Scully auseinanderzusetzen oder sich in Philosophie und Theologie letzten Fragen zu stellen, außer dass die Menschen eben ärmer – und die Welt eindimensionaler sein wird, wenn Menschen den Sinn für diese Art Schönheit, Freiheit und Wahrheit verlieren. Wann und woran aber zeigt sich der Nutzen von humaner Bildung?

Am Ende meiner Schulzeit gehörte ich natürlich auch zu denen, die sich darüber beschwerten, dass wir zu viel auswendig gelernt hatten. Wozu soll man das brauchen? Meine Mutter dagegen hatte immer schon die Gedichte, die sie in ihrer Schulzeit gelernt hatte, gehütet wie einen Schatz. Das war in der Familie durchaus Anlass, nachsichtig zu lächeln über diese vergangene, bildungsbürgerliche Welt. Am Ende ihres Lebens versank ein Großteil ihrer Welt im alle Konturen auflösenden Nebel der Demenz. Morgens zum duschen aber kam eine Pflegerin und sang mit Mutter die Lieder ihrer Kindheit und rezitierte mit ihr die Gedichte ihrer Schulzeit.

Jeden Morgen kam meine Mutter strahlend und lachend aus dem Bad. Was war das für ein Geschenk, sich auf diese Weise die Freude an der Welt, einen Rest Erfüllung, Orientierung und Würde zu bewahren! Und welcher kluge Bildungsplaner hätte vorausahnen mögen, wie existenziell diese Dimension von Bildung für meine Mutter am Ende ihres Lebens mit über achtzig Jahren noch einmal werden sollte. Das hat mich demütiger und vorsichtiger gemacht, wenn wir über Bildungsziele zu reden.

In schulischer Bildung, die ihre humane Mitte nicht verlieren soll, geht es also immer auch um Bildungsinhalte, die nicht mit Nutzen zu begründen sind, sondern nur in der kreativen Freiheit der Menschen ihren Grund finden. Die Erfahrung von Schönheit, Liebe und leidenschaftlichem Engagement beruht zwar oft auf einem Tun, das den Erwerb von Kompetenzen voraus setzt. Sie entzünden sich aber erst an einem Punkt weit jenseits pragmatischer Kompetenzvermittlung. Wie geht ein Lernen, das diese Dimension von Bildung umfasst?

Nicht das viele Lernen sättigt die Seele, sondern das Verkosten

Bei einer bildungspolitischen Veranstaltung begegnete ich vor kurzem einem Lehramtsstudenten, der ganz beseelt von seiner pädagogischen Mission erklärte, es reiche doch, den Schülern vier – fünf Stunden voraus zu sein. Es brauche weniger von diesem unnützen Fachwissen, das er habe lernen müssen, als vielmehr die Kompetenz zur Vermittlung. Ich jedenfalls dachte bei mir: Gott bewahre die Schüler vor deinem Traum von Schule. Manchmal begegnen mir Lehrer, die ich gerne fragen würde, was sie selbst fasziniert, was sie lesen und worüber sie nachdenken. Menschen, die von Kindern erwarten, sich für ihren Unterricht zu interessieren, zeigen keine Aufgeschlossenheit für ungewohnte Gedanken, für neue Musik oder ungewohnte Kunstwerke.

Wir hatten vor kurzem ein Benefizkonzert im Kammermusiksaal der Philharmonie. Es spielten neben den besten Musikern unseres Schulorchesters Berufsmusiker, die uns dieses Konzert geschenkt hatten, darunter ehemalige Schüler. Vor dem Konzert stand ich mit einem unserer Musiklehrer im Saal. Ich fragte ihn: „Freust du dich auf das Konzert?" Er sagte: „Es ist für mich ein unsagbares Geschenk – Gänsehaut sozusagen – neben Menschen spielen zu dürfen, die so wundervolle Musiker sind und die einmal meine Schüler waren." Ich sagte ihm: „Das Geschenk habt auch ihr ihnen einmal gemacht."

Es sind Momente, die Ehrfurcht gebieten, wenn ein Feuer weitergegeben wurde. Es sind Momente wie die Begegnung mit einem Schüler, der mir mit leuchtenden Augen erzählte, dass er nun Geschichte studierte und es genau das sei, was er sich gewünscht hatte, seit er beim Kollegen K. in den Unterricht gegangen sei. „Weiß der das?" Er verneinte, er sei zu schüchtern, das zu erzählen. Also liebe Lehrer, wofür brennt ihr und woran merken die Schüler das?

Für eine Schule in ignatianischer Tradition ist das Herz der eigenen Pädagogik, die Ebene der Bedeutungen, des Sinns, die Tiefendimension von Wirklichkeit. Denn für Ignatius zeigt sich der Schöpfer selbst in allen Dingen. Säkular ausgedrückt: Wenn Schülerinnen und Schüler lernen sollen, sich in der Wirklichkeit zu bewegen, müssen sie die Chance erhalten, sich zu orientieren *und* sich damit auseinanderzusetzen, was ihnen die Welt bedeutet. Auf diese Tiefendimension verweisen die Warum-Fragen, die eben niemals durch die Wie-Fragen ersetzt werden können, wie das ein billiger Naturalismus oder Szientismus unternimmt.

Bildung, die junge Menschen ernst nimmt, darf diese Fragen weder aussparen noch in einen separaten Kuscheltierzoo sperren, etwa durch Gettoisierung in einem Fach Religion. Diese Fragen stellen sich in den Naturwissenschaften, in Geschichte, in Musik ...

Also: Was meint hier Lernen? Junge Menschen brauchen menschliche Beziehungen, die ihnen helfen, ein existenzielles Fundament zu entwickeln, auf dem sie sich getragen, beheimatet und bejaht wissen. Denn christlich gesehen ist der „Schöpfungsbericht" in Genesis eben kein „Bericht", sondern eine Hymne auf die Entdeckung, dass die Welt und die Menschen gewollt sind. „Und Gott sah, dass es gut war." (Genesis 1,31) Und sie müssen die Chance erhalten, sich kritisch mit der Frage auseinanderzusetzen, ob wir Menschen nicht einfach In-die-Welt-Geworfene sind – was ihnen also die Welt bedeutet? Denn der Schöpfer geht nie in der Schöpfung auf und umgekehrt. Deshalb findet eine unideologische Auseinandersetzung mit der Tiefendimension der Wirklichkeit auch keineswegs notwendig ihren Ausdruck in konfessionell-religiös formulierten Glaubensüberzeugungen. Ein konfessionell-gebundener Glaube aber bleibt konventionell und oberflächlich ohne diese Tiefenerfahrung. Und schließlich kann man biblisch gesagt die Wirklichkeit nicht ansehen, ohne *auch* das zerstörte Geschenk wahrzunehmen, eine Herausforderung an uns zur Mitarbeit an der Heilung und Versöhnung. Das meint Ignatius mit der Aufforderung, „Gott in allen Dingen zu finden". Wie geht ein Lernen, das Schüler in der Auseinandersetzung auf diesen Ebenen nicht allein lässt?

In der Ignatianischen Pädagogik wird diese Dynamik des Lernens mit dem „Magis", dem „Mehr", umschrieben: Üben – Verkosten – Reflektieren. Der Weg dieses Lernens beginnt, wie immer, mit dem Üben. Es geht aber nicht um die mechanische Aneignung einer Fertigkeit, sondern um ein Üben, das einmündet in die Suche nach Bedeutsamkeit. Das wird mit dem Begriff „Verkosten" umschrieben.

Erst meine japanische Klavierlehrerin eröffnete mir diese Dimension des Übens. Sie ließ mich jede schwierige Stelle solange üben, bis ich sie beherrschte und dann noch öfter ... Erst wenn das „Handwerk" keine Mühe mehr macht, kann die Suche nach einer tieferen Bedeutung beginnen. Das Üben führt also zu einem Verkosten, das jeden Moment des Geübten nochmals durchgeht, um den darin liegenden „Geschmack" wahrzunehmen, den Klang und den Ausdruck in der Musik, den Ernst und die Reichweite einer Frage hinter dem philosophischen Argument, die elegante Schönheit eines mathematischen Lösungsweges ... Das Verkosten ist der Moment des Übergangs, an dem Schulbildung sich zu unterscheiden beginnt von der Dressuranstalt zweibeiniger Kaninchen, die nützliche Fähigkeiten vermittelt bekommen. Es ist der Freiheitsmoment, an dem Üben in die Reflexion übergeht und Schüler ihre Würde erhalten, indem sie mit der Frage konfrontiert sind: Was bedeutet dir das? Vielleicht haben sie nur einen Geschmack auf der Zunge, den Geschmack „nach mehr": Mehr lieben, mehr suchen, mehr begehren, sich mehr einsetzen … Säkular beschrieben ist es der Beginn der Leidenschaft. Ignatius beschreibt diesen Moment einer ersten Ahnung sehr treffend, wenn er sagt, „Nur wenige Menschen ahnen, was Gott aus ihnen machen könnte, wenn sie sich ihm nur überließen".

Üben steht und fällt aber mit der Motivation, sich auf das Üben überhaupt einzulassen. Bildung gelingt am besten, wenn sie ihre Motivation aus dem natürlichen Wissens- und Spieldrang von Kindern schöpft. Es ist Teil der Kunst des Lehrens, herauszufinden, wie sich eine Sache auf eine Weise erschließen lässt, die bei Kindern jene spielerische Weise, sich Wirklichkeit zu erschließen, weckt. Hier liegt aber auch die Versuchung: Denn wo diese Freude nichts mehr mit der Sache zu tun hat, sondern nur noch „Methode" ist, sich also wie buntes Bonbonpapier beliebig um jede Sache packen ließe, da beginnt Schule an Sonderwelten zu bauen. Insofern stimme ich, je länger ich bestimmte bildungspolitische Debatten und Reformen der Schule erlebe, doch meinem alten Lehrer, Herrn B., zu: Gott bewahre uns vor der Schule der Didaktiker und Lernkompetenzzüchter, die noch nicht einmal merken, wie ihre wunderbare Bildungswelt Schüler zum Rohmaterial für den Arbeitsplatz und die reale Welt zum didaktischen Schlachthaus verfremdet, das kein mühevolles Ringen mit der Wahrheit mehr kennt, sondern nur noch die Frage: „Wie verwurste ich das alles da in kleinen Lernschritten und kreativen Methoden?"

Das Entscheidende an Motivation zum selbstständigen Lernen verkörpert der Lehrende also selbst. Natürlich wäre es eine Überforderung, wenn die Lehrenden bei allem, was sie unterrichten, gleich begeistert sein sollten. Wie beim Bergsteigen aber, kann einen der, der schon einmal von den Gipfeln in die Weite geschaut hat, am meisten motivieren, sich am Fuße eines Berges auf den Aufstieg einzulassen. Auch der erfahrene Begleiter kann einem die

Mühen des Übens nicht abnehmen, weil sie erst zum Verkosten führen. Aber er kann mit seinem Wissen um die Not solcher Zeiten ermutigen, durchzuhalten.

Ich bin dankbar für all die Lehrer, die mir in den letzten Jahren an unseren Schulen oder bei Fortbildungen begegnet sind und die dieses Engagement für Schüler und für ihr Fach mit Leidenschaft verkörpern. Denn es sind diese drei Seiten, die in meinen Augen zum Lehrerberuf gehören, wo er seine Berufung im Angesicht eines vielschichtigen Menschenbildes nicht verfehlen soll: Wertschätzung und Freude an den Menschen, die ihm anvertraut sind. Eine Liebe zur „Sache", also die Fähigkeit selbst Interesse, Aufgeschlossenheit und Begeisterung für etwas vorzuleben. Und die Enthaltsamkeit, nichts erzwingen zu wollen und nie zu wissen, wann ein Funke bei wem übergesprungen ist. Sie und nicht Schulmodelle und Lernkonzepte machen am Ende den Unterschied guter Bildung, die Schüler ernst nimmt, herausfordert und mit Fairness und Augenmaß fördert.

Ein Lehrer, der sich – nur – als Vermittler versteht, steht für nichts

Michael Becker

Methodik und Fachwissen sind die Basis des Lehrerberufs, doch seine eigentliche Essenz liegt in der Art der Beziehungen, die ein Pädagoge zu Schülern und Kollegen hat. Nicht fachliche Kompetenz, sondern der Umgang mit den Menschen ist das, was über die Zeit hinaus wirkt. Damit ein Pädagoge bereichernde Beziehungen leben kann, braucht er die Reflexion. Indem er sich Zeit nimmt, vergangene Situationen noch einmal zu durchleben, erkennt er, wo er gerecht oder ungerecht, gelassen oder getrieben, authentisch oder fremdbestimmt agierte. So weckt er das Gespür für sich selbst und legt den Grundstein für ein gutes Miteinander.

„Im Referendariat und noch in den ersten Jahren meines Berufslebens war für mich die größte Herausforderung, mich von meinem großen Vorbild zu lösen. Mein eigener Lateinlehrer in der Oberstufe war quasi zur Kopiervorlage geworden, an der ich mich orientierte. Bis in die Sprache hinein versuchte ich, genauso zu unterrichten wie er, weil er mich damals mit seiner Art begeistert hatte. Sie war neu und unverbraucht, unkonventionell und frisch. Seine Begeisterung für das Fach steckte mich an, und sein Umgang mit uns Rabauken traf den Nerv.

Aber die Klassen, auf die ich traf, waren andere als zu meiner Schulzeit. Es waren nicht die ‚harten Kerle‘ aus ländlicher Umgebung. Ihre Sprache war anders. Es waren zehn Jahre vergangen. Das Umfeld war anders. Und vor allem war ich selbst ein anderer. Das konnte nicht gut gehen. Disziplinschwierigkeiten waren an der Tagesordnung; der Unterricht war oft chaotisch; es gab Elternklagen. Natürlich beherrschte ich das Fach und die Didaktik, aber der Subtext war das Problem – ständig versuchte ich, mein Idol zu imitieren und möglichst locker aufzutreten. Das nahmen die Klassen als anbiedernd und distanzlos wahr.“

Erwartungen

Diese kurze Schilderung eines Kollegen spiegelt die eigenen Erwartungen an die Ausübung des Lehrerberufes wider. Ausgesprochen und unausgesprochen beeinflussen uns Konzepte und Vorstellungen, die jeder selbst verinnerlicht hat. Bilder stecken fest im Hinterkopf, sie drängen uns ständig in eine Richtung. Je nachdem, ob uns der Feldwebel, der gelassene Typ oder die quirlige Schauspielerin vorschwebt. Bilder müssen nicht per se falsch sein. Eine Vision ist schließlich auch so ein Leitbild, das nicht nur wichtig, sondern unabdingbar ist. Es lauert immer aber auch die Gefahr der falschen Ausrichtung.

Zu diesen eigenen – oft unausgesprochenen und unbewussten – Leitbildern kommen die vielfältigen Erwartungen von außen: für eine ruhige Lernatmosphäre sorgen, jedem Kind einfühlsam gerecht werden, den Unterrichtsstoff verständlich und interessant vermitteln, zu Höflichkeit und Anstand erziehen, zu gesunder Ernährung hinführen, den Umgang mit modernen Medien vermitteln. Die Bandbreite ist groß. Eine Fülle von Interessen wird ständig an Schule und Lehrer herangetragen – berechtigte und unberechtigte Anliegen, auch Überforderungen.

Das Schwierige am Umgang mit den Erwartungen – ob jetzt innere oder äußere – ist, dass sie nicht automatisch korrespondieren. „Die alte Lernpädagogik war wesentlich besser!" „Der Frontalunterricht widerspricht neuester Hirn- und Lernforschung!" – zwei Zitate aus der Elternbefragung am Kolleg St. Blasien illustrieren exemplarisch, wie weit die Erwartungen divergieren können und sich nicht selten widersprechen. Wer in diesem Dschungel nicht zerrissen werden will, muss sich Schneisen schlagen und einen Ariadne-Faden spinnen, an dem er sich orientieren kann.

Michael Becker

Authentisch sein

„Die Schülerinnen und Schüler werden herausgefordert, ihre Potenziale auszuschöpfen"[1]. Gleiches gilt für die Unterrichtenden: Es geht darum, die eigenen Potenziale auszuschöpfen – nicht darum, etwas nachzuahmen oder allerlei Erwartungen zu erfüllen. Eine Kollegin hatte von einem Kollegen ein Stundenkonzept übernommen. Auf die Frage, wie es gelaufen sei, antwortete sie: „Es ging so. Ich habe die ganze Zeit dich reden hören." Offensichtlich hatte sie sich nicht wohlgefühlt in der fremden Haut. Die gut gemeinte Idee lief ins Leere.

Es gilt, immer wieder in den Blick zu nehmen, was ich gut kann, wo meine Stärken liegen. Sind es die gut gestalteten Arbeitsblätter? Ist es das zielführende Unterrichtsgespräch, das erhellende Tafelbild?

Um nicht falsch verstanden zu werden: Es ist auch Aufgabe jedes Lehrers, fachlich am Ball zu bleiben, Zeitschriften und Bücher zu lesen; es ist unabdingbar, sich neue Methoden und Möglichkeiten zu erarbeiten; es gibt Erwartungen, die selbstverständlich und unhintergehbar sind – angefangen von den Dienstpflichten über die gründliche Unterrichtsvorbereitung und zügige Korrektur der Klassenarbeiten bis hin zum konstruktiven Umgang mit den Eltern. Aber damit ist die Basis beschrieben, nicht die Essenz guten Lehrerseins.

Umgekehrt werden Schülerinnen und Schüler „herausgefordert, ihre Potenziale auszuschöpfen" durch die Begegnung mit Menschen, die ihre eigenen Fähigkeiten kennen und nutzen, „Menschen mit Wissen, Gewissen und Gespür"[2], Menschen mit Bereitschaft zu lebenslangem Lernen[3]. Dazu gehört auch, sich aneinander zu rei-

---

1 Deutsche Provinz der Jesuiten (Hg.) 2008: Der jesuitische Charakter der Jesuitenkollegien, München, Punkt 7.
2 Internationale Kommission für das Apostolat jesuitischer Erziehung: Ignatianische Pädagogik. Ansätze für die Praxis [Orig.: The Ignatian Pedagogy. A Practical Approach, Rom 1993], in: Neulinger SJ, Thomas (Hg.) 1998: Wissen – Gewissen – Gespür. Dokumente zur Ignatianischen Pädagogik, Thaur, S. 139.
3 Generalskurie der Gesellschaft Jesu (Hg.) 1986: Grundzüge jesuitischer Erziehung, Rom (aus dem Englischen übersetzt und herausgegeben im Auftrag der Provinzialkonferenz der Deutschen Assistenz SJ, Frankfurt/Main), Abschnitt 2.3.

ben und voneinander zu lernen. Wichtiger aber ist, einander so zu begegnen, dass im Gegenüber die positiven Möglichkeiten und Anlagen geweckt werden und sich entfalten können. Das kann sich in einem klärenden und kritischen Wort äußern: „Du weißt selbst, dass dir Englisch nicht leicht fällt. Wenn du aber kontinuierlich die Vokabeln lernst, ist schon sehr viel gewonnen." Oder: „Mir ist aufgefallen, dass du in den letzten Wochen sehr zurückgezogen bist. Dein wacher und kritischer Blick in den Diskussionen fehlt mir." Am meisten ist aber schon mit einem freundlichen, humorvollen und wohlwollenden Auftreten gewonnen.

Unverzichtbar ist dabei auch der Umgang mit eigenen Versäumnissen: Es ist gewiss nicht immer leicht, Fehler zuzugeben. Lehrer müssen jedoch nicht alles wissen, nicht alles können und machen auch längst nicht alles richtig. Es stärkt jedoch Authentizität und Autorität, wenn sie dazu stehen und es auch zugeben können. Werden sie doch so deutlicher als Mensch wahrgenommen.

„Ein Verständnis von Exzellenz, das sich darin erschöpft, Schülerinnen und Schüler nach Möglichkeit auf die ersten Plätze in Ranking und Hochleistungswettbewerben zu treiben, entwürdigt die Beteiligten"[4]. Dieses erwartete Magis kennzeichnet wirklich gute Pädagogik.

Allerdings fällt dieses Authentisch-Sein nicht einfach so vom Himmel. Und es ist auch kein Talent, das jede Lehrkraft automatisch hat. Vielmehr ist es so, dass es ständig kultiviert werden muss. Die richtige Form Reflexion ist dabei der Weg.

Reflexion

Bei Ignatius bildet die erzwungene Zeit auf dem Krankenlager den Ausgangspunkt seiner spirituellen Identität, wie wir heute vielleicht sagen würden. Er verweilt bei den Gedanken, die ausgelöst werden durch die Lektüre des Lebens Christi und der Heiligen. Er verweilt auch bei seinen Träumen von großen Taten. Entscheidend wird dabei der Geschmack, den diese oder jene Gedanken hinterlassen.

---

4 Der jesuitische Charakter der Jesuitenkollegien, Punkt 7.

Reflexion beginnt mit dem Verweilen, dem Innehalten, der Unterbrechung. Oft genügt schon ein kurzer Moment: Bevor ich mit der Stundenvorbereitung beginne, werfe ich einen schnellen Blick auf die vergangene Stunde. Was war rund und gelungen? Wo klemmte es? Kann ich Ursachen erkennen – bei den Schülern, bei mir? Wie kann eine angemessene Reaktion aussehen – inhaltlich, methodisch? Dabei bin ich mir bewusst, dass ich immer nur mich selbst und mein Verhalten ändern kann (und schon das ist oft schwer genug). Aber ich kann gewiss sein: Dann ändert sich auch bei den Menschen in meiner Umgebung etwas.

Unterbrechung ist auch die bewusst gesetzte Pause: Absichtslos stehe ich vom Schreibtisch auf und gehe kurz nach draußen; ich trinke zwischendurch einen Tee; auf der Rückfahrt mit der Bahn lese ich bewusst nicht, sondern sitze einfach nur da; am Abend schlüpfe ich in die Sportschuhe und renne eine halbe Stunde oder steige auf das Fahrrad. In dieser zuerst einmal leeren Zeit melden sich schnell vergessene Vorhaben und regen sich Gedanken, die sonst leicht unter den Tisch fallen. Mitunter fällt einem so auch ein Ausweg von selbst zu: „Wenn ich mit der Stundenvorbereitung einfach nicht weiterkomme, drehe ich eine Runde. Kaum bin ich von zu Hause weg, fällt mir die Lösung ein. Ich komme nach Hause und brauche nur noch alles aufzuschreiben", erzählt eine passionierte Joggerin.

Für vertiefte Reflexion ist es jedoch notwendig, gezielt Zeiten zu reservieren. Ein paar Beispiele: „Jeden Samstag ziehe ich mich für eine halbe Stunde zurück, nehme mein Tagebuch und lasse die letzte Woche Revue passieren. Als Letztes schreibe ich immer auf, was mir klar geworden ist." „Vor der Sonntagsmesse bin ich ein wenig früher da. Ich betrachte still die Woche und nehme sie mit in den Gottesdienst hinein." „Ich beende wenn möglich den Tag mit meiner persönlichen Tagesschau." „Wenn die Ferien beginnen, breche ich zu einer kleinen Wanderung auf. Schnell habe ich den Abstand zu allem. Ich denke an die zurückliegende Zeit mit allem, was sie prägte. Wenn ich zu Hause ankomme, bin ich ausgeglichen, sehe klar und habe meist schon neue Ideen."

An dieser Stelle systematischer Reflexion haben auch Exerzitien, Fortbildungen, kollegiale Hospitation und Mitarbeitergespräche in ihrer jeweiligen Eigenart ihren Platz. Ich halte inne und gebe dem Raum, über das ich im Alltag oft schnell hinweggehen muss. Und ich verweile dabei; in der Landwirtschaft würde man von Wiederkäuen sprechen. In dieser intensiven Betrachtung erspüre ich den Geschmack, den Ereignisse und Entscheidungen hinterlassen. Ich kann auch Entscheidungen „zur Probe" treffen und hinschmecken: Tut das gut oder nicht? Hinter dem guten Geschmack vermag ich dann den guten Geist zu entdecken. In dem sicheren Bewusstsein, geführt zu werden, traue ich diesem guten Geschmack und weiß, welche Richtung ich einschlagen muss.

In diesem Spiel von Praxis, Unterbrechung, Verweilen, dem Geschmack der Ereignisse Nachspüren schält sich heraus, welche Schritte als Nächstes an der Reihe sind, wie ich meine „Potenziale" ausschöpfen kann.

Gerechtigkeit

„In Jesuitenschulen und -internaten wird der Sinn für Gerechtigkeit geweckt und wachgehalten."[5] Eigentlich ist es fast schon eine Binsenweisheit: Autorität kann ein Lehrer nur haben, wenn er gerecht ist – gerecht in der Notengebung, gerecht in der Auswahl aus dem weiten Spektrum der sogenannten erzieherischen Maßnahmen. Vertrauenslehrer und Schulleitungen berichten jedoch immer wieder von verbalen Entgleisungen, von Lehrern, die Lieblingsschüler haben, Kolleginnen, die Schüler nach Elternklagen hart anpacken. Es liegt auf der Hand, dass diese Verhaltensweisen inakzeptabel sind.

Doch so einfach ist die Frage nach der Gerechtigkeit nicht zu beantworten. Wer kann schon sicher von sich behaupten, bei den mündlichen Noten fair die ganze Klasse im Blick zu haben oder beim Aufsatz nicht zur besseren Note zu neigen, wenn dieser die eigene Meinung widerspiegelt? Leicht erlaubt man der Schülerin mit dem gewinnenden Lächeln Dinge, die man der anderen mit dem ernsten Blick und dem verschlossenen Auftreten verweigert. Ungerechtigkeit schleicht sich gerne sehr subtil im Alltag ein. Und

---

5 Der jesuitische Charakter der Jesuitenkollegien, Punkt 5.

Schülerinnen und Schüler haben ein waches – oft überwaches – Gespür dafür.

Gerechtigkeit ist andererseits nicht gnadenlose Gleichmacherei nach dem Gießkannenprinzip. Im Gegenteil: Gerade, wenn uns Schüler herausfordern mit variantenreichen Verhaltensweisen, auf die wir reagieren müssen, zeigt sich Gerechtigkeit im vorsichtigen Abwägen bei der Auswahl der Konsequenzen. Setzen sich Neuntklässler in der großen Pause zum Rauchen ab, genügt in einem Fall vielleicht der Eintrag im Klassenbuch vollauf. Im anderen Fall mag ein zeitweiliger Ausschluss vom Unterricht oder ein Arbeitseinsatz die treffendere Alternative sein. Hier ist geduldiges Ringen um den Einzelnen und seine Situation gefragt, um weder über das Ziel hinauszuschießen, noch wirkungslose Maßnahmen zu ergreifen. Der schnelle Schuss geht oft daneben.

Wenn die Frage nach der Gerechtigkeit im Schulleben auch oft nicht einfach zu beantworten ist, so ist es doch unabdingbar, sich ihr immer wieder in allen Facetten zu stellen. Und es lohnt sich.

Gespür für andere und sich selbst

„Männer und Frauen mit Wissen, Gewissen und Gespür" werden als Ziel Ignatianischer Pädagogik genannt. Im Lehrerberuf ist hier Wissen gleichbedeutend mit den fachlichen Grundlagen und der Verfügbarkeit der pädagogischen und didaktischen Fertigkeiten (im englischen Original steht an dieser Stelle „competence"). Gewissen findet sich in den oben dargestellten Punkten über Reflexion und Gerechtigkeit sowie dem vorangegangenen Beitrag über die Würde des Schülers.

Gespür hängt eng zusammen mit Reflexion. In ihr bildet es sich aus und entwickelt sich vor allem weiter. Gespür bildet sozusagen die Gelenkstelle zwischen Wissen einerseits und der alltäglichen Praxis andererseits. Eine Kollegin schilderte mir folgendes Erlebnis:[6]

„In meinem Religionskurs erzählte eine Schülerin von einem Freund an ihrer früheren Schule. Er hatte eine Liste von Lehrerin-

---

6 Ignatianische Pädagogik, S. 139.

nen und Lehrern geschrieben, denen Gewalt angedroht wurde, und diesen Zettel im Unterricht der Schülerin zugesteckt. Beim Lesen wurde sie von einem Lehrer überrascht. Ihr Freund war schnell als Autor ausgemacht, und er wurde von der Schule entlassen.

Der Amoklauf von Winnenden war uns noch lebendig im Gedächtnis, und ich wollte schon zu einer Bemerkung ausholen über den Druck, unter dem Schulleitung und Kollegium ständig stehen und wie verständlich die Entlassung des Schülers sei usw. Doch dann zögerte ich und fragte nach: Was ist deine Frage? Die Schülerin antwortete: Habe ich Schuld? Es schloss sich ein engagiertes Kursgespräch zum Thema Schuld an."

Hätte die Kollegin ihre ursprüngliche Absicht verfolgt, wäre die Gelegenheit zu persönlicher Begegnung und Auseinandersetzung vertan worden. Mit Gespür für die Situation konnte sie dem eigentlichen Anliegen der Schülerin gerecht werden.

Gespür für den anderen erfordert oft das Zurücknehmen der eigenen Intention (was gerade Lehrern oft schwerfallen mag, haben sie doch immer das Ziel der Stunde vor Augen) und wache Präsenz. Selten formulieren Jugendliche (und Erwachsene) ihre Anliegen direkt, und man muss nach den Worten hinter den Worten suchen. „Sie haben mir gar keinen Kommentar unter die Arbeit geschrieben!", kann dann heißen: „Ich fühle mich nicht wahrgenommen" oder „Ihre aufbauende Bemerkung am Ende der letzten Klassenarbeit hat mir gutgetan." Die störende Zwischenbemerkung kann ein Ruf nach Aufmerksamkeit sein und eine große Not überspielen. Im Gespräch geht die Lehrerin einen Schritt auf die Schülerin zu, diese weicht zurück – sie hatte für sich bereits den passenden Abstand „eingestellt". Die scheinbar beiläufige Anekdote vom Wochenende mit dem Musikverein kann der Schlüssel zur Entdeckung eines unbekannten musikalischen Potenzials sein.

Die zentrale Rolle kommt hier dem Gespräch zu – am Rande in der Pause, beim Wandertag oder systematisch als Gespräch zwischen Klassenlehrer und Schülern.

Nicht weniger wichtig ist das Gespür für sich selbst. Waren heute wirklich fundamentale Werte bedroht, als ich in der Klasse so heftig auf den Zwischenruf von David reagierte, oder habe ich in letzter Zeit zu wenig geschlafen? Ist die lahme Unterrichtssituation in der 8. Klasse Zeichen für eingefahrene Bahnen im Umgang miteinander und in der Stundengestaltung? Wie kann ich den Schwung von heute Morgen beibehalten, und was hat ihn ausgelöst?

Wenn es um Schule und Unterricht geht, kann man immer noch feilen und verbessern. Einerseits ist das Quäntchen Unzufriedenheit mit dem Erreichten eine wichtige Grundhaltung, die vor Sattheit und Selbstzufriedenheit bewahrt. Andererseits muss man auch in der Lage sein, die eigenen Grenzen zu erkennen, irgendwann einen Punkt zu setzen und zu sagen: „Es ist für diesmal gut genug."

Ohne Gespür für andere ist *cura personalis*, die Sorge um den Einzelnen nicht möglich. Ohne Gespür für mich selbst lasse ich Möglichkeiten brach liegen oder erkenne Grenzen zu spät. Entwicklung des Gespürs für sich selbst ist Burn-out-Prävention.

Gelassenheit

In Loyola findet sich oberhalb der mächtigen Kathedrale mit dem Geburtshaus von Ignatius ein einfaches, altes baskisches Bauernhaus. Es ist das Elternhaus von Br. Francisco Gárate, der hier 1857 geboren wurde. Nachdem er aufgrund seiner angeschlagenen Gesundheit nicht länger Krankenbruder sein konnte, arbeitete er vier Jahrzehnte als Pförtner und Sakristan an der Jesuiten-Universität von Deusta (Bilbao), wo er 1929 starb. 1985 wurde er selig gesprochen.

Im Gedächtnis geblieben ist er durch die Art, wie er seinen Dienst ausübte. In dem Chaos und Gewimmel von Menschen, das an der Pforte herrscht, gelang es ihm, den Menschen ruhig und freundlich zu begegnen, ihnen die richtige Antwort oder ein gutes Wort mitzugeben. Gefragt, wie es ihm möglich sei, sich seine Freude und Gelassenheit zu bewahren, antwortete er: „Ich tue, was ich mit meinen Kräften bequem leisten kann; was darüber ist, übergebe ich dem Herrn, der alles vermag: Mit seiner Hilfe wird alles leicht, ja angenehm."

Schulen gleichen oft einem Taubenschlag, und die große Pause ist meist mehr große Hektik und Informationstauschbörse als Ort der Erholung. Und wer kennt nicht die Zeiten im Schuljahr, in denen man in den Wellen der Arbeit zu versinken droht? In dieser Hinsicht haben sie viel Ähnlichkeit mit Gárates Arbeitsplatz.

Je mehr es einem dann gelingen kann, in Ruhe und Gelassenheit das Notwendige zu tun, desto mehr wird die Schule ein Ort, an dem „die Schüler und Schülerinnen ihre Würde als Mensch erfahren."[7] Rein äußerlich betrachtet bilden ausreichender Schlaf und Entspannunsphasen dafür die Grundlage. Mehr noch wird diese Haltung jedoch ermöglicht durch das Bewusstsein, von der Kraft Gottes getragen zu sein. Mag man dann auch bisweilen in den Wellen versinken, so hilft doch die Gewissheit, sich wieder aufrichten zu können.

Wenn Abiturienten nach dem schriftlichen Abitur grölend ihre Sektparty feiern, wünscht sich jeder an der Schule sicher ein anderes Verhalten. Bissige Kommentare von Passanten über die Manieren an dieser angeblich guten Schule – „was hat man denen eigentlich beigebracht?" – schmerzen sehr. Das ist keine Frage. Aber auch hier gilt: Die Schule und ihre Lehrer sind an dieser Stelle nicht unmittelbar verantwortlich für das Benehmen der Schüler. Schulen sind keine Münzprägeanstalten mit genormten Ergebnissen. Die Lehrer sind verantwortlich für die Auseinandersetzung der Schüler mit Werten in den Jahren davor. In diesem Sinne tragen sie Verantwortung. Was die Schüler dann damit machen, ist der Macht des Lehrers entzogen. Sie können sich frei so oder so entscheiden. Zum Trost: Meist sind die feiernden Abgänger wenig später wieder friedlich und erst recht kann man in späteren Jahren durchaus entdecken, was sich bewegt hat, welche Früchte gereift sind.

Ignatianische Pädagogik gebraucht gerne das Bild von der Waage: Der Lehrer begibt sich an den mittleren Ruhepunkt der Waage und eröffnet den Raum der Wahlmöglichkeiten. Einsicht und Urteil leistet der Schüler selbst. Das entlastet. Ich muss mich selbst nicht so wichtig nehmen und brauche es auch nicht.

---

7 Der jesuitische Charakter der Jesuitenkollegien, Präambel.

Michael Becker

Den Blick auf das Gelingende wenden

„Zum fünften Mal kam Franka am Ende der Stunde zwischen Tür und Angel und forderte forsch, ich möge doch immer Musterlösungen für alles austeilen, was wir in der Stunde bearbeiten. Und bevor ich mit ihr klären konnte, dass das überzogen und unsinnig sei, war sie schon weg. Das beschäftigte mich selbst am Abend noch die ganze Zeit. Meine Gedanken kreisten nur noch um ihre anmaßende Haltung und wie ich diese Angelegenheit mit ihr klären könne."

Wenn in der ignatianischen Spiritualität das tägliche „Examen", die „Tagesschau" oder wie immer man es nennen mag, eine zentrale Rolle spielt, so scheint ein Punkt einfach zu sein: Ich verweile bei dem, was mich bewegt. Es markiert das Thema, das gerade „dran" ist, das mir zur Bearbeitung aufgegeben ist, gerade weil es in Bewegung ist. Aber meist bewegt mich eben das, was nicht so lief, wie ich es erwartet hatte, was aus dem Rahmen fällt, was den Umgang miteinander belastet. Leicht neigt man aber dazu, nur dabei zu bleiben – nicht nur im „Examen". Natürlich ist es wichtig, Problemstellen in den Blick zu nehmen und sie immer wieder anzuschauen, nach Lösungen oder Verbesserungen zu suchen. Wer sich davon aber ganz in Beschlag nehmen lässt, läuft Gefahr, dass dieser Blick Kräfte raubt und in Antriebslosigkeit führt.

Die eben zitierte Kollegin fuhr fort: „Irgendwann merkte ich, dass ich aus dieser Spirale nicht mehr herauskam. Aber es machte Klick, als ich auf das schaute, was in der Stunde gut funktioniert hatte. Da kam Einiges zusammen: angefangen vom Einstieg bis hin zur erstmals engagierten Gruppenarbeit. Ich konnte wieder die eigentliche, untergeordnete Dimension des Problems sehen und sah auch, wie ich herangehen könnte. Ich konnte wieder atmen."

Nicht ohne Grund ist der Blick auf das, wofür ich danken kann, beim Examen unverzichtbar. Das Misslingende macht mehr Lärm und bringt sich von selbst zu Gehör. Das Gelingende ist meist leiser und leicht zu überhören. „Ein Baum, der gefällt wird, macht mehr Lärm als ein Wald, der wächst", sagt ein Sprichwort. Man kann es üben, zuerst auf das zu schauen, was gut läuft. Dann kann es zur Haltung werden, die aufbaut – sich selbst und andere. Denn dieser vorrangige Blick auf das Gelingende gibt Energie für den Alltag und Kraft, Neues anzupacken. Er bringt Wärme und einen ermutigenden Grundzug in die Begegnung mit Schülern und Kollegen.

Ein spannender Beruf

Der Lehrerberuf ist ein Beziehungsberuf. Das ist mitunter anstrengend, aber auch ungeheuer bereichernd. Bereichernd ist, dass keiner allein ist – Kolleginnen und Kollegen sind Weggefährten. Bereichernd ist, dass wir mit jungen Menschen arbeiten, die uns meist zuerst mit Sympathie und Wohlwollen begegnen, mit jungen Menschen, die spannende Aufgaben zu lösen haben, fachlich und menschlich. Es ist erfüllend, sie dabei zu begleiten.

Als ich am Studienseminar in Freiburg das Referendariat begann, sagte unser Mathematikfachleiter Peter Mäder in einer der allerersten Sitzungen sinngemäß: „Geben Sie sich keinen Illusionen hin: Ein halbes Jahr nachdem ihre Schüler die Schule verlassen haben, werden sie das meiste von dem vergessen haben, was sie bei Ihnen gelernt haben. Aber sie werden sich bis an ihr Lebensende daran erinnern, wie der Mathematiklehrer mit ihnen umgegangen ist." Man kann hinzufügen: Sie werden sich auch – sicher weniger deutlich – daran erinnern, wie er mit sich selbst, mit seiner Arbeit, mit dem Leben umgegangen ist.

Nur wer Ich sagen kann, kann auch Wir sagen

Gabriele Hüdepohl

Die meisten Lehrer kennen diese Art Machtlosigkeit: Einzelne Schüler einer Klasse haben etwas Verbotenes getan und der Klassenverband hält zusammen – niemand petzt. Ein tragendes Wirgefühl der Klasse scheint ja auch etwas Positives zu sein. Doch handelt es sich wirklich um ein starkes Wir aus lauter starken Ichs? Oder würden etwa manche Schüler lieber anders handeln und trauen sich nur nicht, ihrem Verantwortungsgefühl zu folgen? Indem Lehrer eine starke, inklusive Klassengemeinschaft fördern, helfen sie ihren Schülern dabei, ein starkes Ich zu entwickeln, das sich nicht verleugnen muss.

Vor Unterrichtsbeginn stand der Hausmeister in meinem Büro. „Haben Sie das gesehen? Es wird ja immer schlimmer mit der 10 c." Die Klasse war mir als nicht leistungsstark und unruhig bekannt. Ich wusste, dass einige Kollegen sehr mit Disziplin zu kämpfen hatten, auch kannte ich die in einer gewissen Regelmäßigkeit wiederkehrenden Rückmeldungen der Putzfrauen, dass der Ordnungsdienst seinen Aufgaben nicht nachgekommen war und der Klassenraum deshalb nicht geputzt wurde. Was war nun schon wieder passiert? „Gestern Nachmittag", so beantwortete der Hausmeister meine diesbezügliche Frage, „lag wieder Müll unter dem Fenster der Klasse. Und mir ist ein Sportbeutel aufgefallen, der an einer Stange aus dem Fenster herausragte, und als ich mir das in der Klasse genauer ansehen wollte, da habe ich gesehen, dass sie auch noch die Decke zerstört haben. Sehen Sie sich das doch bitte mal an."

In Begleitung des Hausmeisters machte ich mich auf den Weg ins Klassenzimmer und konnte mir einen eigenen Eindruck von der Situation verschaffen. In der Klassenzimmerdecke steckten etliche Stifte, andere waren wohl bei den gezielten Würfen heruntergefallen, jedenfalls war die lärmdämmende Styropordecke von farbigen Strichen und größeren und kleineren Löchern in einigen Ecken des Raumes übersät. Ich fragte mich: Wie lange geht das denn schon, und hat es bisher niemand bemerkt? Die Versuche des Klassenlehrers, die Täter ausfindig zu machen und zur Rechenschaft zu ziehen, waren erfolglos, weder meldeten sich einzelne, die etwas gemacht hatten, noch kamen aus der Klasse Hinweise, die zur Entdeckung der Verantwortlichen führte. Es herrschte eisernes Schweigen. „Aus unserer Klasse wird keiner etwas sagen, wir halten zusammen", so die aus der Klasse vernehmbaren Äußerungen.

Die 10 c, eine Gemeinschaft, die die Einzelnen davor bewahrt hat, zu den Folgen ihrer Handlungen stehen zu müssen. Ein gemeinschaftliches Wir, das – dafür gab es Hinweise – Einzelne aber auch davon abgehalten hat, anderen von ihren Beobachtungen und Vermutungen zu erzählen, die zur Aufklärung und – was ebenso wichtig ist – zur Überwindung dieser kollektiven Blockade geführt hätte. Auf die Diskussion, dass die paar Löcher ja nicht so schlimm seien und die Farbstriche künstlerische Gestaltung, ließ ich mich nicht ein. So standen der Klassenlehrer und ich als Schulleiterin der Situation zunächst einmal machtlos gegenüber. Zumindest konnten wir unsere Forderung nur an das gesamte Wir-Kollektiv stellen: Nämlich dass die Klasse den Raum am Schuljahresende ordnungsgemäß übergeben musste.

Doch dann wurde die Mauer des Schweigens, hinter der sich alle Schülerinnen und Schüler zu einem kollektiven Wir verschanzten, brüchig und porös: Einige Tage später stand nämlich eine Schülerin in meinem Büro und erklärte mir, dass sie dafür sorgen wolle, dass der Klassenraum an die nachfolgende Klasse in ordnungsgemäßem Zustand übergeben werden kann. Zu diesem Zwecke wolle sie sich nach den Bedingungen erkundigen. Und dann machte sie sich ans Werk. Natürlich stieß sie auf Widerstände: einen Termin finden, an dem die Klasse und der Klassenlehrer Zeit für die Renovierungsarbeiten hatten, die Diskussionen in der Klasse, wer sich an den Arbeiten beteiligen muss, die Weigerung einiger Schülerinnen, wegen des „Blödsinns" einiger Jungen einen Samstag in der Schule zu verbringen, Vorabsprachen mit dem Hausmeister, die Einkäufe und fachgerechte Montage der neuen Styroporplatten, bei der auf kundige elterliche Hilfe zurückgegriffen werden musste, die finanzielle Abwicklung in der Klasse usw. All diese Prozesse haben viel Zeit, viele Diskussionen und Auseinandersetzungen in der Klasse und mit dem Klassenlehrer erfordert, bis das Ergebnis sich dann sehen lassen konnte. Doch dann war die Klasse sogar stolz darauf, den Raum schöner abgeben zu können, als sie ihn selbst von ihrer Vorgängerin übernommen hatte. Nachdem alles abgeschlossen war, standen dann zu – wirklich – guter Letzt vier Schüler in meinem Büro: leicht beschämt und nachdenklich geworden durch die Initiative ihrer Mitschülerin bekannten sie, dass sie die Decke zerstört hatten.

Wir unterrichten Klassen – das Wir der Klasse als zentrale Sozialisationsinstanz

Die Erfahrung, einer Klasse gegenüber zu stehen, die zusammenhält, die füreinander einsteht, in der alle die Konsequenzen für das Handeln Einzelner tragen, in der niemand „verpetzt" wird, diese Erfahrung hat wohl jeder gemacht, der mit Schulklassen zu tun hat. Und diese Erfahrung führt einem auch die Machtlosigkeit vor Augen, die man als Einzelner einer Gruppe gegenüber empfinden kann, wenn diese sich einig ist. Ein Gruppenzusammenhalt ist für den Außenstehenden also eine ambivalente Sache: Von außen lassen sich Veränderungen kaum herbeiführen, und der Zusammenhalt einer Gruppe kann ausgrenzend wirken.

Auf der anderen Seite – auch diese Erfahrung kennt wohl jede und jeder – steht für die Gruppenmitglieder ein Gefühl von Zugehörigkeit, von Stärke, selbst und gerade, wenn man sich als Einzelner schwach fühlt. Und es befördert das „Wirgefühl" von Gruppen, gemeinsam eine schwierige Situation bestanden, gemeinsam ein Ziel erreicht zu haben, und wenn dieses Ziel das Verschieben einer Klassenarbeit, das Vermeiden von Hausaufgaben oder aber das „Loswerden" einer unbeliebten Lehrerin ist.

Entscheidend ist also, wie eine Gruppe aussieht, in der die Einzelnen sich gegenseitig stützen und stärken und die sich nicht in einer Dynamik bewegt, die andere schwächt. Dieser Frage möchte ich hier nachgehen und dabei auch die Rolle der Lehrenden in den Blick nehmen.

Eine Schulklasse stellt eine besondere Form einer Gruppe dar: In ihr begegnen sich Schülerinnen und Schüler in der Regel über mehrere Jahre in mehr oder weniger altershomogen zusammengesetzten Gruppen von 20 bis 30 Personen, die sich im starren Zeittakt mit vorgegebenen Inhalten beschäftigen müssen, deren Erfolg bewertet wird, um den Übertritt in die nächste Klasse zu gewährleisten und zu einem mehr oder weniger erfolgreichen Schulabschluss zu führen.[1] Und dieses soziale System bildet den entscheidenden Hintergrund für Unterricht, in dem individuelle Lernprozesse gelingen sollen, die den Schüler für seine Zukunft qualifizieren und dazu beitragen, seinen Platz in der Gesellschaft zu bestimmen. Zudem stellt dieses System eine zentrale Sozialisationsinstanz dar, in der das Individuum zur Ausbildung der eigenen Identität sich aktiv und reflexiv mit den Normen und Rollenanforderungen der anderen sowie der Gesellschaft auseinandersetzen und diese für sich integrieren muss.[2] „Am Ende einer gelungen Integration steht die Überzeugung, eine unverwechselbare Persönlichkeit zu sein, die in einer prinzipiell verstandenen sozialen Welt handlungsfähig ist."[3]

Die Bedeutung des sozialen Systems Schulklasse für die gesellschaftlichen Grundfunktionen von Schule (Qualifikation, Integration und Selektion) rückt die Aufgabe der Lehrenden für das Klassenmanagement[4] als das Herstellen und Aufrechterhalten der sozialen Ordnung in den Blick, und so weisen Ophardt und Thiel sehr realistisch auf Folgendes hin: „Institutionelle Erwartungen und Bedingungen geraten dabei häufig in Widerspruch zu sozial-emotionalen Bedürfnissen der Heranwachsenden, da die Normen der Schule […] die Möglichkeit begrenzen, eigene Identitätsentwürfe darzustellen, und die starke Ausrichtung der Interaktion auf leistungsthematische Situationen potenziell eine selbstwertbedrohliche Dynamik entfaltet. Die Lehrkräfte, die institutionelle Erwar-

---

1 Vgl Ophardt, Diemut / Thiel, Felicitas 2013: Klassenmanagement. Ein Handbuch für Studium und Praxis, Stuttgart, S. 11 f.

2 Vgl. ebd., S. 13.

3 Ebd., S. 13.

4 Vgl. dazu u. a. Ophardt, Diemut / Thiel, Felicitas 2013: Klassenmanagement. Ein Handbuch für Studium und Praxis, Stuttgart.

tungen repräsentieren und durchsetzen müssen, sind quasi ein natürlicher Adressat für Widerstand und Protest."[5] Die Autoren resümieren sehr realistisch: „Mit Störungen und Konflikten ist also zu rechnen, mehr noch als in anderen sozialen Systemen."[6]

Für Lehrkräfte stellt das eigene Anforderungen: Sie stehen vor der Herausforderung, in angemessener Form auf die demonstrativen Verletzungen einer institutionellen Norm zu reagieren. Sie wissen, dass diese in bestimmten Situationen auch oder sogar in erster Linie dem Bedürfnis nach Anerkennung, nach Zugehörigkeit zu einer Gruppe Gleichaltriger dienen. Die Verletzung der Norm darf aber, vor allem dann, wenn sie schwerwiegende Folgen hat, nicht legitimiert werden. Dieses zu bedenken und im Handeln auch den eigenen Ärger über die Störungen hintanzustellen, zeichnet einen professionellen Umgang aus.

Lehrer müssen zugleich die Frage stellen, ob das „Wir halten zusammen, keiner sagt etwas" einem Gruppenkonsens entspricht, der in einem Abwägungsprozess gefunden wurde; oder ob dieses kollektive Wir des „Wir halten zusammen, keiner sagt etwas" lediglich einen heftigen Machtkonflikt in einer Lerngruppe widerspiegelt und damit gleichsam zwangsverordnet wurde.

Darin zeigt sich die Ambivalenz von Wir-Gemeinschaften: Das Diktum „Wir halten zusammen, keiner sagt etwas" kann denen, die nicht zu den eigenen Taten stehen, einen Schutzraum gewähren. Aber genau dieser Schutzraum darf durch Andersdenkende und Andersfühlende nicht gestört werden. So kann diese Form Gruppen- und Wir-Bildung die Einzelnen in „Geiselhaft" nehmen und sie durch Druck oder Gewaltandrohung in die Gemeinschaft pressen. Verweigern sich diese dem Anpassungsdruck, dann droht der Ausschluss aus der Gemeinschaft. Die Formen solcher Ausschlüsse sind oftmals ebenso subtil wie ihre Rechtfertigung vordergründig: Sie haben ohnehin nur ihre guten Noten im Sinne, sie halten sich nicht an den informellen Dresscode der derzeit angesagten Marken-Label, sie stören das Wirgefühl, kurz: Sie passen einfach nicht.

---

5 Ebd., S. 26.
6 Ebd., S. 27.

In dieser Ambivalenz offenbaren sich zwei sehr unterschiedliche Verständnisse eines gemeinschaftsbildenden Wir: Das eine ist ein *schwaches Wir*, das letztlich lediglich die Summe aller „Ichlinge" vereint, um sich selbst gegen irgendetwas Bedrohliches von außen zu verbünden („der missvergnügte Klassenlehrer", „die strafende Schulleiterin"): Dieses *schwache* Wir bricht dann schnell zusammen, wenn einzelne sich dieser Bündelei verweigern oder einfach ausbrechen. Diesem *schwachen* Wir steht ein *starkes* Wir gegenüber: Dieses starke Wir bilden alle, die – jeder nach eigenem Vermögen – gemeinsam Verantwortung übernehmen für eine gerechte und faire Gestaltung des Zusammenlebens, die Konflikte nicht scheuen, die sich persönlich für das Gemeinsame auch dann engagieren, wenn es nicht unmittelbar zum eigenen Vorteil gereicht.[7] Jedes Klassenmanagement hat sehr sorgfältig zu analysieren, zu welchem Typus von Wir-Gemeinschaft die vorfindliche Klasse eher tendiert: zu einem schwachen Wir, das eine bestimmte Form der Homogenität erzwingt, oder zu einem starken Wir, das von Vielfalt geprägt ist.

Der Schlüssel dazu ist die Frage nach der Rolle des Einzelnen innerhalb der Gruppe.

Eine starke Gemeinschaft besteht aus starken Individuen

§ 1 des Berliner Schulgesetzes beschreibt den Auftrag von Schule wie folgt:

„Ziel muss die Heranbildung von Persönlichkeiten sein, welche fähig sind, der Ideologie des Nationalsozialismus und allen anderen zur Gewaltherrschaft strebenden politischen Lehren entschieden entgegenzutreten sowie das staatliche und gesellschaftliche Leben auf der Grundlage der Demokratie, des Friedens, der Freiheit, der Menschenwürde, der Gleichstellung der Geschlechter und im Einklang mit Natur und Umwelt zu gestalten. Diese Persönlichkeiten müssen sich der Verantwortung gegenüber der

---

7 Vgl. Lob-Hüdepohl, Andreas 2009: Starkes Wir. Der kirchliche Beitrag zu solidarischen Nachbarschaftsnetzwerken, in: Herder Korrespondenz 63, S. 259–264.

Allgemeinheit bewusst sein, und ihre Haltung muss bestimmt werden von der Anerkennung der Gleichberechtigung aller Menschen, von der Achtung vor jeder ehrlichen Überzeugung und von der Anerkennung der Notwendigkeit einer fortschrittlichen Gestaltung der gesellschaftlichen Verhältnisse sowie einer friedlichen Verständigung der Völker."[8]

Das Bild der Gesellschaft, zu deren verantwortlicher Mitgestaltung die Berliner Schule die Schülerinnen und Schüler befähigen soll, ist eindeutig als eine freie, bunte und vielfältige gezeichnet, die sich durch einen friedlichen Umgang miteinander auszeichnet und durch die Widerständigkeit der Persönlichkeiten, die in der Schule herangebildet wurden, vor massiven Gefährdungen geschützt wird. Es ist eine Gesellschaft, die die volle und wirksame Teilhabe (participation) aller an der Gesellschaft mit Achtung vor den bleibenden Unterschiedlichkeit (difference) z. B. der Menschen mit Behinderungen als Teil der menschlichen Vielfalt (diversity) fördert[9]. Diese der UN-Behindertenkonvention entlehnte Charakteristik der Gesellschaft gibt über die Inklusionsdebatte hinaus für die Ich- und Wir-Stärkung im Bereich der Schule wichtige Impulse. Denn in einer solchen Gesellschaft entwickeln sich Schülerinnen und Schüler im besten Sinne von selbstbezogenen „Ichlingen" zu gemeinschaftsförderlichen „Wirlingen". Aber das bedeutet gerade nicht, dass sie sich in ihrer eigenen Persönlichkeit aufgeben, im Gegenteil: Starke Gemeinschaften, *starke Wirs* setzen *starke Ichs* voraus! In einer wirklich inklusiven Gesellschaft, die keinen ausgrenzt, die den Fähigkeiten wirklich aller aufgeschlossen gegenübersteht, müssen die Einzelnen empfindsam sein für Konflikte, in denen die Würde aller Beteiligten und besonders der Benachteiligten beschädigt wird; sie müssen solche Situationen mit kritischem Blick analysieren und kreative Lösungsmöglichkeiten entwickeln können. Und sie müs-

---

8 Berliner Schulgesetz, § 1 Auftrag der Schule.

9 Hier: Orientiert an den allgemeinen Grundsätzen der UN-Behindertenkonvention, zitiert nach: Lob-Hüdepohl, Andreas 2014: Inklusive Gemeinschaften. Ethische Implikationen der Behindertenrechtskonvention, in: Stimmen der Zeit 4/2014, S. 243–256.

sen nicht zuletzt fähig und bereit sein, couragiert zu handeln – auch gegen den Strom entgegenlaufender Erwartungshaltungen oder sogar persönlicher Anfeindungen. Solches couragierte Engagement setzt notwendigerweise starke Persönlichkeiten voraus, die zu sich selbst *Ich* sagen und zu sich selbst stehen können – zu den eigenen Auffassungen ebenso wie zur höchstpersönlichen Verantwortung für das Gemeinsame, für andere.[10]

Vergleichbar formuliert die OECD über eine von drei in Schule zu vermittelnden Kernkompetenzen: „Selbständig handeln können" und „in heterogenen Gruppen erfolgreich bzw. gemeinsam handeln können."[11] Sowohl das Berliner Schulgesetz als auch die OECD zeigen den Zusammenhang von gesellschaftlicher Vielfalt und starken Persönlichkeiten auf. So bezeichnet Edelstein die „Selbstwirksamkeit"[12], „die Überzeugung eigener Wirksamkeit, die einer Person signalisiert, dass sie dem Gewissen gemäß tatsächlich handeln kann, ohne sich zu verleugnen" als wichtigste Voraussetzung für die Teilhabe an der Zivilgesellschaft der Zukunft.

Das Erziehen der Kinder und Jugendlichen zu starken Persönlichkeiten ist für unsere Gesellschaft und Zukunft notwendig. Und Schulen müssen konkret die Frage beantworten, ob und in welcher Form sie mit der pädagogischen Arbeit in ihren Schulklassen zu diesem Erziehungsziel beitragen, denn das soziale System der Schulklassen läuft immer Gefahr, um der eigenen Identität willen zu einer bestimmten Form von Exklusion zu tendieren. Schülerinnen und Schüler werden gestärkt, wenn es den Klassenleitungen gelingt, eine Klasse so zu führen, dass der Einzelne sich wahrgenommen und vor aller Leistung wertgeschätzt sieht, dass er sich entsprechend den eigenen Fähigkeiten entwickeln und als Teil der Gemeinschaft erfahren kann, dass Individuen über gemeinsame Er-

---

10 Vgl Lob-Hüdepohl, Andreas 2007: Moralische Tugenden im Nährboden des Glaubens, in: Faßnacht, Michael u. a. (G.): Im Wandel bleibt der Kern. Christliche Glaubensvermittlung unter dem Einfluss wechselnder gesellschaftlicher Rahmenbedingungen. Münster/Westfalen, S. 73–88, hier S. 75 f.

11 Nach: Edelstein, Wolfgang 2009: Zur Demokratie erziehen. Werte und Kompetenzen für eine zukunftsfähige Schule, in: Erziehen – Klassen leiten. Friedrich Jahresheft XXVII, S. 7–11, hier S. 7.

12 Ebd., S. 10.

lebnisse und Erfahrungen, über geteilte Ziele und Aufgaben zu einer produktiven Gruppe werden.

Um der Würde willen – Ich sagen

Die Schülerin, die den ersten Schritt aus dem lähmenden und bedrückenden Wir der 10 c gemacht hat, wollte nicht länger Zuschauerin sein, sondern aktiv zur Veränderung der Situation beitragen. Sie hat über ihr Unwohlsein, ihre Gefühle mit Blick auf die Klassensituation gesprochen, zu Hause, mit ihren Eltern, mit Freundinnen, und hat sich dann entschieden, auch ohne Mandat z. B. als Klassensprecherin die Situation des Schweigens zu durchbrechen und einen ersten Schritt zu gehen. Die Schülerin hat Verantwortung für das eigene Tun übernommen und in ihrem Handeln ein starkes Ich gezeigt. Sie hat sich selbst, ihre Gefühle und Wertvorstellungen wahr- und ernst genommen und darin ihrer Würde gemäß gehandelt. Denn kein Mensch muss sich seine Würde verdienen, sie wohnt ihm als Geschöpf und Ebenbild Gottes inne – so ist „Würde ein Ausdruck der Achtung, die Menschen aufgrund ihres Menschseins sich selbst entgegenbringen"[13], und dieses findet seinen Niederschlag u. a. in Handlungen, die sich gegen die Verletzung der Selbstachtung richten.

Der Schutz, die Wahrung, die Bestärkung und Erfahrung der je eigenen Würde ist zentrales Anliegen von Schulen ignatianischer Prägung, und so stellt die Leitlinie „Jesuitenschulen sollen Schulen sein, an denen jeder Schüler seine Würde als Mensch erfährt" eine wesentliche Grundlage unseres pädagogischen Handelns dar.[14]

---

13 Margalit, Avishai 1999: Politik der Würde. Über Achtung und Verachtung, Frankfurt/M., S. 75.

14 Vgl. dazu: Präventionskonzept des Canisius-Kollegs: Grundüberlegungen; sowie auch Mertes SJ, Klaus 2004: Verantwortung lernen. Schule im Geist der Exerzitien. Würzburg, S. 44 ff: Die Würde der Schüler; Klaus Mertes hat in seinem Buch „Verantwortung lernen" dem Kapitel „Die Würde der Schüler" im Bereich Schulkonzeption „Ich-Sagen", „Nein-Sagen", „Schüler-Rechte", „Verantwortung" und „Schuldfähigkeit" zugeordnet und damit zentrale Bereiche erzieherischen Handelns angesprochen, die auch unter der Überschrift „Ich-Sagen" stehen könnten.

Diese ist auch dadurch, dass sie durch Formen u. a. sexualisierter Gewalt an Jesuitenschulen massiv verletzt wurde, verstärkt in unser Bewusstsein gerückt.

Um das „Ich-Sagen" im Kontext des „Wir-Sagens" einer Klasse zu befördern, erscheinen mir drei Handlungsfelder zentral, die zwar nicht exklusiv sind für die Ignatianische Pädagogik, dieser aber auch um der Erfahrbarkeit der Würde willen notwendig zuzuordnen sind. Es geht um: 1. die Förderung der Selbst- und Fremdwahrnehmung bei Achtung und Wertschätzung der Unterschiedlichkeit (difference), 2. um die Arbeit im Klassenrat als Erfahrungsraum von verantwortlichem Leben und Gestalten der Vielfalt (diversity) und 3. um die Beteiligung (Partizipation) an der allgemeinen Schulentwicklung.

Sehen und gesehen werden – Selbst- und Fremdwahrnehmung

Bei der Auswertung des letzten Mobbing-Präventionstages haben die Abiturienten im Rückblick auf ihre Schulzeit die Oase[15] in der 7. Klasse als die Erfahrung benannt, bei der sie am meisten über sich selbst, die eigenen Stärken und Schwächen sowie die systematische Abwertung und Ausgrenzung einzelner Schülerinnen und Schüler gelernt haben. Diese Oase stand unter dem Thema: „Meine Klasse und ich". Der Schwerpunkt lag auf Interaktionsübungen[16] zur Selbst- und Fremdwahrnehmung.

Als Person sichtbar zu werden, Gemeinsamkeiten mit anderen herauszufinden, Positives an sich und an anderen entdecken und zu akzeptieren, Unterschiede als Bereicherung und nicht als Gefährdung wahrzunehmen, Anerkennung und Bestätigung unabhängig schulischer Leistungen zu erfahren, die eigenen Grenzen kennen-

---

15 Die Oasen der 7. Klassen sind zweitägige Veranstaltungen, die während der Unterrichtszeit in einem Tagungshaus stattfinden und von zwei Lehrern sowie zwei älteren Schülern, die als Teamer mitfahren, geleitet werden.

16 Geeignete Spiele finden sich z. B. bei: Walker, Jamie 1995: Gewaltfreier Umgang mit Konflikten in der Sekundarstufe I, Frankfurt/M., oder bei: Böttcher, Gudrun / Reich, Angelika 1998: Soziale Kompetenz und Kreativität fördern. Spiele und Übungen für die Sekundarstufe I, Frankfurt/M.

zulernen, all das befördert das Selbstwertgefühl und stellt eine wichtige Grundlage dar, um „Ich-sagen" zu lernen.

Einen geeigneten Ansatz sehe ich auch in der „Wir-Werkstatt", die ausgehend von der Großgruppenmethode „Appreciative Inquiry" für die schulische Arbeit entwickelt wurde[17]. Der Name „Wir-Werkstatt" wurde gewählt, da die gemeinsame wertschätzende Erkundung nach in der Gruppe vorhandenen Kompetenzen ein gutes Wirgefühl vermittelt und da unter Beteiligung aller Vorhaben realisiert werden, an denen jedes Kind mit einem individuellen Betrag beteiligt ist und so das Wir die Stärke jedes Einzelnen widerspiegelt[18]. Gute Erfahrungen gibt es mit dieser Werkstatt bei der Durchführung von Projekten, aber auch in Klassenlehrerstunden, ja selbst im regulären Unterricht lassen sich viele solcher Übungen einbauen.

Über solche besonderen Aktivitäten hinaus kann selbst die alltägliche Rückmeldung zu Beiträgen der Mitschüler zum Beispiel nach einem Referat oder nach einer Buchvorstellung als Lernfeld zur Selbst- und Fremdwahrnehmung und zum Ich-Sagen genutzt werden. Rückmeldungen zu Beiträgen von Mitschülerinnen sind stark vom Klassenklima abhängig, und so kenne ich Klassen, in denen vor allem nur defizitorientiert das Negative hervorgehoben wird und jede positive Bemerkung eigens eingefordert werden muss. Aber auch die gegenteilige Situation gibt es, Klassen, in denen jede Schüleräußerung beklatscht, als super oder sehr gelungen bezeichnet wird.

Die Ritualisierung der Rückmeldung in folgenden Schritten eröffnet aus meiner Erfahrung ein gutes Lernfeld. Zunächst muss der Sprecher eine kurze Selbsteinschätzung formulieren, danach haben zwei Schüler die Aufgabe, je ein Lob zu formulieren, und der dritte muss einen Tipp geben. Wichtig ist, dass alle Sprecher Ich sagen, z. B. „ich habe gehört", „mir ist aufgefallen", „gefallen

---

17 Vgl. dazu: Wedekind, Hartmut: Wir-Werkstatt, in: Roos, Alfred (Hg.) 2007: Klasse werden – Klasse sein. Von Klassenregeln, Klassenrat, Gruppenfeedfack und Wir-Werkstatt. Eine Handreichung zur Stärkung und Beteiligung von Schülerinnen und Schülern, Potsdam, S. 61 ff.
18 Vgl. ebd., S. 64.

hat mir". „Ich fand das Plakat gut, das du für die Buchvorstellung gemalt hast. Du hast den Platz, auf dem die beiden Banden gekämpft haben, dargestellt, und so konnte ich mir das besser vorstellen", so lautete die Rückmeldung einer Fünftklässlerin in der letzten Deutschstunde, nachdem ein Mitschüler sein Lieblingsbuch vorgestellt hatte. Bei dieser Übung geht es „nur" um die Beschreibung von Tätigkeiten und wie sie auf andere gewirkt haben, eine Vorübung zu Ich- und Du-Botschaften.[19] Wichtig ist mir, dass die Schüler ihr Gegenüber direkt mit „du" und dem Namen ansprechen, damit die in Klassen oft übliche Weise, zum Lehrer über jemanden zu sprechen, der anwesend ist, durchbrochen wird.

Selbst- und Fremdwahrnehmung, die Stärkung des Selbstwertgefühls ist in der Schule oft mit Leistungsbeurteilung und Notengebung verbunden. So findet sich in den Schülerrechten und Pflichten unserer Schule folgende Formulierung: „Jede/r Schüler/in hat das Recht auf Rückmeldung und Transparenz bezüglich Notengebung, Sanktionen und alle ihn/sie betreffenden Entscheidungen." Im Jahreskalender der Schule stehen die Termine, bis zu denen alle Lehrkräfte allen Schülern eine Rückmeldung zum Leistungsstand gegeben haben müssen. Viele Kolleginnen und Kollegen nutzen diesen Termin zu Feedbackgesprächen mit den Schülern und fordern und fördern in diesen auch ihre Selbstwahrnehmung und Selbsteinschätzung.

Es gibt also sowohl im Schulalltag wie auch zu herausgehobenen Zeiten viele Möglichkeiten und Methoden, die Selbst- und Fremdwahrnehmung der Schülerinnen und Schüler zu befördern. Dazu kommt eine weitere Einrichtung, die innerhalb der Gruppe für Stärke und Reflexionskraft sorgt.

Zusammenleben aushandeln und gestalten – der Klassenrat

Aus der Demokratiepädagogik kommend und zunächst in Reformschulen eingesetzt, hat sich in den letzten Jahren die Arbeit im Klassenrat in vielen Schulen etabliert. Freinet, dem Begründer des Klas-

---

19 Vgl. dazu u. a.: Walker, Jamie 1995, a. a. O. S. 87 nach Gordon, Thomas 1977: Lehrer-Schüler-Konferenz. Wie man Konflikte in der Schule löst, Hamburg.

senrates, war wichtig, dass nicht ausschließlich Erwachsene bestimmen sollten, was Kinder in der Schule zu interessieren habe. Er wollte den schulischen Regelfall umdrehen und den Kindern das Wort geben. Dies geschieht im Klassenrat[20], denn die wöchentlich zu bearbeitenden Themen, die den Bereichen „Lob, Kritik und Wünsche"[21] zuzuordnen sind, kommen weitestgehend von den Schülern. Die Rolle des Klassenlehrers entspricht nicht der üblichen Lehrerrolle. Der Klassenlehrer ist Mitglied des Klassenrates und hat sich auch an die dort geltenden Regeln zu halten, er oder sie hat darüber hinaus aber auch letztlich dafür Sorge zu tragen hat, dass „alles, was im Klasserat geschieht, ethisch vertretbar ist und dass alle Kinder mit Würde behandelt werden"[22].

Der Klassenrat[23] ist eine im Ablauf klar strukturierte und institutionalisierte regelmäßige Zusammenkunft aller Schüler nebst Klassenlehrer einer Klasse, bei der unter klarer Rollenverteilung anstehende Themen bearbeitet werden. Ziele der Arbeit im Klassenrat sind Demokratieerziehung, Konfliktbearbeitung und Stärkung des Individuums[24]. Rahmenbedingungen, Rollen, die die Schüler rollierend übernehmen, die Rolle des Lehrers, der Ablauf und die Regeln, nach denen verfahren wird, sind transparent und werden eingehalten. Konflikte zwischen Schülern oder auch mit Lehrern benennen und lösen, Klassenaktivitäten organisieren, sich über Fragen und Beobachtungen austauschen, die Gesprächskultur fördern, all das geschieht, wenn das Verfahren und die Regeln des Klassenrates erst einmal verlässlich eingeübt sind, mit immer größer werdender Selbstständigkeit und Verantwortungsübernahme. Verschiedene Elemente ermöglichen ein systematisches Einüben demokratischer Aushandlungsprozesse und damit

---

20 Darstellung orientiert an: Friederichs, Birte 2012: Der Klassenrat. Schülerbeteiligung ist eine Möglichkeit der Gewaltprävention, in: Pädagogik Heft 11, S. 14–17, hier S. 14.

21 Ebd.

22 Ebd., S. 17

23 Die Darstellung der Arbeitsweise des Klassenrates bezieht sich auf die Darstellung von Dagmar Schreiber, Katja Witt und Anke Kliewe über den Klassenrat in Roos (Hg.), S. 29–45.

24 Vgl. dazu Friedrichs 2012, S. 14.

einer guten Gesprächskultur: die klare Rollenverteilung, so gibt es einen Moderator, einen Protokollführer und einen Regelwächter; die von allen akzeptierten und eingeforderten (Gesprächs-)Regeln, die u. a. verlangen, dass bei Konflikten zunächst die direkt Beteiligten gehört werden oder dass, wer das Wort hat, nicht unterbrochen und gestört werden darf; sowie ein klar strukturierter Ablauf. Wenn er regelmäßig durchgeführt wird, ist der Klassenrat eine sehr bewährte Methode, mit Schüler/innen das „Ich- und Wir-Sagen" richtiggehend einzuüben und als Klasse bei aller Unterschiedlichkeit der Einzelnen einen gemeinsamen Weg in Akzeptanz zu gehen, ein starkes Wir auszubilden.

So begegnet mir an unserer Schule, wenn Schüler das Gespräch mit mir suchen, sei es, weil sie eine Aktivität geplant haben und dafür eine Genehmigung benötigen, sei es, weil sie mit etwas nicht einverstanden sind und diese Einwände vortragen möchten, sei es, dass sie sich um etwas sorgen, immer wieder der Hinweis: Das haben wir im Klassenrat besprochen, geplant, überlegt. Die Arbeit im Klassenrat ist uns so wichtig, dass wir in jeder Jahrgangsstufe wöchentlich eine Klassenlehrerstunde dafür vorsehen. Wolfgang Endres hat in seinen Lehrerfortbildungen „Der Klassenrat in ignatianischer Perspektive" zusätzlich zur Einführung in die oben beschriebenen Vorgehensweisen und Regeln zwei Aspekte aufgenommen. Für ihn steht der Klassenrat sehr plausibel im Kontext der Erziehung zur Verantwortung, darüber hinaus betont er die ignatianische Reflexionskultur, die vor allem in den einzuführenden Feedbackmethoden ihren Niederschlag findet.[25] Der Klassenrat verhilft Schülern also zu einer Wahrnehmungsfähigkeit von Prozessen und Entwicklungen innerhalb des Klassenverbandes. Und ermöglicht ihnen so, bewusst darauf Einfluss zu nehmen – und sich als Einzelne in der Gruppe weiterzuentwickeln.

---

25 Vgl. dazu: Ausschreibung von W. Endres: Der Klassenrat in ignatianischer Perspektive. Studientag am Canisius-Kolleg am 25.2.2915.

Schule gestalten und öffnen

Die Arbeit im Klassenrat ist u. a. auch sehr geeignet, gemeinsame Projekte zu planen und durchzuführen, bei denen die Vielfalt der in einer Klasse vorhandenen Fähigkeiten und Kenntnisse sichtbar gemacht werden können und Schülerinnen und Schüler die Möglichkeit haben, sich in neuen Feldern zu erproben und zu beweisen. Darin zeigt sich ja der Vollsinn von Partizipation. Teilhabe bedeutet nicht nur, am Leben einer Gemeinschaft (einer Schule, eines Sportvereins, einer kirchlichen Gemeinde oder eines kirchlichen Verbandes) ohne besondere Umstände teilnehmen zu können. Sondern Teilhabe bedeutet ja auch *Teilgabe*: nämlich die Erfahrung, die eigenen Fähigkeiten in die Gemeinschaft einspeisen zu können und von den anderen beachtet, akzeptiert und wertgeschätzt zu sehen. Auch das ist eine entscheidende Bedingung, damit Schülerinnen und Schüler Selbstwertgefühle, Selbstachtung und darin die eigene Würde als Mensch erfahren und erneut und bewusst Ich sagen können.[26]

Aber dieser Erfolg und diese Anerkennung tragen nicht nur zur Stärkung der einzelnen Individuen bei, sondern sie befördern zudem das Wirgefühl einer Klasse und die Identifikation mit der Schule. Das Anliegen, einen zentralen Ort ihres Lebens, nämlich die Schule mitzugestalten, als Gruppe für die anderen sichtbar zu werden, Verantwortung für das Gelingen zu übernehmen bzw. sich auch für andere einzusetzen, all das wird immer wieder deutlich, wenn Klassen die Verantwortung für die Bewirtung bei Elternsprechtagen, für die Orientierung der Gäste oder die Repräsentation eines Faches beim Tag der offenen Tür oder auch bei der Organisation des Schulfestes übernehmen dürfen. Es geht dabei nicht nur um die Verantwortung für das Eigene, vielen ist es darüber hinaus wichtig, sich auch für andere einzusetzen. Aktionen für soziale Projekte in der Stadt, für Kinder, die in anderen Ländern in Not leben, werden immer wieder von Klassen vorgeschlagen und durchgeführt.

---

26 Vgl. Lob-Hüdepohl 2014: Inklusive Gemeinschaften.

Wir sind verschieden – und deswegen stark

Ich-sagen, Wir-sagen lernen, dieses setzt nicht nur in der Schule voraus, dass die Schüler in den Lehrern ein Gegenüber haben, das bereit ist, das manchmal auch zaghafte Ich, das überzogen klingende Wir zu hören, es wahrzunehmen, zuzuhören, es ernst zu nehmen und die Schritte auf dem Weg zu begleiten. Darüber hinaus sind Ritualisierungen und Regelungen, Einüben und Üben, ein langer Atem notwendig, damit es gelingt, die Vielfalt an Begabungen, die Vielfalt an Lebens- und Familienformen, an sprachlichen, kulturellen und religiösen Prägungen, an Einschränkungen in gesundheitlicher und psychischer Hinsicht, die es allein in der Schülerschaft eines herkömmlichen Gymnasiums gibt, nicht nur als Belastung zu ertragen, sondern als Bereicherung und gemeinsame Chance zu begreifen. Wenn das gelingt, dann gelingt es, die vielen Ichs zu einem starken Wir zu vereinen, zu einem Wir, das sich öffnen kann für andere. Einen ersten Schritt dazu hat die Schülerin gemacht, die ihrer Klasse den Weg in die Renovation des Klassenraumes geöffnet hat.

Die Würde der Schüler ist unantastbar – und die der Lehrenden auch

Tobias Zimmermann SJ

Wo Macht ungleich verteilt ist, kommt es leicht zu Grenzüberschreitungen – und jede Grenzüberschreitung bringt die Würde der Beteiligten in Gefahr. Ein Klima der Transparenz sorgt dafür, dass Üblichkeiten im Umgang miteinander reflektiert und vereinbart sind, Kinder ermutigt werden, nein zu sagen, und bereits die kleinen Grenzüberschreitungen angesprochen und unterbunden werden, mit denen im schlimmsten Fall Täter die größeren Übergriffe vorbereiten. Wie aber können die notwendigen Grenzen von Lehrern und Schülern überhaupt vereinbart werden? Allgemeine Regeln helfen nicht, denn jedes Miteinander ist ja etwas Höchstpersönliches. Um Grenzen zu klären, braucht es gegenseitiges Vertrauen, aber auch die stete Reflexion, damit der Schutzraum nicht zum Gefängnis wird.
„Jesuitenschulen sind Orte, an denen Schüler ihre Würde erfahren."

„Mit Reden haben wir es schon probiert, es hilft nichts!" – Ich bin umringt von Schülerinnen und Schülern aus einer Klasse, die sich bei mir als Schulseelsorger beschweren. Ihr Lehrer, nennen wir ihn mal Herrn Müller, rastet regelmäßig aus und beleidigt sie. Gemeinsam überlegen wir, was sie tun könnten. Aber auf meine Vorschläge reagieren sie skeptisch: Wird Herr Müller sich nicht rächen und ihnen hinterher schlechte Noten geben?

Die Vorstellung, dass Kollegen wirklich so aus der eigenen Rolle fallen können, fällt mir immer noch schwer. Doch die Beharrlichkeit, mit der Schüler diese Befürchtung äußern, muss uns Erwachsene nachdenklich machen. Inzwischen weiß ich aus vielen Jahren Begleitung und Fortbildung von Schülern und Lehrenden an unterschiedlichsten Schulen: Es gibt genug reale Erfahrungen, die diesen Befürchtungen Futter geben. Das geht bis hin zu jungen Kollegen, die berichten, dass immer dann, wenn sie als Klassenlehrer bestimmte Kollegen konfrontierten, sich diese über Noten und unfaires Verhalten an den Schülern dieser Kollegen rächten. Die Folgen solcher „Vergeltungsmaßnahmen" reichen weit. Die Schüler schweigen lieber, als sich zu beschweren, Kollegen nehmen lieber unakzeptables Verhalten hin, als die eigenen Schüler bösartigem Nachtreten auszusetzen. Klassenlehrer konfrontieren Fachlehrer nicht, Beratungslehrer beschwichtigen lieber Eltern und Schüler, als Kollegen zu konfrontieren usw. Dieses Verhalten ist sicher nicht die Regel, kommt aber doch erschreckend häufig vor.

Kollege Müller explodierte erst einmal, als ich ihn bat, mir eine Stunde zu nennen, in der ich ein Gespräch zwischen ihm und der Klasse moderieren könnte. „Das kommt überhaupt nicht infrage! Du untergräbst meine Autorität. Und die kosten mich ohnehin den letzten Nerv! Einige wenige machen mir den ganzen Unterricht kaputt. Da beschweren sich dann die Mitschüler bei mir. Und die Eltern fragen, wie ihre Kinder lernen sollen, wenn es immer so laut ist in der Klasse ..." Er bekam einen ganz roten Kopf und hörte mit seinem Redeschwall der Selbstverteidigung gar nicht mehr auf. Nachdem er sich etwas abgeregt hatte, meinte ich, er solle sich in Ruhe überlegen, wann das Gespräch stattfinden könne und was er brauche, damit er sich auf das Gespräch einlassen könne. Außerdem versicherte ich ihm, dass es meine Rolle als Moderator sei, das Gespräch so ablaufen zu lassen, dass er weder in seiner Rolle als Lehrer beschädigt noch als Mensch verletzt würde. „Aber", so sagte ich am Ende, „wann und wie, darüber können wir gerne reden, aber das ‚Ob' des Gespräches ist nicht verhandelbar!" Gut, dass ich mich dabei auf unsere „Schülerrechte" beziehen konnte. Diese klären das Verfahren bei Beschwerden über Lehrende: Jeder Schüler und jede Schülerin hat das Recht, sich bei der Schulleitung über einen Lehrenden zu beschweren oder sich um Unterstützung für ein Gespräch durch den Schulseelsorger, die Beratungslehrerin oder einen anderen Lehrer ihres Vertrauens zu bemühen. Es braucht nicht selten einen langen Anlauf, bis ein Gespräch zustande kommt, solange Lehrende Angst haben, durch so ein Verfahren blamiert zu sein. Ohne die Rückenstärkung durch die Schülerrechte wäre es vielleicht gar nicht zustande gekommen.

Auf das Gespräch hatte ich die Schüler sorgfältig vorbereitet. Vorbildlich hielten sie sich an die Gesprächsregeln:

- Zuhören und den andern ausreden lassen
- Vom eigenen Erleben und den Empfindungen sprechen
- Versuchen herauszuhören, wie sich die Angelegenheit in den Augen des Gegenübers darstellt
- Nicht ins Rechthaben und Urteilen verfallen
- Nicht einen Schuldigen suchen
- Versuchen, im Gespräch Lösungsansätze zu entdecken, wie es in Zukunft klappen kann

Herr Müller entspannte sich zunehmend im Gespräch. Es fiel ihm immer leichter zuzuhören und die Schüler reden zu lassen. In den Wochen danach besserte sich einiges. War damit das Problem gelöst? Nein. Es gehört dazu, den Konfliktparteien realistische Erwartungen an ein Gespräch zu vermitteln. Verhalten ändert sich nicht auf einmal und nicht auf Beschluss. Und so kam nach einigen Wochen der Kollege zu mir. Er meinte, nach der Aussprache sei wieder mehr gegenseitiges Wohlwollen da. Das helfe ihm, sich nicht so im Ärger zu verlieren, dass er wieder anfange, Schüler zu beschimpfen. Aber es sei immer noch so laut. Ihm mache das zu schaffen. Er könne gar nicht nett zu den Schülern sein, weil er alle zwei Minuten wieder Ruhe herstellen müsse. Ob er als Lehrer denn auch so ein Gespräch mit der Klasse bei mir anfragen könne. Ich sagte: „Natürlich!", und freute mich über die Souveränität dieses Kollegen. Das anschließende Gespräch brachte für Lehrer und Schüler Erhellendes an den Tag. Die Schüler waren selber völlig genervt von der eigenen Lautstärke. Sie wünschten sich, dass Herr Müller noch strenger sein müsse. Herr Müller und ich sahen uns teils amüsiert, teils erstaunt an. Die Schüler waren ihrerseits aufrichtig überrascht, als wir ihnen erklärten, dass zwar der Lehrer in besonderer Weise verantwortlich sei für eine Atmosphäre des Lernens im Unterricht. Aber auch die Schüler selbst seien in der Verantwortung. Nun, in der siebten Klasse, könne man von ihnen erwarten, sich an der richtigen Stelle gegenseitig die Meinung zu sagen, wenn sie sich gestört fühlten, statt sich nur hinter dem Rücken der anderen beim Lehrer zu beschweren. Nach diesen Gesprächen blieb die Klasse, sagen wir einmal: „aufgeweckt". Aber Lehrer und Schüler hörten auf, sich aneinander aufzureiben. In vereinbarten, regelmäßigen Gesprächen konnten sie in angemessener Weise Kritik austauschen. Es entstand erst gar nicht mehr jener Überdruck und Frust, der die Beziehung von Lehrer und Schüler zuvor zerfressen hatte. Und die Schüler begannen langsam, selbst Verantwortung zu übernehmen, statt alles auf die Lehrenden abzuschieben.

Worum geht es also? Damit aus einer Frage der Disziplin eine des gemeinsamen Lernens werden konnte, mussten *beide* Seiten sich Gehör verschaffen können. Dies ist angesichts des konstitutiven Machtgefälles zwischen Lehrenden und Schülern gerade im Krisenfall aber keine Selbstverständlichkeit. Deshalb braucht es an unseren Schulen verlässliche und allen transparente Verfahren, wie Schüler sich Gehör verschaffen können. Und es braucht eine angemessene Kultur des Umgangs mit Fehlern und Scheitern an der Schule, damit Lehrende nicht das Gefühl haben, das Gesicht zu verlieren, wenn es zur Lösung einer verfahrenen Situation eben einmal den Vermittler von außen braucht. Denn am Ende können nur so das grundlegende Vertrauen und die Würde aller Beteiligten bewahrt werden.

Grenzen wahren

Würde erfährt ein Mensch im Krisenfall, also dann, wenn sie auf dem Spiel steht. Das sind in der Regel unangenehme Momente. Würde hat etwas mit den Grenzen einer Person zu tun – sie ist immer dann in Gefahr, wenn diese Grenzen überschritten werden. Wo genau diese Grenzen liegen, welche Eingriffe den Kern einer Persönlichkeit berühren, das ist von Person zu Person unterschiedlich; das hat mit Geschlecht, Sensibilität, Lebenserfahrung und Kultur zu tun. Sicher ist nur: Gerade dort, wo ein starkes Machtgefälle herrscht, neigt der Stärkere im Krisenfall dazu, die Verletzung der Würde zur Geschmackssache zu machen. „Ach, die anderen finden da doch auch nichts dabei!", sagt der Lehrer, der Schüler mit unangemessenen Spitznamen oder Sprüchen verletzt und vorführt. „Das ist doch nicht so schlimm, aber er muss es lernen!", sagen Eltern, die ihrem Sohn als Strafe für schlechte Noten die Haare abrasieren. „Das gehört eben dazu!", sagen ältere Mitschüler, die den Neueingeschulten in Abfalleimer stecken. „Das ist doch lustig. Mit uns hat man das auch gemacht." All das sind keine Argumente, wenn die Würde einer Person auf dem Spiel steht. Im Gegenteil, zur Würde des Menschen, auch des „kleinen Menschen", gehört, dass er oder sie das Recht hat, die eigenen Grenzen selbst zu bestimmen. Das Entscheidende ist also – das gilt für Schüler wie für jeden anderen Menschen auch – dass jeder über sich, seinen Körper und das Bild von sich verfügen kann und er so das, was ihm wichtig und heilig ist, schützen kann. Die Tatsache, dass man es in Schule mit kleinen Menschen zu tun hat, die eben nicht in allen Fällen für sich und über sich entscheiden können, verkompliziert die Sache nur scheinbar. Denn eigentlich gibt es nur einen einzigen legitimen Grund, in die Verfügungsgewalt eines Schülers über sich selbst einzugreifen: wenn ein höheres Gut oder die Würde eines anderen auf dem Spiel steht. Wo immer es nötig ist, muss es mindestens den Versuch geben, dem Kind Gründe einsichtig zu machen, warum seine Grenzen überschritten werden müssen. Vor allem aber muss der Vorgang so transparent sein, dass er die Beurteilung von Eltern und anderen Pädagogen nicht scheuen muss. Wo es in asymmetrischen Beziehungen Schweigegebote gibt, ist bereits eine Grenze überschritten.

Für Pädagogen bedeutet dies, dass sie immer wieder neu reflektieren müssen, wo eindeutige Grenzen liegen; denn unsere Gesellschaft unterliegt einem Prozess des ethischen Erkenntniszuwachses. Wenn Pädagogen und Eltern ihr Handeln im Blick auf die Wahrung der Würde von Schülern reflektieren, wird es oft ungemütlich. Denn wir sind ja traditionell gewohnt zu objektivieren und mit allgemeingültigen Regeln zu arbeiten. Grenzen sind aber etwas Höchstpersönliches. Dazu kommt, dass das Ausloten der Grenzen unserer Schüler nicht nur im stillen Kämmerlein geschehen kann, sondern auch und gerade im Gespräch. Gerade wenn die Wunde schon geschlagen ist, ist es allein das Gespräch, das sie zu heilen und Würde wieder herzustellen vermag. Gegebenenfalls ist die Entschuldigung der Anfang der Wiedergutmachung.

Jeder Pädagoge mit einem professionellen Rollenverständnis wird natürlich das Thema „Würde der Schüler" in den Schulen dauerhaft auf die Agenda setzen wollen. „Jesuitenschulen sind Schulen, an denen Schüler ihre Würde erfahren." Die Prinzipien Ignatianischer Pädagogik erinnern uns explizit, dass an der Frage, was christliche Schulen konkret tun, um die Würde der ihnen anvertrauten Schüler zu wahren, ihre Existenzberechtigung hängt. Denn es geht nicht zuletzt um die Frage, wie ernst wir Christen selbst das christliche Menschenbild und den Auftrag Jesu nehmen, die „Kleinen" zu schützen, weil Gott sich in besonderer Weise mit ihnen identifiziert. Insofern steht mit dem Thema der Würde der Schüler die Existenzberechtigung christlicher Schulen auf dem Spiel.

Vertrauen ist alles

Ignatius von Loyola, der ehemalige Soldat Inigo von Loyola – ein harter Kämpfer bis zum unerbittlichen Ende – hätte Mitte des 16. Jahrhunderts mit dem Wort „Würde" nicht viel anfangen können. „Ehre" dagegen kannte Ignatius. Sie hatte ihm als adeligem Ehrenmann viel bedeutet. Aber mit diesem Wert brach er nach seiner religiösen Bekehrung. „Ehrgeiz" als Antrieb wurde nun für ihn ein klar negativ besetzter Begriff. Er erkannte, dass Ehrgeiz bedeutet, seine Lebensberechtigung und sein Selbstbild daran zu koppeln, gut in den Augen anderer dazustehen. Ignatius selbst hatte auf dem Krankenlager, nach einem hochmütig-vergeblichen Verteidigungsversuch Pamplonas, mit einem zerschossenen Bein erlebt, wie schnell sich ehrgeizige Selbstverwirklichung als Selbstbetrug entlarvt und der Mensch dann vor den Scherben seiner Existenz steht. „Ehre" und „Stolz" – wir würden sagen, „Status" und „Ansehen" – verengen unseren Blick auf die Frage, „wie wir dastehen". Sie machen uns unfrei und sie zerstören unsere Beziehungen.

Anders die „Würde": Ich bin mir sehr sicher, dass Ignatius mit der heutigen Bedeutung des Wortes viel hätte anfangen können. Ausgerechnet der mit sich selbst nicht besonders zimperliche Ignatius brachte Eltern und unterrichtende Mitbrüder nämlich in einer bestimmten Frage zur Verzweiflung: Er wollte nicht, dass Jesuiten ihre Schüler schlagen. Damit stellte er sich völlig gegen die Kultur seiner Zeit, in der Erziehung durch Strafe unhinterfragter Standard war. Die Eltern liefen Sturm, weil sie ihre eigenen Erziehungsmethoden diskreditiert sahen. Die Mitbrüder waren verzweifelt, weil sie nicht mehr wussten, mit welchen Mitteln sie erziehen sollten. In der Not engagierten sie in einem Kolleg ältere Schüler, um die jüngeren Schüler zu schlagen. Da rotteten sich die Kleineren zusammen und schlugen die Älteren. Im angelsächsischen Raum wurde das strikte Verbot des Ordensgründers besonders hintersinnig umgangen: Ein Angestellter, der „Master of Discipline", führte die Strafen aus, die Jesuitenlehrer verhängten. Warum aber blieb der sonst so pragmatische und flexible Ignatius trotz aller Proteststürme und Auswüchse in dieser Frage hart?

Ignatius sah im Lehrenden nicht den Wissensvermittler, sondern den Seelenbegleiter, der Schüler zur Erkenntnis begleitet. Vor allem zu der Erkenntnis, um die es in der Vielfalt des Lernstoffes geht: „Gott in allen Dingen suchen und finden". Säkular formuliert: Bildung erschöpft sich nicht in Berufsvorbereitung, nicht in Fakten und Kompetenzen, die ein Schüler erwerben muss, um im Leben zu bestehen. Mindestens genauso wichtig sind Fragen wie: Wer bin ich? Was sind mir die Welt und die Anderen? Wo immer Menschen sich suchend und tatkräftig der Wirklichkeit stellen, kristallisieren sich langsam Persönlichkeit und Haltung zum Leben heraus. Persönlichkeitsbildung und moralische Bildung scheinen als Facetten im zentralen Geschehen des Bildungsprozesses auf: Es ereignet sich Menschwerdung, und der Mensch wird in seine Würde als Mitschöpfer eingesetzt

In diesem Prozess, der mehr als jeder andere auf freiwilliger Bejahung beruht, ist jede Form ideologischer Indoktrination eine Form der Gewalt. Andererseits braucht der Schüler ein Vermögen innerer Unterscheidung, um konstruktive Antriebe von destruktiven zu unterscheiden, wahre innere Freiheit von der Durchsetzung ungeordneter Neigungen. Können wir uns da als Pädagogen heraushalten? Eine Schule, die dem Lehrenden „weltanschauliche Neutralität" verordnet, erhebt diese selbst zur Weltanschauung und tarnt feiges Wegducken vor einer authentischen Auseinandersetzung mit Schülern unter dem Deckmäntelchen der Toleranz. Meine Erfahrung ist: Schüler werden oft alleine gelassen, wo sie Begleitung bräuchten.

Aus ignatianischer Sicht geht es in Bildung also um mehr als Wissensvermittlung und Kompetenzerwerb. Es geht um Persönlichkeitsbildung und die Ermöglichung einer Grundorientierung in der Welt, die Voraussetzung ist, um sich und die Welt bejaht zu wissen und selbst bejahen zu können. Was bedeutet das aber für die Rolle des Lehrers? Und wo berührt die Frage des Rollenverständnisses auf Seiten des Lehrers die Frage der Würde des Schülers?

Respekt und Vertrauen

Ein Begleiter ist jemand, der mir den Weg zeigt, wenn ich nicht weiter weiß. Er nimmt mir aber nicht die Freude, selbst Wegstücke zu entdecken. Er stützt mich, wenn ich aufgeben will oder müde bin. Ein guter Begleiter zeigt mir, dass er Zutrauen in meine Kraft und Ausdauer hat, den Weg zu schaffen, und lässt mich eigene Erfahrungen machen. Ein Begleiter ist ein Geburtshelfer, der nicht entmündigt, indem er zum Beispiel seinem Schüler vorschreibt, welches Musikinstrument er zu lernen hat. Auch wenn er meint, über das Talent seines Zöglings am besten Bescheid zu wissen. All dies zeigt uns: Schüler zu begleiten ist mehr als bloßes „Dabei-sein" und weniger als ein „Machen". Die Rolle als Begleiter erfordert Demut. Denn am Ende muss der Begleitete das Gefühl haben dürfen, es selbst geschafft zu haben. Ein Begleiter, dem es um die eigenen Erfolge und um das Gefühl des Gebrauchtwerdens geht, verletzt die Würde dessen, den er begleitet. Weil er ihn entmündigt. Hier liegt ein Grundproblem für den Lehrberuf: Woraus ziehe ich meine Bestätigung, die mich motiviert und weiter machen lässt? Manches Selbstbild als Lehrer wurzelt gefährlich nahe an der inneren Instrumentalisierung und damit der Verletzung der Würde von Schülern.

Ignatius sah ganz klar, dass eine Begleitung so nahe am Kern der eigenen Person eine Vertrauensbeziehung voraussetzt. Hier sehen wir noch einmal im Kern den Grund, der ihn zum Verbot körperlicher Züchtigung führte. Denn eines ist unverrückbar klar: Gewalt zerstört Vertrauen. Wer aber als Lehrender die Verletzung der Würde von Schülern sehend in Kauf nimmt, der verrät das Vertrauen der Eltern und zerstört das Vertrauen der Kinder.

Bildung und Lernen beruhen also – wie wir gesehen haben – auf einem Vertrauen, das Menschen nur zu Menschen und Institutionen entwickeln können, die ihre Würde zu wahren wissen. Deshalb muss Schule in ihrer Gestalt, in ihren Verfahren, durch die Rolle, die sie Lehrern zuschreibt, und im Umgang mit dem Scheitern zeigen, dass sie alles tut, um dieses Vertrauen zu schützen. Das Vertrauen ist letztendlich die Grundlage einer Lehrer-Schüler-Beziehung, die dem Schüler ermöglicht, sich auch den grundlegenden ethischen und weltanschaulichen Fragen zu stellen und in einer Auseinandersetzung auf Augenhöhe mit dem Lehrer persönlich zu wachsen. Wo immer Lehrer aber aus ihrer Rolle fallen, droht die Gefahr, dass sie die Würde von Kindern beschädigen. Im schlimmsten Fall beschädigt der Lehrer das Grundvertrauen von Kindern in das Leben. Im Kern erfüllt letzteres die Kriterien dessen, was man in der christlichen Tradition die „Todsünde" nennt, also jene Sünde, die sich zwischen Gott und sein Geschöpf stellt, sodass dieses die Gnade Gottes nicht mehr erfahren kann. Ich will es an diese Stelle ganz klar sagen: Wer die Würde eines Kindes und damit sein Vertrauen derart nachhaltig beschädigt, dass es das Grundvertrauen in das Leben und in die Vertrauenswürdigkeit von Menschen überhaupt verliert, der versündigt sich auch an Gott. Denn Gott will sich in all den Dingen und in der Wirklichkeit zeigen, in die ein kleiner Mensch nun sein Grundvertrauen nicht mehr setzen kann. Ein Erwachsener hat es ihm geraubt. Leider waren es vor etwa 30 Jahren gerade einige Lehrer, die sich der Igantianischen Pädagogik verbunden fühlten, die am Canisius-Kolleg das Grundvertrauen von ihnen anvertrauten Schülern aufs Schändlichste verrieten und zerstörten. Wie konnte es dazu kommen?

Nur mit einem System kommt man gegen die Täterstrategien an

Das Jahr 2010 ist zu einem Wendepunkt für die Geschichte des Jesuitenordens und der Ignatianischen Pädagogik geworden. Einige Opfer sexuellen Missbrauchs am Canisius-Kolleg unternahmen nach 30 Jahren nochmals den mutigen Anlauf, sich einem Rektor zu offenbaren. Bei P. Klaus Mertes SJ fanden sie endlich Gehör. Als dieser den Mut hatte, einen Brief an die betroffenen Jahrgänge zu schreiben, meldeten sich weitere Opfer – das ganze Ausmaß des

Verbrechens in seinen unfassbaren Dimensionen wurde offenbar. Wir können diese Vorgänge nicht ungeschehen machen. Aber wir können dafür sorgen, dass sie nicht mehr vorkommen. Dazu braucht es das Wissen um die Mechanismen, die den Missbrauch damals möglich gemacht haben. Der Schlüssel ist: Die Missachtung der Würde von Schülern hatte System. Wieso? Es waren doch die Taten Einzelner und nicht die eines Netzwerks von gemeinsam agierenden Tätern. Nein, was ich meine, ist Folgendes: Die Art, in welcher der Missbrauch durchgeführt wurde, hatte System. Einerseits wurde eine Sondergruppe von Schülern mit elitärem Selbstbewusstsein herangezogen. Da wollte man dazu gehören, nein, da *musste* man dazu gehören. Andererseits wurden ideologische Legenden geschmiedet, die zum Beispiel die Homophobie schürten. Erst auf den zweiten Blick wird deutlich, warum dies den Tätern in die Hände spielte: Es entstand eine Fallhöhe, die es ermöglichte, willkürlich Opfer auszusondern und zu isolieren, zu schwächen und der eigenen Willkür auszuliefern. Eine ideologische Untermauerung, die sich als Sexualpädagogik und Persönlichkeitsschulung ausgab, lieferte dann das Deckmäntelchen gegenüber den Jugendlichen, um Dinge angeblich „tun zu müssen". Wie konnte das geschehen? Wir ringen heute noch um Antworten, denn wir müssen die Mechanismen verstehen, um in Zukunft wirksam gegen sexualisierte Gewalt vorgehen zu können.

Viele Zahnräder griffen ineinander: Die Leitungen waren auf ihre Aufgabe nicht vorbereitet worden. Es gab keine berechenbaren und transparenten Verfahren der Kontrolle und der Mitwirkung, die ja eine Unterstützung der Leitung bedeuten. Zum System gehörte im Falle des Canisius-Kollegs auch eine Leitung, die zuließ, dass es Inseln pädagogischen Handelns gab, in die niemand – vor allem keine anderen Erwachsenen – hineinblickte. Und dazu noch eine Ordensleitung im Kolleg, der Provinz und in Rom, die lieber Opfer wegschickte, statt sich in den Konflikt mit den Tätern zu begeben. Pädagogen und Eltern sahen lieber darüber hinweg, dass es den ihn Anvertrauten schlecht ging, als sich den Tatsachen zu stellen. Warum? Umfeld, Träger und Mitarbeiter hatten eine gemeinsamen Motivlage: Das Ansehen, der Status, die Ehre usw. waren wichtiger als die Würde und das

Wohl der Schutzbefohlenen. Deshalb konnte nicht sein, was nicht sein durfte.

Es gibt noch weitere Zahnräder, die zum Mechanismus beitrugen. Jesuitenschulen machen aus wenig viel – wenn es gut geht. Dahinter lauert die Selbstüberforderung. Vom Krieg gezeichnete Persönlichkeiten, Soldaten, KZ-Insassen oder Söhne, die durch den Krieg die Väter verloren hatten – in der Regel keine ausgebildeten Lehrer – legten die Fundamente des Canisius-Kollegs. Über Gewalt von Lehrenden gegen Schüler wurde nur geraunt. Wer Genaueres wissen wollte – zumindest als junger Ordensangehöriger – lief vor eine Wand vielsagenden Schweigens. Die Themen Machtmissbrauch, Gewalt sowie Selbstüberforderung und Kompensation durch Zynismus in der Pädagogik wurden an unseren Schulen jahrzehntelang nicht ausreichend thematisiert. Aufgrund meiner eigenen Schulerfahrung und der von Freunden würde ich anfügen: Das gilt nicht nur für Jesuitenschulen. Und dies meine ich nicht relativierend, sondern im Gegenteil: Es umreißt die Ausmaße des Problems.

Die Frage, die sich uns stellt: Sitzt die Gewalt in der DNA unserer Pädagogik? Die Missbrauchsfälle ereigneten sich in einer Zeit des Umbruchs. Das Canisius-Kolleg begann sich eben zu verändern. Junge Lehrkräfte – die meisten waren keine Jesuiten mehr – fanden weltweit in den Dokumenten aus der Tradition des Ordens und des Aufbruchs nach dem zweiten vatikanischen Konzil zurück zu den Quellen der Ignatianischen Pädagogik. Das Fundament der Ordensgründer machte den Lehrenden die unbeschädigte Vertrauensbeziehung zwischen Schülern und Lehrenden zur ersten Pflicht und eine wertschätzende Begleitung der ihnen Anvertrauten zur zentralen Aufgabe. Vor diesem Hintergrund reflektierten viele ihr pädagogisches Handeln neu und fanden zu einer Pädagogik, welche die Begleitung von Schülern zu autonomen, selbstbewussten Persönlichkeiten in den Mittelpunkt setzten. Aber erst das erneute Anrennen der Opfer gegen die Schweigemauer und P. Mertes' SJ Reaktion eröffnen uns heute die Möglichkeit zu einer grundlegenden Reflexion, inwieweit unsere Schulen geprägt waren von einem System, das Gewalt und Machtmissbrauch begünstigte. Doch der Blick auf den Ordensgründer und seine Beschreibung der Rolle von Seelenbegleitern zeigt, dass sich weder Täter noch Leitungen auf die DNA unserer Schulen berufen können. Was geschah, war vielmehr beides: Ein ungeheuerliches Verbrechen an Kinderseelen – und Verrat an den eigenen Idealen.

Es ist also unverzichtbar, dass sich jede Schule systematisch Gedanken über die Wahrung der Würde ihrer Anvertrauten machen muss. Nicht zuletzt, weil sie mit systematischem Vorgehen der Täter rechnen muss. Wachsamkeit darf aber nicht in Hysterie und Paranoia ausarten.

Die Grundlage von Vertrauen ist Transparenz in Leitung und Kommunikation

Der Widerstand von Pädagogen und Eltern, der mir manchmal bei Präventionsveranstaltungen entgegenschlägt, entsteht aus der Angst heraus, einer hysterischen Hexenjagd verdächtigt zu werden. Diese Angst ist nicht ganz von der Hand zu weisen. Schließlich kann ein nicht ausgeräumter Verdacht immer noch Existenzen zerstören. Andererseits: Sich nach dem gemütlichen Schweigen der Vergangenheit zu sehnen, wäre zynisch. Denn das war erkauft, die Opfer waren mundtot gemacht. Schweigen verhindert keine Hexenjagden. Im Gegenteil: Sowohl das Schweigen als auch hysterische Dämonisierung des Einzelfalls dienen den Tätern.

Für mich geht es nach 2010 vor allem darum, einen Perspektivwechsel zu vollziehen: Wir erlebten 2014 rund um die Edathy-Affäre gespenstische Debatten darum, in welchen Posen nackte Kinder abgebildet sein dürfen, damit dies nicht den Tatbestand der Kinderpornografie erfüllt, oder ob es derzeit eine Hexenjagd bereits an Stellen gebe, die früher unter Kunst gelaufen wären. Diese Debatten haben eines gemeinsam. Erneut geht es primär um die Perspektive, die Interessen, die Motivationen und die Angst der Erwachsenen um sich selbst. Nimmt man eine Perspektive ein, in der die Würde der Kinder zu wahren Priorität hat, dann müsste man sich wohl fragen, welchen legitimen Grund es überhaupt geben sollte, dass Bilder nackter Kinder zu Hunderten erwerbsmäßig gehandelt werden dürfen. Es geht um die Einübung dieses notwendigen Perspektivwechsels, der erst zu der unerlässlichen Sorgfalt in der transparenten Gestaltung der in der Erziehung unvermeidlichen asymmetrischen Beziehungen führt. Denn das Machtgefälle ist es, das für die Schwächeren generell gefährlich ist. Deshalb ist Schule an sich ein brandgefährlicher Ort für Kinder, fast so gefährlich wie Familien.

In einem Präventionssystem, das den Verdacht ins Zentrum stellt statt die Schutzbefohlenen und ihre Würde, werden alle Akteure lediglich wieder negativ motiviert. Angstgesteuert fragen sie sich: Wie bewahre ich meinen Status? Die Sorge um Image, Status und Ehre treibt in eine defensive Haltung und damit in Abwehr und Schweigen. Vertrauen und Würde haben dagegen mit Kommunikation zu tun. Ich kann meine Würde nur wahren, wenn ich auch der Anderer mit Achtung begegne. Denn die Geschichte von Herrn Müller zeigt: Wenn ich als Lehrer – vielleicht bedrängt von der eigenen Hilflosigkeit und von Schülern an den Rand meiner Beherrschung gebracht – aus der Rolle falle, dann steht nicht nur die Würde der Schüler auf dem Spiel, sondern auch die eigene als Lehrender. Und auch darum geht es doch, gerade dann, wenn ich kein zum Grenzbruch entschiedener „Täter" bin, sondern ein um gute Schule und gute Bildung bemühter, aber fehlbarer Mensch. Noch einmal: Vertrauen braucht als Fundament Kommunikation. Deshalb gilt es eine Pädagogik zu etablieren, die Kinder systematisch stark macht und sich nicht scheut, das eigene pädagogische Handeln transparent zu machen und regelmäßig kritisch zu reflektieren. Wenn sich jemand dazu Hilfe bei anderen Pädagogen und Rückmeldungen auch bei Schülern holt, wie Herr Müller, ist das ein Zeichen starker Souveränität.

Wir müssen endlich die Einzelkämpfer aus unserem Berufsbild verabschieden, die hinter geschlossenen Türen Kinder domptieren, um hinterher stolz zu erzählen, wie sie mit starken Sprüchen und strengen Maßnahmen diesen „undisziplinierten Haufen" wieder zur Räson gebracht haben. Denn davon, dass endlich die Türen der Klassenzimmer aufgehen und in unser pädagogisches Handeln mehr Transparenz einkehrt, werden am Ende alle profitieren. Alle außer den echten Tätern.

Die Geschichte von Herrn Müller zeigt uns aber auch, dass zuvor einige Befürchtungen genommen werden müssen. Dies wiederum wird nur gelingen, wenn die Leitungen in den Schulen auch bereit sind, Verantwortung zu übernehmen und es nicht an Achtsamkeit für wertschätzende Unterstützung fehlen zu lassen. Dazu müssen sie bereit sein, unbequeme Wege zu gehen und Konfrontationen nicht zu scheuen.

Die Würde des Schülers zu wahren ist keine Selbstverständlichkeit. Weil Schule aufgrund konstitutiv asymmetrischer Beziehungen ein herausfordernder Ort ist, und weil alles pädagogische Handeln auf einem zerbrechlichen und unersetzbaren Gut beruht, nämlich dem Vertrauen von Schülern und Eltern, braucht es Anwälte dieses Themas. Aber auch Lehrende, die ihre Rolle reflektieren. Lehrende sind nicht nur Wissensagenten, sie sind Seelenbegleiter. Sie können es nur sein, wenn sie voll Achtsamkeit ihr wertvollstes Gut bewahren, das Vertrauen der Schüler. Das fängt schon bei „Kleinigkeiten" an.

Schüler sind keine Schäfchen

Ich wurde – bereits Schulseelsorger – im Kreise der Schulgemeinde zum Priester geweiht. Kurz danach kamen zwei ältere Schüler zu mir, die offensichtlich etwas auf dem Herzen hatten. Sie waren engagierte Schüler, mir aber eher nicht dafür bekannt, sehr fromm zu sein. „Pater Zimmermann, wenn wir Ihnen etwas beichten, dann dürfen Sie das doch nicht weiter erzählen?" Ich erwiderte, nein, das dürfe ich nicht, daran hindere mich das Beichtgeheimnis. „Warum ist Euch das wichtig?", fragte ich. „Na, sonst kann man Lehrern oder Eltern nichts erzählen, ohne dass es am nächsten Tag andere Lehrer oder Eltern wissen."

Die Beichte ist ein im christlichen Kontext zu Unrecht vernachlässigtes Sakrament. Ich bin sehr dankbar, dass ich Menschen mit der Spendung dieses Sakramentes unterstützen darf. Es hat bis hinein in den säkularen Kontext eine machtvolle und hilfreiche Wirkung. Die beiden Schüler hatten selbst gespürt, dass ihre eigene Würde auf dem Spiel steht, wenn sie gewisse Dinge nicht bereinigen, um die niemand wusste, von denen sie aber überzeugt waren, dass sie falsch waren. Der Grund, warum ich Ihnen diese Geschichte aber erzähle, ist ein ganz anderer. Die beiden deuteten hellsichtig auf eine Schräglage im System Schule und im Handeln von Pädagogen: Vertraulich Gemeintes wird nicht immer vertraulich behandelt. Wenn Kinder und Jugendliche keinen Ort mehr haben, an dem sie Erwachsenen Dinge erzählen können, ohne dass die Erwachsenen sofort unter Entmündigung der Schüler wild agieren, wird Vertrauen zerstört. Und wieder handelt es sich um ein System, dem nur mit System begegnet werden kann. Nicht ich als einzelner Pastor kann da Abhilfe leisten. Es muss unter Einbeziehung aller Lehrkräfte systematisch gearbeitet werden. Aber wie?

Das Bild, das wir uns von Schülern machen, muss sich ändern. So sehr ich also das Bild vom guten Hirten im Evangelium liebe, so wenig mag ich das Wort „Schulpastoral". Sein Gebrauch übersieht, dass im Evangelium Jesus der gute Hirte ist. Und Schüler sind nun mal keine Schafe. Seelsorge bedeutet etwas ganz anderes. Die Wurzeln dieses Wortes gründen tief in der geistlichen Tradition des Jesuitenordens: Ignatius und die ersten Gefährten gründeten ihre Gesellschaft, um „den Seelen zu helfen". In den Grundtexten zählen die ersten Gefährten unter den ihnen besonders wichtigen Seelsorgefeldern nicht in erster Linie klerikale Tätigkeiten auf. Jesuiten sollen die Begleitung von Menschen in Gefängnis und Krankenhaus übernehmen. Dazu gehörte das Sakrament der Tröstung, aber auch die konkrete Pflege von Kranken: „Den Seelen helfen", also Seelsorge, umfasst das ganze Wohl des Menschen. Und es ist eine Tätigkeit, die in der ignatianischen Tradition auch nicht für einzelne hauptamtliche Seelsorger bestimmt ist. Die Jesuiten gründen bald schon an ihrem ersten Kolleg sogenannte „Marianische Kongregationen", damit sogar ihre Schüler und Studenten daran teilhaben konnten. Seelen zu helfen, da geht es um eine achtsame Fürsorge zum Wohl der „Kleinen", der Kinder und der sozial Schwächeren. Im System Schule ist diese Aufgabe allen Pädagogen aufgetragen. Aber auch Schüler sollen in sie – nach Maßgabe ihres Alters – hineinwachsen.

Die Schulseelsorge koordiniert alles pädagogische Handeln in der Schule, das darauf abzielt, das Wohl und die Würde von Schülern zu wahren. Dies geschieht im Auftrag der Schulleitung – und zusammen mit der Schulleitung. Dazu gehören: Prävention, Beratung, geistliche Begleitung und Verkündigung. Sie entmündigt weder Schüler noch Lehrende in ihrem Bemühen, den Seelen zu helfen. Sie hat anwaltliche Funktion und gleichzeitig einen emanzipatorischen Auftrag.

Zuerst unterwiesen Ignatius und die ersten Gefährten gelegentlich einzelne Kinder auf den Marktplätzen. Dann bildeten sie den eigenen Nachwuchs mit systematischer Sorgfalt aus. Am Ende stand die Eröffnung eines ganzen Schulnetzwerkes. Dies alles geschah noch zu Zeiten des Ignatius – ein wirklich schnell fortschreitender Lernprozess im Blick auf die systematische und systemische Seite von „Seelsorge"! „Den Seelen helfen", das ist die Herztätigkeit im Kern unseres pädagogischen Handelns. Der Zug hin zum systemischen und systematischen Handeln liegt ganz offensichtlich in der Sache der Tätigkeit, „den Seelen zu helfen", selbst begründet. Sicherzustellen, dass die Würde aller Personen im System Schule gewahrt wird, und zu ermöglichen, dass Schüler ihre Würde und ihre Verantwortung auch erfahren und reflektieren, muss heute ein zentraler Aspekt einer derart systematisch angelegten Seelsorge sein. Demnach darf sie auch nicht zu einem zusätzlichen Feld christlicher Schulen neben dem eigentlichen unterrichtlichen Handeln oder gar zum Randbereich degradiert werden. Sie muss im Herz der Schule und in deren Leitung verankert sein und das Engagement von Schülern systematisch miteinbeziehen. So wird Schule zu mehr als einem Ort der Nachzucht von Funktionsträgern einer bestehenden sozialen Gesellschaft. Sie wird zum Zukunftslabor, in dem Schülern theoretisch und praktisch Ideale vermittelt werden und sie Maßstäbe an die Hand bekommen, bestehende Verhältnisse kritisch zu hinterfragen. Sie lernen, was es bedeutet, sich nicht mit Missständen abzufinden, sondern an deren Beseitigung systematisch teilzuhaben.

Solch ein im wahrsten Sinne des Wortes seelsorgliches Handeln richtet sich auf die ganze Person und ihre Würde. Wer dem Wohl von Menschen dienen will, kann das leibliche Wohl seines Gegenübers nicht zynisch beiseite stellen und sich nur um die Seele kümmern. Andererseits kann das Wohl eines Menschen sich nur bei der Entfaltung seiner geistigen Talente und unter Förderung seiner seelischen Gesundheit einstellen. Wo immer *das Ganze* der Person aus dem Blick verloren wird, steht die Würde auf dem Spiel.

Behalten wir im Auge, dass gerade das System Schule nicht selten daran krankt, dass Leitung nicht ausgeübt und Verantwortung nicht wahrgenommen wird. Doch all die Fragen des Alltags und der konkreten Gestaltung des Schullebens dürfen nicht außen vor bleiben. An ihnen erlebt der Schüler tagtäglich, ob Erwachsene seine Bedürfnisse im Blick haben: Mischen sie sich ein, wenn Schüler „Schwuchtel" oder Schülerinnen „Schlampe" genannt werden, oder bleiben sie schweigende Mitwisser? Gibt es einen angemessenen Wechsel von Arbeit und Erholung? Wird auf gesunde und wohlschmeckende Ernährung geachtet oder werden die Schüler abgefüttert? Haben sie ausreichend Platz und Schränke, wo sie ihre Wertsachen verstauen können?

Erst wenn wir unser Handeln als Pädagogen so bis in die vermeintlichen Kleinigkeiten des Alltages unter das Maß der Wahrung der Würde von Schülerinnen und Schülern stellen, werden unsere Schulräume auch zu Lebensräumen für Kinder und Jugendliche und keine Lernkasernen.

Wie aus Schwächen Stärken werden

Birgit Buchberger, Karl Hödl

Die Persönlichkeitsentwicklung eines Schülers findet auf vielen Ebenen statt – auf der intellektuellen Ebene, der spirituellen Ebene usw. Damit sie ihre eigenen Schwächen erkennen und an ihnen arbeiten können, brauchen Schüler von ihren Lehrern ein individuelles, wohlwollendes und stetes Feedback. Dieser Anspruch stellt für die Pädagogen eine enorme Herausforderung dar. Indem Schule ihre Lehrer in diesem Anspruch strukturell, pädagogisch und personell unterstützt, bietet sie dem ignatianischen Dreischritt „erfahren – reflektieren – handeln" einen Raum und fördert die individuelle Entfaltung von Schülern und Lehrern gleichermaßen.

Rückgabe einer Klassenarbeit. Es ist mucksmäuschenstill im Raum. Herr Schwab, der Mathematiklehrer, hat vor sich den Stapel der korrigierten Hefte liegen – geordnet wie immer, die Arbeiten mit „Nicht genügend" oben, die Arbeiten mit „Sehr gut" unten. Er greift zur Kreide und schreibt wortlos den Notenspiegel an die Tafel. Als er die Anzahl der „Nicht genügend" aufschreibt, seufzt er leise, fast ein bisschen resigniert. Peter wartet schweißgebadet auf die Rückgabe seiner Klassenarbeit. Seine letzten Leistungen in Mathematik waren alle negativ. Er braucht ganz dringend ein gutes Ergebnis, um den Aufstieg in die nächste Klasse zu schaffen. Gewissenhaft hatte er sich auf die Arbeit vorbereitet, viel gelernt. Bezahlte Nachhilfe war und ist aus finanziellen Gründen für seine Eltern nicht leistbar, aber er hatte viele Beispiele aus dem Schulbuch durchgerechnet, alle Hausübungen gemacht. Das Problem ist, dass er oft nicht weiß, wie er lernen soll. Auch wenn er mehrere Beispiele eines Kapitels rechnet, kann es passieren, dass er eine Aufgabe mit verändertem Text aus demselben Themenbereich wieder nicht lösen kann. Im Unterricht hat er große Schwierigkeiten, dem Tempo von Herrn Schwab zu folgen. Der Lehrer rechnet ein Beispiel nach dem anderen an der Tafel und erklärt es kurz, ab und zu rechnen Mitschüler vor. Natürlich darf man fragen, wenn man etwas nicht verstanden hat, aber Peter hat meist zu große Angst davor, sich mit einer Frage zu blamieren. Das Austeilen der Hefte beginnt. Peter ist als dritter an der Reihe. „Nicht genügend" steht unter seiner Arbeit. Peter ist verzweifelt und packt enttäuscht sein Heft in die Schultasche. Er hat keine Kraft, sich mit seinen Fehlern auseinanderzusetzen. Eine tiefe Hoffnungslosigkeit befällt ihn. Die anschließend im Klassenverband durchgeführte Verbesserung erledigt er wie in Trance, indem er die Lösungen der Beispiele, ohne mitzudenken, von der Tafel in sein Heft kopiert.

Was jungen Menschen wirklich hilft

Die eben geschilderte Situation ereignet sich vermutlich nach wie vor täglich in verschiedenen Unterrichtsstunden in europäischen Schulen. Nach wie vor werden von einigen Lehrern vorwiegend vorlesungsartige Unterrichtsformen eingesetzt, um den Stoff zu vermitteln. Klassenarbeiten dienen als wichtigstes Instrument der Leistungsbeurteilung, und leistungsschwachen Schülern wird somit oft ein positives Erlebnis mit Leistungsbewertung verwehrt. Dies wirkt sich natürlich auch negativ auf die Lernmotivation und damit auch ungünstig auf den Lernerfolg aus. Dass solche Unterrichts- und Leistungsbeurteilungsmethoden Schülern keine Möglichkeiten bieten, sich mit dem Lernen auseinanderzusetzen und ihre Schwächen zu erkennen, um gezielt an ihnen zu arbeiten, ist klar. Und so wirken sie sich auch in unausweichlich negativer Weise auf die Motivation von Schülern und deren Lernerfolg aus.

Keine Frage: Prüfungsdruck kann nachweisbar zum Lernen anspornen. Wenn eine Klassenarbeit immer näher rückt oder der Umfang des Stoffgebiets groß ist, können Schüler mehr Disziplin für die Vor- und Nachbereitung von Unterrichtsinhalten aufbringen. Jedoch ist Prüfungsdruck damit nicht automatisch ein pauschales Erfolgsmodell. Denn es greift meist nur bei den leistungsstarken Schülern. Bei leistungsschwachen Jugendlichen bewirkt diese extrinsische Motivation nur selten eine Verbesserung ihrer Leistungen; im Gegenteil: Sie führt oft erst recht zu einer Verringerung des Selbstwertgefühls.[1]

Unterricht, der sich stark an Prüfungen und Klassenarbeiten orientiert, die am Ende eines meist längeren Lernabschnitts liegen, benachteiligt im Allgemeinen lernschwache Schüler. Hingegen bewirken formative Testverfahren, also solche Testverfahren, die kontinuierlich Feedback über die individuellen Lernfortschritte geben, eine deutliche Erhöhung der Eigenmotivation und dauerhafte Lernerfolge.[2]

Will ich also Schülern die Möglichkeit bieten, an ihren Schwächen zu arbeiten, so ist eine Leistungsbeurteilung, die den Schüler als Individuum mit unterschiedlichen Voraussetzungen beim Lernen erfasst, ein guter Ansatz.

Eine solche Änderung der Feedbackkultur bewirkt nicht nur beim einzelnen Schüler eine Haltungsänderung; sondern auch bei der Lehrkraft. Wenn Prüfungen eine große Rolle spielen, richten die Lehrer auch ihren Unterricht danach aus. Zügiges Durchnehmen des Unterrichtsstoffs steht im Mittelpunkt und die Unterrichtenden sehen die Lernerfolge der Schüler auch als ihre Erfolge. Mit einem Unterrichtsstil, der hauptsächlich auf Wissenstransfer setzt, begünstigen sie jene Lernenden, die durch Noten und Prüfungen motiviert werden und nicht durch die Freude am Lernen an sich. Gibt die Lehrkraft durch laufendes wohlwollendes Feedback dem Schüler die Chance, den eigenen Prozess des Lernens zu steuern, wird sie schnell von einer Person, die ausschließlich vermittelt und beurteilt, zu einem Menschen, der Jugendliche auf dem Weg des Lernens individuell begleitet und sie dabei unterstützt, aktiv selbst an ihren Schwächen zu arbeiten.

Studiert man die „Grundzüge jesuitischer Erziehung", lernt man sehr schnell, dass Ignatianische Pädagogik Wert auf individuelle Behandlung und Sorge um jeden Einzelnen legt. Der Lehrplan stellt nicht die reine Stoffvermittlung in den Mittelpunkt, sondern die

---

1 Vgl. Stern, Thomas 2008: Förderliche Leistungsbewertung. Salzburg, Österreichisches Zentrum für Persönlichkeitsbildung und soziales Lernen.

2 Vgl. Black, Paul / William, Dylan 1998: Inside the Blackbox. Raising Standards through classroom assessment. London, King's College.

Person. Lehrer sind damit nicht reine Wissensvermittler, sondern sie sollen an der intellektuellen, affektiven, moralischen und spirituellen Entwicklung jedes einzelnen Schülers interessiert sein. Das schließt auch mit ein, dem Schüler die Möglichkeit zu geben, in einem ihm angepassten Tempo an seinen Schwächen zu arbeiten und sich weiterzuentwickeln. Wichtig sind hierbei die Betonung der Eigenaktivität des Schülers, das Wecken der Freude am Lernen und die Ermutigung zur Weiterentwicklung. Der Lehrer muss die Grundlagen dafür legen, dass der Schüler das Lernen lernt.

Damit aus Schwächen Stärken werden

Das ignatianische Paradigma (Erfahrung – Reflexion – Handeln) bietet für den Lehrer eine gute Basis dafür, dem Schüler den oben beschriebenen Weg des Lernens und Wachsens mit einem eigenen Stil und Prozess des Lehrens zu ermöglichen. Wie ein Lehren, das den Menschen in den Mittelpunkt stellt und intellektuell und moralisch bildet, auf Basis des ignatianischen Paradigmas funktionieren kann, sei hier an ein paar Beispielen erläutert, die weit davon entfernt sind, Anspruch auf Vollständigkeit zu erheben. Wir wollen Ihnen jedoch eine Idee geben, wie Ignatianische Pädagogik im Unterricht umgesetzt werden kann, um an den Schwächen der Schüler zu arbeiten und ihre Stärken zu fördern. Sie sind für einen Unterricht gedacht, bei dem es nicht nur um die Vermehrung von Fachwissen geht, sondern vor allem auch die Persönlichkeitsentwicklung eine bedeutende Rolle spielt.

Erfahrung

Für den Umgang mit Erfahrung verwendet Ignatius die besondere sprachliche Wendung, etwas „innerlich zu verkosten". Auf die Schule bezogen sind damit alle Aktivitäten, bei der der Schüler zusätzlich zum kognitiven Lernen eine Empfindung affektiver Art verspürt. Also Situationen und Erlebnisse, bei denen der Verstand, das Herz und der Wille in den Lernprozess oder den Schulalltag einbezogen sind.

Im Unterricht kann der Lehrer den Erfahrungsgewinn mit verschiedenen Methoden unterstützen:

- Die Bekanntgabe von klaren Zielen zeigt dem Lernenden, wohin der Weg gehen soll. Dabei ist es hilfreich, ein großes Ziel in kleinere Etappen-Ziele zu gliedern – das ermöglicht dem Schüler, seinen eigenen Lernprozess in kleine Schritte zu zerlegen, sich über Erfolgserlebnisse auf dem Weg zum großen Ziel zu freuen und in kleinen Portionen an schwierigeren Lernzielen zu arbeiten.
- Wochenpläne, in die sich der Schüler selbst seine Lernvorhaben einträgt, unterstützen ihn bei der Planung von selbstständigem Lernen.
- Gruppenarbeiten geben jedem Schüler die Möglichkeit, sich mit seinen Stärken einzubringen und an seinen Schwächen durch Unterstützung von Peers zu arbeiten.
- Experimente in den Naturwissenschaften, von Schülern durchgeführt und protokolliert, ermöglichen es jedem Schüler, im eigenen Tempo zu arbeiten und sein Wissen durch eigenes Aktivsein zu erweitern. Wenn sie in Partnerarbeit erfolgen, fördern sie zusätzlich das soziale Lernen.
- Stationenbetriebe mit unterschiedlichen Aufgabenstellungen zu einem bestimmten Thema zeigen dem Schüler auf abwechslungsreiche Art und Weise einerseits, was er kann, und vermitteln dadurch Erfolgserlebnisse. Andererseits erfährt er, ohne Leistungsdruck, woran er noch verstärkt arbeiten sollte, um die Lernziele zu erreichen. So kann in Chemie bei einem Lernzirkel zu den „Chemischen Bindungen" bei einer Station die Aufnahme und Abgabe von Elektronen bei verschiedenen Elementen mit einer Klammerntafel geübt werden, in dem zusammengehörende Begriffe mit gleichfarbigen Klammern gekennzeichnet werden. Eine weitere Station trainiert die Eigenschaften der chemischen Bindungsarten spielerisch mit einem Nagelbrett, bei dem den verschiedenen Bindungstypen mit Schnüren entsprechende Eigenschaften zugeordnet werden. Mit Spielen wie Memory oder Quadromino werden an verschiedenen Stationen die Namen von Salzen und ihre Formeln geübt, mit Molekülbaukästen verschiedene Moleküle im Modell dargestellt und an einer Experimentierstation die Eigenschaften von Stoffen untersucht.

Reflexion

Entscheidend für den Erfolg dieser Methoden ist, dass Schüler die Möglichkeiten zur Reflexion haben. Hier legt der Lehrer die Grundlagen dafür, das Lernen zu lernen, indem er in Techniken der Reflexion einführt. Wir haben die Erfahrung gemacht, dass die Reflexion besonders Schüler, die Schwierigkeiten haben, herauszufinden, *was* sie *wie* lernen sollen, ganzheitlich fördert.

- Lerntagebücher: für persönliche Gedanken und Gefühle zum Unterricht; als Begleitung zu einem Projekt; als Gruppenjournal zur Reflexion von Arbeiten in der Gruppe
- Reflexion über Lernfortschritte (Vorher-Nachher-Vergleich)
- Wochenrückblick: Reflexion über Lernbedingungen und -bedürfnisse
- gezielte Fragestellungen durch den Lehrer (Was hat dich an diesem Thema besonders interessiert, bewegt? Was kann ich selbst zu diesem Thema beitragen? etc.)
- am Stundenende nochmals im Schweigen die Unterrichtsstunde reflektieren
- Selbsteinschätzungsbögen

Handeln

Erfahrungen und Reflexion sollen den Schüler nun dazu veranlassen, zu handeln. Dabei kommt es nicht nur auf das Handeln an sich an – sondern auf das richtige, zielführende Handeln. Bleiben wir beim Thema dieses Kapitels – wie aus „Schwächen Stärken werden" – so kann dies beispielsweise dadurch geschehen, dass der Schüler nun erkannt hat, wie er am besten und erfolgreich lernen kann, und dies nun umsetzt. Oder dass er erfahren hat, wo seine Schwächen liegen, und er auch weiß, mit welchen Methoden er gezielt daran arbeiten kann. Der erfolgreiche Umgang mit seinen Schwächen in Mathematik ermuntert einen Schüler vielleicht, seine Stärken in Sprachen zu nützen, um leistungsschwächere Mitschüler hier beim Lernen zu unterstützen.

Auswertung (Evaluation)

Ignatianische Pädagogik beabsichtigt eine Bildung, für die das Erbringen akademischer Leistungen wichtig ist (auch wenn sie darüber hinausgeht). Dazu ist es selbstverständlich notwendig, Klassenarbeiten sowie schriftliche und mündliche Prüfungen in regelmäßigen Abständen durchzuführen, um das Erlernte zu überprüfen und den Wissensstand festzustellen. Sie dienen als Rückmeldungen sowohl für den Lehrer als auch für den Schüler und sind dazu da, den Schüler auf zentrale Prüfungen, das Abitur oder die Universität vorzubereiten.

Aber die Feststellung und Förderung des Wachstums des Schülers sollte sich nicht nur auf den intellektuellen Bereich beschränken und nicht nur durch Noten festgehalten werden.

Hierzu bieten sich verschiedene Möglichkeiten.

– Besprechung der Lerntagebücher
– Einzelgespräche mit speziell ausgebildeten Mentoren, in denen über die Stärken, Interessen und Neigungen des Schülers gesprochen wird und die Möglichkeiten offenlegen, wie man diese sinnvoll im Leben für sich und vor allem für andere einsetzen kann („Mensch für andere sein")
– Sozialstunden wie „Klassenrat": in wöchentlichen Stunden erarbeiten Schüler und Lehrer gemeinsam im Klassenverband Regeln für das Leben in der Gemeinschaft; dabei kommt der Umgang miteinander in den Blick und ebenso, wie man mit den Schwächen anderer tolerant umgehen und selbst an seinen Schwächen im Kontakt mit anderen arbeiten kann. Solche Stunden ermöglichen es auch, dem Kennenlernen der eigenen Persönlichkeit Zeit und Raum zu geben und im Austausch mit anderen über Selbst- und Fremdwahrnehmung zu reflektieren. Dabei lernt der Lehrer seine Schüler besser kennen und kann sie in ihrer Persönlichkeitsentwicklung unterstützen.

Soweit einige Impulse, um dem einzelnen Schüler und dem Klassenverband zu helfen, bewusst und konstruktiv mit Schwächen umzugehen. Wir haben gezeigt, wie wir im Zusammenleben miteinander wachsen können, wie Lehrer nicht nur Kompetenzträger ihrer studierten Fächer sein sollten, sondern vor allem Erzieher und Begleiter, die ihr Tun regelmäßig reflektieren und schließlich zu Personen werden, an die man sich auch zur Orientierung und persönlichen Weiterentwicklung wendet. Hintergrund dabei sollte immer sein, den Jugendlichen aufzuzeigen, wie sie schließlich ihre eigenen Wege gehen können. Lehrer und Begleiter sollten neue Ideen und Wege zulassen. In dieser Vielfalt schließlich können Schüler ihre eigene Individualität einbringen und gleichzeitig Gemeinschaft erleben.

Der zweite Teil dieses Textes widmet sich nun Gedanken, wie eine Schule in ignatianischer Tradition strukturell, pädagogisch und personell aussehen kann, um aus Schwächen Stärken werden zu lassen.

Kehren wir dazu zunächst noch einmal zu Peter, unserem Schüler vom Beginn des Kapitels, zurück.

Vom Unterricht zur Schulstruktur

Peter hat großes Glück. Herr Schwab, sein Mathematiklehrer, geht in Pension. Als Nachfolgerin bekommt Peter Frau Glück, die sich in ihrer Ausbildung mit Ignatianischer Pädagogik auseinandergesetzt hat und sie im Unterricht umsetzt. In kurzen Zeitintervallen bekommt Peter immer wieder rückgemeldet, welche Lernziele er auf dem Weg zur nächsten Klassenarbeit schon kann und an welchen er noch arbeiten muss. Bei diesen kurzen schriftlichen Lernstandsüberprüfungen, wo der Stoff in kleine Etappen zerlegt beurteilt wird und nicht einfach Noten als einzige Rückmeldung dienen, erkennt er besser, wo er mit seinem Lernen gezielt ansetzen muss. Im Unterricht wird nicht mehr nur vorgetragen, sondern es findet eine Komposition von Methoden statt. Vor allem die Partnerarbeit mit einem leistungsstarken Freund unterstützt ihn hier sehr beim Lernen. Er weiß, dass die Verantwortung für erfolgreiches Lernen bei ihm liegt, doch er fühlt sich nicht alleine gelassen. Er weiß, dass er Frau Glück immer um Rat fragen kann. Dass auch die Rückgabe der Klassenarbeit ohne große Aufregung erfolgt, versteht sich von selbst. Einen Notenspiegel erfährt Peter nicht. Frau Glück ist es wichtig, dass sich die Schüler mit ihren eigenen Leistungen auseinandersetzen und nicht mit anderen vergleichen. In der nächsten Klassenarbeit schreibt er eine gute Note. Durch die andere Art des Unterrichtens ist zwar nicht der Aufwand seines Lernens kleiner geworden, aber er hat ihn endlich zum Erfolg geführt, sein Selbstwertgefühl gestärkt und ihm gezeigt, dass sich richtiges Lernen lohnt.

Das Ziel von Umstrukturierungsmaßnahmen an jeder Schule sollte es sein, das Wohl der ihr anvertrauten Kinder und die Entwicklung ihrer Persönlichkeiten ins Zentrum aller Anstrengungen zu setzen. Auch wenn dies eine enorme Herausforderung darstellt, sollte diese Bereitschaft zum Außergewöhnlichen im Leitbild jeder ignatianischen Schule verankert sein.

Unterrichtsangebot

Jesuitische Erziehung möchte den Jugendlichen helfen, ihre Persönlichkeit zu entfalten, Inhalte und Werte zu klären und durch Visionen zu begeistern. Daneben soll diese Erziehung aber über die normale Schulbildung hinausgehen, nämlich Sinnzusammenhänge verdeutlichen und auch Interesse für die Anliegen und Nöte jener vermitteln, die nicht auf der Sonnenseite des Lebens beheimatet sind. Es geht unter anderem um die Vorbereitung auf ein erfolgreiches berufliches, aber auch sinnerfülltes privates Leben.

Im Mittelpunkt dieser Arbeit steht, junge Menschen wohlwollend zu begleiten, altersgerecht zu fordern und geduldig zu fördern.

Die wohlwollende Begleitung ist uns ein großes Anliegen. Viele Jugendliche bekommen im familiären Umfeld sehr viel geboten, d. h. es werden ihnen viele Wünsche erfüllt, die häufig jedoch nur materielle Dinge betreffen. Was manchen fehlt, ist der persönliche Bezug, ist jene Person, die sich Zeit nimmt für ihre Sorgen und Anliegen. Manche Kinder erleben an unseren Schulen erstmalig das ehrliche Interesse, ihnen Aufmerksamkeit für ihre wirklichen Probleme zu widmen.

Um dieses wohlwollende Begleiten zu unterstützen, haben wir an unserer Schule Begleitpädagogen für die Schulstufen fünf bis acht installiert, auf deren Tätigkeit in der Folge noch eingegangen wird.

Es werden Schülern Möglichkeiten geboten, ihre Stärken auszuleben und an ihren Schwächen zu arbeiten. Dialogbereitschaft, Offenheit und Toleranz sowie der höfliche und respektvolle Umgang miteinander sind unerlässlich. Dabei genügt es nicht, Schüler für Talenteakademien, Olympiaden und extracurriculare Angebote zu motivieren, sondern die Lehrkräfte sollten auch im verpflichtenden Unterrichtsangebot nach Alternativen zu suchen. Eine sinnvolle Verknüpfung von Lern- und Freizeit, ein Mix von Lernen, Üben, Spielen, Bewegung, Theater, Musik u.v.m. garantiert einen ganzheitlichen Ansatz, der sich nicht nur auf das Lernen bezieht.

Wenn auch in ganztägig betreuten Schulformen, an denen die Schüler den Großteil des Tages an der Schule verbringen, das Thema „Lernen" hauptsächlich dort angesiedelt sein sollte, dürfen trotzdem im Sinne der Förderung von Interessen entsprechende Zusatzangebote nicht fehlen.

Im Rahmen von Kursangeboten sind an unserer Schule etwa sportliche Angebote vorstellbar, und zwar für Sportarten, die im normalen Turnunterricht weniger oft vorkommen, wie etwa Judo, Hockey, Ballsportarten nur für Mädchen, Tanz, oder auch die Vorbereitung auf Wettkämpfe (Fußball-, Volleyballschülerliga etc.). Im musischen Angebot finden sich der Schulchor, die Schulband, Instrumentalmusik sowohl für einzelne Schülerinnen und Schüler als auch für Gruppen. Geistige Nahrung bieten Gruppen für Altgriechisch und das sogenannte Philosophikum. Angebote für Sprachen, welche im normalen Unterrichtsangebot nicht aufscheinen, können hier ausgewählt werden, wie etwa Italienisch, Russisch etc. Nicht zu vergessen auch das Darstellende Spiel, bei dem für Feste und Feiern geprobt wird.

Die modulare Oberstufe etwa bietet durch die Einteilung des Unterrichts in Basismodule und frei wählbare Wahlmodule Schülern mehr Wahlfreiheit, verlangt aber auch mehr Eigenverantwortlichkeit, fördert durch spezielle Angebote gezielt die Stärken und versucht Schwächen auszumerzen.

Soziale Kompetenz

Die Basis, auf welche sich unsere Schulpartner verlassen können, kommt in einem der Grundlagenpapiere unseres Kollegs zum Ausdruck:

„Die Atmosphäre an Jesuitenschulen soll von Vertrauen, Aufmerksamkeit, Zuwendung, Wohlwollen, Respekt und vom Miteinander geprägt sein."

Wir achten die Würde jedes einzelnen, tragen Schwächen und Fehler nicht nach, sondern versuchen, sie in Stärken umzuwandeln. Wir anerkennen Grenzen, und es gibt Konsens über die Grundregeln des Zusammenlebens.

In einem Klima der Geborgenheit wollen wir Raum schaffen für die Entfaltung der emotionalen und spirituellen Intelligenz. Das Eingehen auf die Gefühle und Anliegen der Schüler liegt in unserem Bestreben. Wir sehen Bildung als Beziehungssache, und die menschliche Dimension steht im Mittelpunkt unserer Arbeit.

Wir wollen allen Raum, Halt, Hilfe, Stütze und Schutz geben. Wir wollen, dass alle Schulpartner Beziehung und Nähe erleben können. Es geht uns um Begegnung von Person zu Person, nicht um Kommunikation zwischen Funktionen.

Unsere Schüler haben das Recht, sie selbst sein zu dürfen. Sie haben ein Anrecht auf Beachtung, Wertschätzung und Gerechtigkeit. Wir wollen ihnen Selbstvertrauen und Mut geben und sie in ihrer „Eigenart" annehmen."

Um solche anspruchsvollen Ziele erreichen zu können, können zum Beispiel Klassenlehrer als zentrale Ansprechpersonen mit mehr Unterrichtsstunden als andere Lehrer in den einzelnen Klassen installiert werden. In unserer Schule kommt für die Betreuung der Schüler über den ganzen Tag sogenannten Begleitpädagogen eine zentrale Bedeutung zu. Sie kümmern sich um die persönliche und wertschätzende Begleitung unserer Schüler. Begleitpädagogen sind schon alleine aufgrund ihrer zeitlichen Präsenz jene, die am besten über das soziale Gefüge und Klima einer Klasse informiert sind. So werden mögliche Anliegen und Probleme in direktem Gespräch zu klären versucht. In der nächsten Stufe wird dies in der Sozialstunde mit der Klasse oder Gruppe erörtert. Der weitere Schritt wäre das wöchentliche Teammeeting, in dem der Klassenlehrer eingebunden ist. Darüber hinaus steht auch die ebenfalls wöchentliche Teamsitzung mit der Schulleitung zur Klärung oder Lösung der Problematik zur Verfügung. Da diese Begleitpädagogen den ganzen Tag mit den Kindern verbringen, sind sie mit deren Stärken und Schwächen, Sorgen und Nöten, Interessen und Freuden bestens vertraut. Zusammen mit den Klassenlehrern gestalten sie auch die Sozialstunden, welche wöchentlich stattfinden und die Möglichkeit bieten, Vertrauen aufzubauen und vor allem die Kinder im Zusammenleben miteinander zu stärken. Diese fix im Stundenplan verankerten Sozialstunden dienen der Planung, Unterstützung, Gemeinsamkeit, Beratung, Motivation, Lob und Kritik und sollen schließlich zu einer gemeinsamen Vereinbarungskultur und Eigenverantwortlichkeit führen.

Die Arbeit an den Stärken und Schwächen im sozialen Miteinander fordert großes Engagement und Energie von allen Beteiligten. Wöchentliche Meetings mit Schulleitung und Begleitpädagogen sowie mit Begleitpädagogen und Klassenlehrern dienen dem Austausch und vor allem auch der kritischen Reflexion der geleisteten Arbeit. Wir haben die Erfahrung gemacht, dass durch die generelle Teamarbeit im Jahrgangsteam das Einzelkämpfertum der Lehrer stark reduziert wird. Viele Klassentüren stehen offen, und Lehrer tauschen sich zu pädagogischem Handeln untereinander aus. Räumliche Strukturen, wo in Jahrgangseinheiten alle Klassen eines Jahrganges beheimatet sind, fördern einerseits den klassenübergreifenden Zusammenhalt, die Identifikation mit den Gleichaltrigen und die Eigenverantwortlichkeit für die Gestaltung des eigenen Bereichs. Im Idealfall bietet eine derartige Jahrgangseinheit neben den Klassenräumen zusätzlich Arbeitszimmer und Aufenthaltsräume sowie ein eigenes Lehrerjahrgangszimmer.

Spirituelle Angebote

Um sich der eigenen Stärken und Schwächen bewusst werden zu können, bedarf es auch eines spirituellen Angebots. Folgende Angebote sind hier hilfreich:

- In der Früh beginnt jede Stunde mit einem Morgengebet oder einer kurzen Besinnung.
- Zudem machen Meditationen in der Fastenzeit und Adventszeit die besonderen Prägungen des Jahres sichtbar und bieten weiteren Raum für Ruhe und spirituelle Erfahrungen.
- Schöne Erlebnisse stellen auch Schulmessen zu Beginn und am Ende eines Schuljahres sowie zu Ostern und Weihnachten dar. Vielfach gestalten einzelne Fachgruppen zusammen mit dem Schulseelsorger diese Messen.
- Verbindend wirken auch Messen, bei denen sich Schüler, Eltern, Kollegen, Absolventen und Freunde des Hauses zum Beispiel zweimal pro Jahr treffen.
- Ein Jesuit als Schulseelsorger gibt den Schulen die Möglichkeit, diese spirituellen Angebote in ignatianischem Sinne zu begleiten, zu reflektieren und zu evaluieren. Im Idealfall ist er in der Schulgemeinschaft gut verankert und kümmert sich mit den unterschiedlichsten Aktionen um die Anliegen unserer Schulpartner.
- Eine jährliche Projektwoche mit religiösem Schwerpunkt und zahlreiche Sozialprojekte können die Angebote zur religiösen Entfaltung für Schüler abrunden.
- Im Rahmen von Sozialprojekten arbeiten unsere Schüler in der vorletzten Jahrgangsstufe für einige Tage in sozialen Einrichtungen wie Krankenhäusern, Altersheimen, Behindertenorganisationen, Kindergärten, Institutionen für Arbeitslose etc., um hier Einblicke in für sie nicht ganz so bekannte Umwelten zu bekommen und sich auch entsprechend zu engagieren. Abschließende Reflexionen mit dem Schulseelsorger, Klassenlehrer etc. schaffen Möglichkeiten, Erlebtes aufzuarbeiten und auch künftig im Bewusstsein wach zu halten.

Hinter all diesen Angeboten steht die Überlegung, dass die Frage nach Gott nicht nur im Religionsunterricht vorkommen sollte, sondern im Idealfall alle anderen Fächer und Bereiche ebenso tangieren sollte.

Fachkompetenz

Vielfältigste Angebote im religiösen, kulturellen (Musik, Theater etc.), sportlichen, handwerklichen und wirtschaftlichen Bereich fördern die Gemeinschaft aller Beteiligten. Wir wollen unsere Schule als realen Ort der Begegnung, der Gemeinschaft und Kultur sehen.

Wir glauben an das Gute, an die Fähigkeiten und Fertigkeiten in jedem von unseren Schülern.

Profunde fachliche Ausbildung, die Fähigkeit, in Zusammenhängen zu denken, auf Basis eines christlich-humanistischen Weltbildes eigene Wertmaßstäbe zu entwickeln, der Mut, eigene Standpunkte zu vertreten und die Bereitschaft, wichtige und aktive Rollen in der Gesellschaft zu übernehmen, sind essenziell.

Zusammen mit unseren Jugendlichen wollen wir ein lebenslang verfügbares Basiswissen erarbeiten. Weniger ist oft mehr – weniger Stoff, aber mehr Beziehung. Neben der Beziehungsebene sollten aber auch im Unterricht einige Schwerpunkte gesetzt werden, unter anderem, dass Überblickswissen klar Vorrang vor Detailwissen hat, dass wir in jeder Klasse das vorhandene Vorwissen beachten sollten, dass wir Lernen vernetzt und im Zusammenhang betrachten wollen, dass wir Lernen so gut es geht als individuellen Vorgang sehen wollen, dass wir möglichst viele Sinne ansprechen wollen, dass sich Schüler entsprechende Strukturen verdienen (roter Faden, Reihenfolge, Logik etc.), dass Pausen individuell gestaltet werden können (keine Schulglocke), dass wir thematische Neugier wecken und Abwechslung bieten, dass wir genügend Zeit zum Begreifen und Verstehen geben, dass es uns gelingt, sowohl den Verstand als auch die Gefühle anzusprechen und schließlich auch Freude am Tun, an der Anstrengung erkennbar wird. Wir wollen tunlichst Angst und Stress vermeiden und Anerkennung und Lob gezielt einsetzen.

Wir versuchen unsere Jugendlichen in ihrer Kreativität, Beharrlichkeit und Ausdauer, Solidarität, Überzeugungskraft und in ihrer Fähigkeit zu Verinnerlichung und Reflexion zu fördern. Unser Unterricht geht von einem ganzheitlichen Ansatz aus, d. h. auch das

Umfeld zu berücksichtigen und Begleitung über Verschulung zu stellen, dies bedeutet auch über die Herkunft unserer Schüler informiert zu sein und entsprechend sensibel mit manchen Themen umzugehen. Begleitung über Verschulung meint, dass sich eine Schule in ignatianischer Tradition nicht auf reine Wissensvermittlung und Wissensabfrage reduzieren darf, sondern der persönliche Kontakt und die Vorbildrolle der Pädagogen von zentraler Bedeutung sind.

In Krisensituationen unserer Schüler (Tod eines Angehörigen, Trennung der Eltern, Verlust des Arbeitsplatzes eines Elternteils etc.) nehmen wir bewusst in Kauf, dass fachliches Lernen über einen befristeten Zeitraum in den Hintergrund tritt. Hier ist eine gute Vernetzung des pädagogischen Teams unerlässlich.

Schuldemokratie

Die Sorge um den Einzelnen *(cura personalis)* bedeutet vor allem, schwachen Schülern zu helfen, gute zu fördern und in Krisensituationen persönlichen und sachgerechten Beistand zu leisten, um im Sinne der Gerechtigkeit handeln zu können. Ebenso wichtig ist es, die Schulgemeinschaft zu leben und Entscheidungsprozesse schuldemokratisch aufzubereiten. Dazu dient zum Beispiel die gemeinsame Arbeit des Lehrkörpers an der Schulentwicklung oder das gemeinsame Herbeiführen von Entscheidungen im Rahmen des Schulgemeinschaftsausschusses durch Eltern, Lehrer und Schüler. Die pädagogische Umgestaltung der gesamten Oberstufe (modular) kann hier als Beispiel angeführt werden. In regelmäßigen Sitzungen eines Schülerparlaments lernen Schüler demokratiepolitische Spielregeln, Einstehen für eigene Überzeugungen und den Umgang mit Erfolg und Niederlage.

Evaluation

Systematische Überprüfungen von externen Instituten evaluieren das Tun und sind im Sinne des ignatianischen Paradigmas ein unverzichtbares Kennzeichen ignatianischer Schulen.

Zur Qualität von Schulen gehört es, das eigene Tun und die Wirksamkeit von Methoden und Verfahren gezielt zu hinterfragen und damit die Chance zum Lernen aus den Erfahrungen zu öffnen. Beispiele dafür sind ein jährliches, elektronisches Schülerfeedback, so wie die Selbst- und Fremdevaluation der Mitarbeiter.

Um Schülern die Chance zu geben, zu eigenständigen, selbständigen und starken Persönlichkeiten werden zu lassen, bedarf es aber auch Kollegen, welche diese Charakteristika verinnerlichen und auch zu leben versuchen. Schulleitung muss daher permanent danach trachten, dass Kollegen Raum und Zeit bekommen, um in schulinternen Fortbildungen, Weiterbildungsmaßnahmen, etc. an ihren Schwächen zu arbeiten und ihre Stärken im Schulalltag einzubringen.

Schulleitung muss aber auch bereit sein, sich evaluieren zu lassen und Rat und Unterstützung von außen anzunehmen.

Weitere Literatur:

Neulinger SJ, Thomas (Hg.) 1998: Wissen – Gewissen – Gespür. Dokumente zur ignatianischen Pädagogik, Thaur.

„Wir erziehen Typen"

Michael Dobeš, Albert Roth

Manche Schüler sind „anstrengend" oder „schwierig", doch wir Lehrer können sie nicht zwingen, zu wachsen. Wir können ihnen aber Zeit und Raum zur Verfügung stellen, wo sie stete persönliche Zuneigung erfahren. Wir trimmen sie nicht allein auf gute Noten, sondern zeigen ihnen den Wert von Wissen, Gewissen und Gespür für andere. Diese „cura personalis" ist ein Alleinstellungsmerkmal ignatianisch geprägter Schulen. Die Erfahrung zeigt uns, dass in unseren Absolventen – unabhängig von den Evaluationsanforderungen der Schulbehörden – ein Keim gelegt ist, der sie als Individuen attraktiv für die Zukunft macht. Es lohnt sich also, um jeden Schüler zu kämpfen.

Wer sind diese Typen?
Was ist unter diesen Typen zu verstehen?

Zunächst würde ich gerne hinter jedes der drei Worte „Wir(!)" „erziehen(!)" „Typen(!)" ein kräftiges geistiges und vor allem praktisches Ausrufezeichen machen:

„Wir(!)": Erziehung – Menschen- und Persönlichkeitsbildung – kann vor allem im dialogischen Prozess des Zusammenwirkens zwischen Familie (Elternhaus usw.) und Pädagogen (Erziehern und Lehrern) gelingen.

„erziehen(!)": „Education" soll die jungen Menschen zur Freiheit führen, ihre personal entdeckten Fähigkeiten stärken und sie dazu befähigen, diese zum Wohle einer besseren Welt für die Zukunft eigenverantwortlich einzusetzen.

„Typen(!)": Wir erziehen keine Typen im Sinne einer leistungsorientierten, auf Erfolg, Karriere und finanziellem Wohlstand basierenden Gesellschaft, sondern fordern und fördern ganz bewusst aus dem ignatianischen Hintergrund (Paradigma, Auftrag ...) das Wachsen der vielgestaltigen Persönlichkeiten unserer Schülerinnen und Schüler. Wir erziehen Typen als unverwechselbare Persönlichkeiten mit Wissen, Gewissen und Gespür.

Unter „Typen" verstehen wir nicht die kategorisierbaren, gleichgeschalteten und messbaren Erfolgsmenschen, sondern die jeweilig unbequemen, querdenkenden und innovativen Geister. Mit den besten elf Torhütern der Champions-League ließe sich kein einziges Match gewinnen! Es muss uns in den Schulen mit ignatianischer Tradition darum gehen, Individualität und Gemeinschaft in den Vordergrund zu stellen.

Junge Menschen nicht aufgeben

Das ist das, was jedem Pädagogen und jeder Pädagogin ein besonderer Ansporn ist: Nach Jahren einen Absolventen wieder zu treffen und zu erleben, dass aus ihm etwas geworden ist und er jenen Weg beschritten hat, den man als Lehrkraft schon immer gespürt und erwachen sah. Eine solche Bestätigung gibt Kraft, auch bei vermeintlich „anstrengenden" oder „schwierigen" Schülern weiterzuarbeiten und sich anzustrengen. Weil ihm gewiss ist, dass das grundlegende Konzept einer Erziehung zum jeweiligen „Typ" erfolgreich sein kann, schöpft der Einzelne neue Energie.

Aus der Praxis von mittlerweile über zehn Jahren Direktion am Kollegium Kalksburg ist eine meiner wichtigsten Erfahrungen, dass es sich lohnt, um jeden Schüler zu kämpfen, so schwierig sie gerade sein mögen, so sehr sie vielleicht auch das eine oder andere „angestellt" haben und so krisenbehaftet sie gerade sein mögen. Jedes Mal, wenn wir ein Kind verlieren, schwingt in mir einerseits eine Traurigkeit und andererseits Zorn mit. Beide Gefühle spiegeln wieder, dass wir es als pädagogisches Team von Eltern, Lehrern, Erziehern und Leitungsverantwortlichen nicht geschafft haben, dass das Kind wieder fest mit zwei Beinen im Leben steht, und unsere Interventionen nicht gefruchtet haben.

Eine solche Erfahrung musste ich bei Lukas machen.

Lukas kam als Quereinsteiger aus dem Ausland zu uns. Mit der Sprache hatte er keine Probleme, denn beide Eltern waren Österreicher, einer davon sogar dem Kollegium Kalksburg sehr verbunden.

Aber Lukas kam aus einer ganz anderen kulturellen Welt, mit ganz anderen Wirklichkeiten, insbesondere was Schule betrifft. Das relativ rigide mitteleuropäische Schulsystem war für Lukas eine völlig neue Erfahrung. Entsprechend schwierig gestaltete sich seine Integration in den neuen Klassenverband. Lukas war von Anfang an relativ auffällig, nahm es mit der Wahrheit nicht sehr ernst, war unkonzentriert, zwar intelligent und begabt, aber von der Arbeitseinstellung alles andere als geeignet, zumindest wenn man Kriterien wie Noten, Anforderungen des erwartbaren altersgemäßen Sozialverhaltens und der Selbstorganisation anlegte.

Lukas wurde schnell nicht nur für die Pädagogen, sondern auch für seine Mitschüler ein tägliches Problem: Er störte den Unterricht auf unterschiedlichste Art, war unaufmerksam, hielt sich nicht an Regeln und stieß mit seiner oft als rücksichtslos empfundenen Kommunikation seine Mitmenschen vor den Kopf. Sein „Register" hätte bald dafür gereicht, alle staatlich und in der Schule konsensual festgelegten „Sanktionen" zu ergreifen.

In Absprache mit dem betreuenden pädagogischen Team wählten wir aber eine andere Vorgehensweise. Am Kollegium Kalksburg gibt es nicht nur ein Gymnasium, sondern auch eine Volksschule, in der sehr viele Kinder nach Unterricht, Mittagessen und Freizeit auch am Nachmittag mit Lernbetreuung und vielen zusätzlichen Aktivitäten den ganzen Tag verbringen. Allerdings sah die Einteilung des Tagesablaufs vor, dass während der Freizeit des Gymnasiums bereits die Lernzeit der Volksschüler stattfand.

In Absprache mit den Betreuern der Volksschule verpflichteten wir Lukas dazu, drei Tage in der Woche nach seinem Mittagessen und einer kurzen Pause als Mentor bei der Lernbetreuung in einer der Gruppen mitzuwirken. Es oblag den Pädagogen der Volksschule abzuschätzen, welches Kind oder welche Kleingruppe von viel jüngeren Kindern Lukas mitbetreuen sollte. Sein Arbeitsfeld war dabei sehr vielgestaltig: bei den Hausaufgaben helfen, Lernspiele in einer Kleingruppe moderieren, beobachten, wie die Lernorganisation und Betreuung der Erzieher ablief. Letztlich war es auch seine Aufgabe, sich regelmäßig in einer Vor- und Nachbesprechung mit den Verantwortlichen zu koordinieren und darüber kurze Notizen zu machen.

Teil der Intervention war es auch, dass Lukas am Ende der Woche mit seinen Erfahrungen und Notizen ein reflektierendes Gespräch mit einem Erzieher des Gymnasiums, den er sich selbst aussuchen durfte, verpflichtend durchzuführen hatte, natürlich in voller Vertraulichkeit ohne detaillierte Berichte an die Direktion oder einen anderen Leiter. Das Einhalten der Vereinbarungen wurde aber in einer Art individuellem „Klassenbuch" festgehalten und von den Betreuern bestätigt. Der Zeitraum war vorerst mit einem Monat festgesetzt.

Die „Sanktion" mag auf den ersten Blick hart erscheinen. Schließlich verlor Lukas zumindest an drei Tagen in der Woche fast seine ganze Freizeit und musste zudem noch Verantwortung übernehmen. Die geschilderten Auflagen waren allerdings sowohl mit Lukas als auch den Eltern und Pädagogen wohlüberlegt und gemeinsam festgelegt worden. Nicht als Vorschrift für eine „Wiedergutmachung" tituliert, sondern ganz bewusst als Möglichkeit zur Selbstfindung ausgewiesen. Allerdings war der Ausgang ungewiss – und wir waren alle gespannt.

Am Anfang ging alles gut. Lukas erlebte eine andere Lernwelt, den persönlichen Zugang zu den Volksschülern und konnte sich auf einmal nicht mehr in der Gruppe der Klassenkollegen einerseits verstecken oder andererseits eine vordringlich wahrnehmbare Position einnehmen. Auch wenn es die eine oder andere Durststrecke gab: Lukas freute sich über seine Rolle als Mentor, ja, genoss sie richtig. Der Schlüssel dazu war, dass er zu tun hatte – und Verantwortung trug.

Sicher, Lukas war nach der Zeit als Mentor nicht automatisch ein Musterschüler. Mit seiner außergewöhnlichen Persönlichkeit macht er uns immer noch zu schaffen und braucht nach wie vor vielfältige Unterstützung, Führung und besondere Zuneigung. Er hat sich aber auf den Weg begeben und wir hoffen sehr, dass er auch seine Schullaufbahn erfolgreich beendet.

Ich denke deshalb oft an das Beispiel von Lukas, weil es zeigt, wie sehr es sich lohnt, Schüler nicht in eine Schublade pressen oder festen Stationen in der Entwicklung von jungen Menschen hinterherjagen zu wollen. Wir können Schüler nicht einfach so „auf Kurs bringen", sie also *zwingen* zu wachsen, sondern sie wachsen *lassen*. Bei allem, was wir erreichen können, zählt letztlich nur der Mensch, der „Typ", den wir ermöglichen und bewirken wollen, nicht typisiert, sondern unverwechselbar.

Das bedeutet für Direktoren, Pädagogen und auch für Eltern: Sie sind weniger Manager von Zeit, Organisation und Inhalten, sondern vor allem auch persönliche und freundlich kritische Begleiter auf einem Entwicklungsweg. Dabei sind sie nicht letztverantwortlich für ein vielleicht messbare Ergebnis; sehr wohl aber verantwortlich für das „Mehr", also dafür, den Raum, die Zeit und die Zuneigung zu geben, damit wachsen kann, was Gutes in jedem Menschen aus göttlicher Liebe sicher vorhanden ist.

Bei Ignatius taucht dieses „Mehr" unter dem Begriff „Magis" auf. Es geht dabei nicht so sehr um die messbaren Dinge, Fertigkeiten, Noten und Zertifikate. „Magis" ist für mich gerade das, was wir an Persönlichkeit heranbilden und damit jene „Typen" ermöglichen, die vielleicht einmal die Welt voranbringen. Nicht technisch, nicht was den Reichtum betrifft, sondern ganz im Sinne von Teilhard de Chardin: Die Evolution hat nicht aufgehört. Wenn wir die Liebe als Energie begreifen, die die Welt bewegen kann, dann findet Evolution auch heute noch statt, täglich!

Vier Aspekte sind dafür von besonderer Bedeutung: Competence, Conscience, Compassion und Commitment.

Die vier „C"

Zu Beginn meiner Direktion im Kollegium Kalksburg bewegte mich ein Vortrag von P. Fridolin Pflüger SJ sehr. P. Pflüger SJ, selbst zehn Jahre Rektor einer Schule in ignatianischer Tradition in Dresden (wiedereröffnet nach der Wende in Ostdeutschland), zeigte, welche Grundpfeiler die ignatianische Erziehung und damit die Herausbildung von unverwechselbaren Typen prägen.[1] Drei Säulen benannte er – Competence, Conscience und Compassion. Sie begleiten mich seitdem und scheinen in meiner täglichen Arbeit auf.

---

1 Sein Vortrag erschien im Herbst 2008 in der Kalksburger Korrespondenz (Kollegium Kalksburg, Eigenverlag).

Competence – Wissen: „Wir brauchen dringend in unserer Gesellschaft Menschen, die etwas können, die den Dingen auf den Grund gehen können. Nur hervorragend ausgebildete Frauen und Männer werden in der Lage sein, die Probleme, die wir jetzt schon haben und die in verstärktem Maße auf uns zukommen werden, zu lösen." Dabei ist diese „competence", oft fälschlich als geistige Elite bezeichnet, nur dann aus ignatianischer Sicht wirklich wertvoll, wenn dieses Wissen und Können auch im Kontext der sozialen Verantwortung gesehen wird. Letztlich soll die hervorragende Bildung dazu dienen, unsere derzeitige Welt zu verbessern und gerechter zu machen. In Zeiten der Globalisierung, medialer Überflutung und Beschnüffelung des Alltags, tiefgreifender sozialer Umwälzungen und religiös motivierter Konflikte bis hin zur Gewalt in vielen Formen ist gerade die Erziehung zu reflektierten, sozial fühlenden und daraus handelnden Absolventen dringend notwendig. Sonst verfehlt „ignatianische" Bildung ihr Ziel.

Conscience (nicht consciousness!) – Gewissen: Gemeint ist damit nicht Bewusstsein, sich also nicht vordergründig mit den Problemen dieser Welt zu beschäftigen, sondern das Gewissen. Dies bedeutet, das Gelernte für das eigene Lebenskonzept in einen größeren Zusammenhang zu stellen, es einzuordnen und letztlich daraus die Handlungsnotwendigkeit, seine Lebensberufung zu finden und zu definieren.

„An einer von ignatianischen Spiritualität und Pädagogik geprägten Schule müssen daher die Schüler/innen die Chance bekommen, die Exerzitien kennenzulernen und die sogenannte Unterscheidung der Geister einzuüben." Für mich heißt das zu spüren, was ist gut für mein Leben und das meiner Umgebung, und was ist schadend, und dann bewusst Maßnahmen zu setzten. Und weiter: „Dieser Reflexion muss auch im Unterricht genügend Raum gegeben werden. Wenn dieses Element im Unterricht fehlt, ist er sicher nicht ignatianisch."

Compassion – Gespür: Der Mangel an Empathie, die Mitleidslosigkeit, das gering bis gar nicht vorhandene Gespür für die Situation des jeweiligen Sitznachbarn, ist für Lehrkräfte manchmal sehr schmerzlich. Nur den Stoff durchzubringen und möglichst standardisiert zu prüfen geht an der Profession eines Pädagogen an einer ignatianischen Schule sicher vorbei. Es muss „Mehr" sein. Globalisierung, Privatisierung, Individualisierung, Effektivität und reines Leistung-Messen kann nicht Ziel der Erziehung an Schulen sein. Nicht die Sieger zählen, sondern jene, die sich für die schwachen, die Menschen am Rande der Gesellschaft einsetzen, das sind die, die bei Gott berühmt werden. Papst Franziskus hat mit der Ausrufung des außerordentlichen Heiligen Jahres mit dem Thema „Barmherzigkeit" Hilfe, Verständnis und Mitgefühl besonders für Schwache und an den Rand Gedrängte in den Mittelpunkt gestellt.

Im November 2014 erweiterte eine internationale Tagung von Leitungskräften aus ignatianischen Schulen dieses Modell um eine vierte Säule: Commitment – Selbstverpflichtung. Wissen, Gewissen und Gespür dürfen nicht in der Luft hängen bleiben. Wir erziehen Typen, die sich auch der Sache Jesu verpflichtet fühlen und aus der Unterscheidung der Geister (Reflexion) heraus sich in Fragen der Bewahrung der Schöpfung und sozialer Gerechtigkeit aus innerer Überzeugung heraus engagieren.

Competence, Conscience, Compassion und Commitment – wie diese vier Säulen im schulischen Alltag zum Tragen kommen, zeige ich im Folgenden.

Gelehrsamkeit ist nicht genug!

Alle vier Säulen tragen zur umfassenden ignatianisch geprägten Bildung bei:
- gute Bildung mit dem Bewusstsein, wie mit diesen Kompetenzen die Begabungen zur Verbesserung der Gesellschaft (der Welt) nutzbar sind, und auch die Verantwortung dafür zu vermitteln
- Gewissen im Sinne von Reflexion über das Gelernte, nicht nur über die Bedeutung für das eigene Leben
- und letztlich Angerührtsein von den Notwendigkeiten für mehr soziale Gerechtigkeit in dieser Welt, aber auch im Kleinen
- sowie beherzte Umsetzung.

Nicht jeder wird in allen Bereichen aktiv werden, das macht ja gerade die unterschiedlichen Typen aus, die wir heranbilden. Das reicht von Projekten zu Umweltprojekten (Schöpfungsverantwortlichkeit), sozialer Wirtschaft, Forschung für die Zukunft über regelmäßige Meditationstage und spirituellen Angeboten bis hin zu Sozialprojekten.

Ganz einfach beginnt das mit den schulischen Zusatzangeboten wie Chor, Spielmusik, Theater und künstlerischen Projekten aller Art, in denen die Kinder über sich hinauswachsen können und sich als Teil einer größeren Gemeinschaft verstehen, für die sie Verantwortung übernehmen.

Das Engagement in der Schülervertretung, die Mitarbeit, in welcher Rolle auch immer, bei Sozialprojekten, bei besonderen Unterstützungsmaßnahmen für schwache, sozial benachteiligte und in Krisen der Mitschüler und in vielen anderen Engagements über das „normal" geforderte wie Noten usw. hinaus sind Chancen, um jenes „Mehr" zu erfahren und ins Leben mitzunehmen, was zutiefst ignatianischen „Duft" hat.

Ignatius meinte, der Mensch müsse angesichts der Gaben Gottes, der Schöpfung, des Universums und der eigenen menschlichen Existenz eine Haltung der Ehrfurcht und des Staunens einnehmen. Und weiter: Indem wir Gott in allen Dingen finden, entdecken wir seinen Plan der Liebe für uns. Können Sie ein Bild des Absolventen unserer Schulen entwerfen?

Bei den Maturatreffen, die vielfach in unserem Haus stattfinden, wird immer wieder der ganz eigene Bezug zu „unserem" Haus und den Menschen, die es geprägt haben und letztlich ein gemeinsames Wollen, eine gemeinsame Mission hatten und haben, spürbar. Dabei kommt immer wieder, dass es nicht die Angenehmen, Lieben, aber die Gerechten und Fordernden waren, die das Schulleben und damit auch die „Karriere" danach geprägt haben. Genauso ist unser Ziel nicht der Standardschüler, die Braven und Angepassten, sondern wir wollen vor allem die Querdenker, Neuerer, vielleicht auch manchmal die Unangenehmen fördern und uns mit ihnen auseinandersetzen.

Typen sind also nicht die Persönlichkeiten mit vorgefassten Erwartungen und Profilen, die wir als Absolventen den Eltern zurückgeben wollen, weil sie doch für Bildung (fachlich wie persönlich) zahlen. Die Typen sind die Unverwechselbaren, die Einzigartigen, jene, die sich selbst, frei und bewusst für ein ganz eigenes persönliches Engagement in ihrem Leben entscheiden. Jene, die Zeit haben, nicht nur ihr Leben zu managen, sondern auch Zeit haben für das vielleicht einfache und unspektakuläre Einsetzen ihrer Kompetenz, ihres Gewissens und ihres Mitfühlens über die eigene Familie, ihren Beruf und gewinnbringende Positionen hinaus.

Typen sind auch speziell die Menschen, die mit all ihren einzigartigen Fähigkeiten auch gelernt haben, innerhalb bestehender Systeme zu leben und zu arbeiten, ohne sich selber aufzugeben.

Gerade im Kontakt mit den Ehemaligen, den Alumni, ist immer wieder eine Nachricht weitergegeben worden: Es gibt keine Garantie, dass, und auch keinen Zeitpunkt, an dem diese „Botschaft des Ignatianischen" im Leben der Absolventen ankommt. Aber dass sie vielfach zündet, also ignatianische „Typen" wachsen, ist im persönlichen Gespräch mit ihnen erlebbar.

Wir sollten als ignatianische Schulen immer mehr Wert darauf legen, unseren Absolventen nicht nur staatlich zertifizierte Abschlüsse mitzugeben, sondern auch ganz bewusst Beschreibungen des Persönlichkeitsprofils mit möglichst vielen verschiedenen Facetten. Die Buntheit unserer Abgänger macht sie attraktiv für die Zukunft. Engagements nicht nur im akademischen Ranking, sondern im sozialen Mitwirken in der Schule (Nachhilfe etc.) oder bei der Kunst, Events, in der Mitarbeit bei der Schülervertretung sollten ausgewiesen und gewürdigt werden.

Aber wie führt der Weg dorthin? Braucht es nur Zeit, Freiraum, Mut und Ressourcen oder auch eine ganz spezifische „Vision", die das alltägliche Handeln bestimmt wie auch das unmittelbare Auftreten als Person?

Was zählt, ist die Mitte

Die reinen Äußerlichkeiten wie Ambiente, Preisniveau, Angebotsvielfalt oder auch Qualität der Betreuung an Schulen mit ignatianischer Tradition sind sicher nicht alleine für den Erfolg verantwortlich. In meinen Verabschiedungsgesprächen, die ich mit jedem Schüler und jedem Mitarbeiter führe, kommt deutlich zum Vorschein: Es war die persönliche Betreuung, das Wohlfühlen und vor allem über den Alltag hinaus die persönliche Zuneigung in allen Lebenslagen wesentlich. Das Entscheidende für ignatianische Schulen ist die *cura personalis*, das sich persönlich des anderen Annehmen und sich um ihn Sorgen. Und jedes Defizit in dieser wesentlichen Säule unserer Schulen muss möglichst schnell und klar angesprochen und verändert werden. Das ist der Schatz unserer Schulen. Und dieser Schatz kann nur bewahrt werden, wenn nicht nur die äußeren Rahmenbedingungen und die „Ordnung" passen, sondern vor allem jeder Einzelne im pädagogischen Team diese Grundausrichtung im Herzen und im Bauch trägt – nicht nur im Kopf.

Natürlich ist der Kampf um die Rahmenbedingungen ein alltägliches Thema an unseren Schulen, wirtschaftlich, personell, strukturell. Wenn dazu aber nicht die ebenso wichtige laufende Auseinandersetzung mit den Grundlagen unserer „Mission" aus ignatianischer Sicht tritt und daraus das aktuelle Handeln im Alltag entsteht, dann verkommen wir zu irgendeiner x-beliebigen Privatschule. Was das Besondere an unseren Schulen ist und damit zurückwirkt auf die Player im Schulalltag und letztlich zur Heranbildung der „Typen" im Sinne der „Mission", sind gerade das Selbstverständnis jedes Einzelnen, Schülern wie Pädagogen in ihrer Individualität, aber auch in der Gemeinschaft miteinander.

Dazu gehören Mut und Rückgrat. Nicht nur im Herzen tragen, sondern immer mehr bei Anlässen das Besondere auch ganz klar herausstreichen, als Programm erklären und sich engagiert und emotional berührt offenbaren. Das ist vielleicht wirksamer, als nur zu dokumentieren, wie viele Schüler die Leistungsniveaus übertroffen haben, gemessen am staatlichen oder internationalen Durchschnitt. Exzellente (nicht elitäre!) Bildung bestätigt sich erst dann, wenn sie nicht nur in Worten, sondern in Taten mündet (ganz nach Ignatius).

Dazu gehört auch die Bewunderung dessen, was uns gegeben ist. Die tiefgreifende Dankbarkeit und Ruhe, die aus dem Geschenk der Schöpfung, der immerwährenden Liebe unseres Gottes und der Geborgenheit in seiner Barmherzigkeit entspringt, ist jene Mitte, die wir unseren Schülern vielleicht manchmal als kleine Flamme einsetzen können, wann auch immer sie vielleicht brennend sichtbar wird.

Das bedeutet aber auch, dass wir immerwährend bereit sind, unsere ignatianisch geprägten Programme (pädagogisch, inhaltlich und personell) ganz entsprechend dem Paradigma „Erfahrung – Reflexion – Handeln – Evaluation" anzupassen. Entwicklung ist für die einen die Angst vor Neuem, für die anderen die Chance, alles neu zu machen. Der Mittelweg ist vielleicht ganz entscheidend: „Wer Veränderung möchte, sucht Ziele, wer keine möchte, sucht Gründe." Aus Bewährtem Neues entwickeln und dabei auf das eine wie das andere nicht zu verzichten oder es zu negieren, ist ein Grundrezept der Ignatianischen Pädagogik: Niemals stehen bleiben, aber immer auf die Vergangenheit als Quelle achten.

Und welche Rolle haben die handelnden Personen dabei? Welche Erwartungen stellen sich dadurch an Lehrer und Erzieher?

Typen – damit sind auch Lehrkräfte gemeint

Das Rollenbeispiel der Lehrkräfte und der pädagogischen Fachkräfte ist für die Schüler und Schülerinnen extrem wichtig. Alleine, wenn wir reflektieren, wie viel Zeit wir mit den Kindern verbringen, ist das nicht mehr zu leugnen. Es geht aber nicht nur um das Ausmaß dieser Zeit, sondern vor allem um die Qualität! Manchmal sind intensive 3-Minuten-Gespräche in ruhiger und einladender Atmosphäre vielleicht gewinnbringender als pädagogische Vorträge vor der ganzen Klasse.

Natürlich steht im Vordergrund, dass die pädagogisch handelnden Personen zu der Erziehung in unserem Sinn auch möglichst passen und voll und ganz dahinter stehen. Allerdings ist gerade die Heranführung, ja – hart gesprochen – „Ausbildung" zum Pädagogen in ignatianischer Tradition zukunftsweisend. Einerseits, um die Verantwortung, die wir für die Werke der Jesuiten als Laien übernommen haben, auch zu leben, andererseits, um auch diese „Mission" umzusetzen, der wir uns im Herzen verpflichtet fühlen.

Dazu gehört unverzichtbar die Offenheit für Neues: nicht nur ein eingeübtes und bewährtes Programm abzuspulen, sondern sich einzulassen, auch Zeiten der Ruhe und Besinnung zu ermöglichen, dem „Verkosten" aller Dinge auch wirklich Zeit und Raum zu geben. Dabei sollten alle Ebenen und Perspektiven des Lebens miteinbezogen werden.

Das wäre ein besonderes Merkmal unserer ignatianischen Schulen, ein Alleinstellungsmerkmal, wie wir die Entwicklung von Typen – jeder für sich und doch irgendwie nach einem ähnlichen Takt – ermöglichen können! In der Praxis heißt das vielleicht, ganz bestimmte Impulse, Zeitfenster und auch Orte zu schaffen, die ein Ausschnaufen, ein Entspannen, ein „Runterkommen aus dem Stress des Alltags" ermöglichen, um wieder bei sich zu sein und dann neu aufzubrechen.

Bevor wir das als Pädagogen den Schülern anleiten und vermitteln können, müssen wir aber einmal selbst diese Erfahrung gemacht haben. Dazu gehört es, dass wir Typen nur dann erziehen können, wenn wir selbst schon gelernt haben, solche Typen zumindest zu spüren. Was einen selbst begeistert und man selbst erfahren hat, das lässt sich viel leichter auch weitergeben. Das gilt als pädagogische Binsenweisheit – verliert aber damit nicht an Wert und Bedeutung!

Das Erfahrene auch wirklich zu sehen und zu spüren, gelingt vor allem durch die Reflexion des Bisherigen (auch weit zurückreichend!). Es ist wichtig, um zu neuem Handeln zu kommen und damit in den Regelkreis der IP einzutreten: Warum bin ich heute als Pädagoge jener „Typ", als der ich von den Kollegen, den Schülern und den Eltern wahrgenommen werde? Und was will ich davon an die nächste Generation der Kollegen, Schüler und der Schule weitergeben und warum?

Erst indem ich mir selbst bewusst werde, welcher „Typ" ich bin – und dass ich überhaupt ein „Typ" bin, kann ich mein Handeln gestalten.

Und der Erfolg der pädagogischen Arbeit

Gibt es so etwas wie einen Bewertungsschlüssel für pädagogische Arbeit? Nein, einen Bewertungsschlüssel gibt es nicht. Welche Anstrengungen wir auch immer unternehmen, um den Evaluationsanforderungen der Schulbehörden oder anderer Institutionen zu entsprechen: Eine Skala, wie „ignatianisch" eine Schule ist, wird sich sicher nicht definieren lassen. Es sind die sogenannten „Soft Skills", die erst im zwischenmenschlichen Dialog spürbar und erfahrbar werden, die den „Geist" ausstrahlen! Nur in der Summe dessen, was sich an einer Schule abspielt, wenn man viele Puzzle-Steine zusammenträgt, ergibt sich ein Bild. Der Erfolg unserer ignatianisch geprägten Pädagogik lässt sich erst viel später erahnen.

Dann, wenn wir erfahren, dass aus unseren Absolventen nicht nur „etwas" geworden ist, sondern sie sich immer wieder für Projekte der Mission und der sozialen Gerechtigkeit aktiv einsetzen, haben wir erreicht, was wir vielleicht „Typen" nennen können: unverwechselbare „Menschen für Andere" im ganz wörtlichen Sinn.

Erfolg unserer Pädagogik ist, wenn wir Schüler dazu befähigen, aus sich heraus stark zu sein, sich Ziele zu setzen, mit Misserfolgen umzugehen und letztlich ihren Platz zu finden. Nicht nur die, die im Zeugnis mit den besten Noten abschließen, machen uns Freude, sondern vor allem die, die wir oft mühsam und über Jahre durch Krisen begleitet haben, egal welche staatlichen Niveaus sie erreicht haben. Die Menschen zählen!

Zu merken, dass ein Schüler wie Lukas zu einem jungen Mann reift, der sich selbst auf einmal engagiert und andere mitreißt, der betroffen macht und über den die Pädagogen stolz berichten, das ist ein „Danke schön!" an uns alle.

Wir haben keine Garantie, dass es immer gelingt. Aber wir haben die Zuversicht, dass uns die Sicht auf den Einzelnen, das Spüren und die Erfahrung mit vielen Menschen Kraft genug gibt, mehr zu bewegen als nur das, was uns amtlich aufgetragen ist.

Teil 2
Wir wachsen zusammen –
und das ist gut so!

Eine Schule, die die Frage nach Gott nicht stellt, lässt die Schüler allein

Klaus Mertes SJ

Ob säkulare oder christlich geprägte Schule – der Schulgottesdienst oder überhaupt religiöse Elemente im Schulalltag geraten leicht zur Tortur für alle Beteiligten. Oft sind sie nur noch für die Schüler der untersten Klassenstufen verbindlich. Einmal, weil der curriculare Zeitdruck immer stärker wird, aber auch, weil ein Gottesdienst „unter Zwang" sich in den meisten Fällen als kontraproduktiv erweist. Wird aber das religiöse Erleben vollständig aus dem Schulalltag entfernt, dann lassen wir die Jugendlichen mit ihren großen existenziellen Fragen allein. Kann der Religionsunterricht diese Lücke füllen oder gibt es etwa noch einen ganz anderen Weg?

Wenn ich an Gottesdienste denke, fällt mir zunächst auf, dass es an den Schulen, an denen ich als Schüler, Seelsorger, Lehrer oder Rektor wirkte, überall eine unterschiedliche Situation gab.

Als ich im Jahre 1990 als Lehrer und als Schulseelsorger an der Sankt-Ansgar-Schule in Hamburg begann, gab es dort keine regelmäßige wöchentliche „Schulmesse" mehr. Dass es so etwas wie eine regelmäßige „Schulmesse" überhaupt an einer katholischen Schule geben könnte, war mir aus meiner eigenen Schülerzeit (1966–1973) am Aloisius-Kolleg in Bonn in Erinnerung. Dort war es üblich, dass wir Schüler jede Woche einmal in die Schulmesse gingen. Sie fand in der „Ako-Kirche" statt, dem Kirchengebäude auf dem Gelände des Kollegs, und zwar wöchentlich in einer ersten Unterrichtsstunde jeweils für eine Stufe, Unter-, Mittel- und Oberstufe. Es gab also drei Schulmessen pro Woche, wobei ich mich erinnere, dass es eine Unterscheidung dahingehend gab, dass der Besuch der Schulmesse in der Oberstufe „freiwillig" war. Entsprechend weniger wurde sie besucht, und entsprechend mehr trat in der Oberstufe der Bekenntnischarakter des Messbesuchs hervor: Wer als Oberstufenschüler noch in die Schulmesse ging, galt als „Hardcore"-religiös.

In der Sankt-Ansgar-Schule gab es neben einigen Festgottesdiensten zu Schuljahresbeginn, Schuljahresende, Patronatsfest und Abiturabschiedsfeier auch das wöchentliche Morgengebet in der Schulkapelle vor Unterrichtsbeginn. Anfänglich hatte es in einer Messfeier bestanden, im Laufe der Jahre aber war es zu einer kleinen Andacht umgewandelt worden. Ein kleiner Kreis von Lehrern, Schülern und Eltern traf sich dort, um gemeinsam das Evangelium zu hören, zu beten und zu singen. Auch eine kleine Ansprache durch den Schulseelsorger durfte nicht fehlen. Hier probte ich meine ersten Versuche mit Gottesdiensten im Schulalltag.

Vier Jahre später wechselte ich an das Canisius-Kolleg in Berlin. Dort waren die Verhältnisse wieder anders. Insbesondere gab es noch die „Schulmesse", also die Eucharistiefeier, für die fünften und sechsten Klassen, jeweils einmal pro Woche in einer ersten Unterrichtsstunde. In höheren Stufen gab es gelegentlich Messen in der Klassengemeinschaft, meist zwischen zwei Unterrichtsstunden am Vormittag in einer Religionsunterrichtsstunde.

Natürlich könnte man noch einiges über das weitere „religiöse Programm" sagen, ähnlich wie in Hamburg: Besinnungstage, Schulgebet vor Unterrichtsbeginn, Festgottesdienste zu besonderen Anlässen, besonderes Engagement in der verbandlichen Schülerarbeit. Aber ich bleibe zunächst einmal bei der „Schulmesse", weil sich an ihr einiges beispielhaft deutlich machen lässt, was die religiöse Praxis an Schulen betrifft. Also: Ich bekam am Canisius-Kolleg den Auftrag, die beiden wöchentlichen Messen für die fünften und sechsten Klassen zu halten.

Mein Vorgänger gab mir ein paar „Tipps". Zum Beispiel empfahl er mir, einen kleinen Stapel von Bierdeckeln auf den Altar mitzunehmen – damit ich etwas in der Hand habe, um nach einem Schüler zu werfen, der sich während der Messe schlecht benimmt – das sei immer noch besser als „Ruhe" zu brüllen. Im Übrigen sollte ich ohnehin beim Gottesdienst streng für Ruhe sorgen, da die Kinder manchmal sehr unruhig seien. Es sei auch sinnvoll, die Messe mit erklärenden Ausführungen zu begleiten, da viele von den Kindern und Jugendlichen die Messe gar nicht mehr richtig kennen, obwohl sie aus katholischen Familien kommen.

Ein wenig verunsichert betrat ich den Kapellenraum für meine erste „Schulmesse". Vor dem Kapellenraum versammelten sich die lärmenden Kinder. Ein Lehrer sorgte mit lauter Stimme für Ruhe. Tatsächlich, es wurde ruhig. Ganz still. Und plötzlich erschallte die Stimme des Lehrers wieder. Er rief im lautem Befehlston: „Mund zu, Herzen auf!" Darauf setzten sich die Jungen und Mädchen in Reih und Glied in Bewegung und betraten den Kapellenraum. Ich wusste in diesem Moment nicht, ob ich weinen oder lachen sollte. Die Stille tat mir jedenfalls gut. Allerdings hielt sie nicht lange. Schon während des Bußaktes zuckte meine Hand in Richtung Bierdeckel. Ich hielt sie zurück und versuchte es mit ruhigen Worten. Hinten standen die Lehrer und Lehrerinnen mit verschränkten Armen und intervenierten gelegentlich, wenn sich zwei oder drei Kinder auf den schweren Holzbänken ineinander verbalgten und verkeilten. Beim Friedensgruß brach ein lautes und munteres Lärmen aus, das ich nur noch schwer einfangen und in andächtige Stille zurückführen konnte. Bei der Kommunionausteilung musste ich einigen Kindern hinterherlaufen, die die Hostie in die Hosentasche steckten.

Am Ende hatte ich den Gottesdienst überlebt – allerdings schweißüberströmt und mit dem festen Vorsatz, mir, den Kindern und den Kollegen nicht noch einmal so etwas zuzumuten. Ich schaffte die Schulmesse für die beiden Klassenstufen ab und entwickelte für diese beiden Stunden ein neues Konzept. Darüber später mehr.

Keine leichte Situation

Das Beispiel zeigt: Religiöse Praxis in der Schule ist ein heikles Thema. Und die Frage, wie religiöse Angebote wirklich überzeugend und in Einklang mit den Herausforderungen des Schulbetriebs aussehen können, ist vielerorts ungeklärt.

Man spricht auch in kirchlichen Schulen ungern über dieses Thema – in staatlichen Schulen natürlich überhaupt nicht –, zumal die Verantwortlichen in kirchlichen Schulen den Rückgang religiöser Praxis an der Schule oft als einen Sieg der Säkularisierung erleben, der den Sinn der Institution infrage stellen könnte. Bischöfe und andere Vertreter kirchlicher Schulträger wollen oft noch, wenn sie die Schule besuchen, einen Festgottesdienst – natürlich in Form einer Messe – erleben, in dem sich die Schule als kirchliche Schule präsentiert; oder die Schulleitungen meinen, dass die kirchlichen Vorgesetzten ihn erleben wollen. So sind gerade Festgottesdienste oft Veranstaltungen, die nicht nur wenig Einblick in die gelebte Praxis an einer Schule gewähren, sondern sich eher verschleiernd über die wahren Verhältnisse legen.

Der Rückgang gemeinsamer religiöser Praxis an kirchlichen Schulen hat viele Gründe – und führt in tiefere Probleme hinein, die letztlich alle Schulen betreffen. Ein schulimmanentes Argument für den Rückgang lautet: Es gibt keine Zeit mehr im Stundenplan für regelmäßige Gottesdienste für alle Klassenstufen. In der Tat: Der curriculare Zeitdruck auf die Schulen hat sich in den letzten Jahrzehnten so sehr verstärkt, dass es illusorisch geworden ist, eine regelmäßige Stunde pro Woche für Gottesdienst innerhalb des Stundenplans einzurichten. Manche kirchliche Schulen versuchen, diese Situation aufzufangen, indem sie regelmäßig eine Unterrichtsstunde im Fach Religion opfern, um stattdessen Gottesdienst feiern zu können. Aber damit entsteht ein anderes Problem, nämlich die Überschneidung von Gottesdienst und Religionsunterricht. Eigentlich müssen diese beiden Formen religiösen Diskurses ja zunächst unterschieden werden. Auch darüber später noch mehr.

Es ist in dem von mir genannten Beispiel mit den drei Gottesdienstangeboten aber auch bezeichnend, dass der regelmäßige Gottesdienst zu einer Angelegenheit der „Kleinen" geschrumpft war, zu einer Stunde für die fünften und sechsten Klassen. Das war nicht nur dem Zeitdruckproblem geschuldet. Damit war vielmehr für die ganze Schule das schulpolitische Signal gesetzt: „Gottesdienst ist etwas für Kinder. Wenn du älter bist, brauchst du nicht mehr in die Schulmesse zu gehen." Von meiner Schulzeit in den 70er Jahren her bis zum Jahre 1994 war das Signal von der Oberstufe in die Mittelstufe heruntergerutscht. Es lag und liegt auf der Linie einer allgemeinen gesellschaftlichen Entwicklung, die Religion eine Sache für Kinder sein lässt, die mit dem Mündigwerden abgelegt werden kann. Die Religionskritik hat seit Ludwig Feuerbach dieses Motiv auf die Menschheitsgeschichte übertragen: Religion ist eine Entwicklungsstufe in der Selbstbewusstwerdung der menschlichen Vernunft, die in dem Moment überwunden ist, wo sie als solche erkannt worden ist.

Auch der Terminus „freiwillig" ist für religiöse Praxis in der Schule schwierig. Der Begriff begegnete mir nicht nur für die Oberstufengottesdienste meiner eigenen Schulzeit, sondern bis heute immer wieder bei den wenigen gemeinsamen Schulgottesdiensten an Patronatsfesten oder zu anderen besonderen Anlässen: „Müssen wir dahin gehen, oder ist es freiwillig?" Auch Lehrer und Lehrerinnen fragen das manchmal – nicht nur, um den Schülern die offiziell gültige Antwort geben zu können, sondern auch für sich selbst.

„Normale" Gottesdienste?

Hinter dem Thema der „Freiwilligkeit" oder Verpflichtung von schulischen Gottesdiensten verbergen sich einige komplexe Probleme, die das Verhältnis von religiöser Praxis und kirchlicher Schule betreffen. Zum einen ist Schule eine Zwangsinstitution – womit gemeint ist, dass Schüler nicht „freiwillig" in die Schule gehen, sondern aufgrund der Schulpflicht und der sich aus ihr ergebenden Anwesenheitspflicht. Der Begriff „Zwangsinstitution" ist hier systemisch gemeint. Es gibt ja viele Schüler und Schülerinnen, die gerne in die Schule gehen, mehr, als viele Lehrerinnen und Lehrer glauben. Aber daraus folgt nicht, dass sie „freiwillig" in die Schule gehen. Daraus folgt aber wiederum, dass der Begriff der Freiwilligkeit von den Schülern im System Schule primär als Aussetzen einer Verpflichtung gehört wird: „Also brauchen wir nicht hinzugehen."

Wer dennoch hingeht, muss dann einen besonderen Grund haben, um die Trägheit zu überwinden oder die einladende Alternative des Ausschlafens oder eines informellen Treffs im Café nebenan auszuschlagen. Dieser Effekt ergibt sich aus dem überwältigend starken und tief im Unterbewusstsein verankerten Wissen von Schülern darüber, dass man nicht „freiwillig" zur Schule geht und eine „freiwillige Schulveranstaltung" deswegen ein Paradox ist.

Dasselbe gilt übrigens auch aus der Lehrerperspektive. Da Schulgottesdienste Schulveranstaltungen sind – egal ob die Teilnahme als „freiwillig" oder „verpflichtend" ausgewiesen ist –, kommen Lehrer und Lehrerinnen dort von ihrer Aufsichtspflicht nicht los. Wenn die Anwesenheit bei Schulgottesdienst „verpflichtend" ist, müssen sie Anwesenheit kontrollieren. Während des Gottesdienstes müssen sie disziplinarische Funktionen erfüllen. Sie kommen selbst nicht ins Beten und Feiern hinein. Die Arme bleiben verschränkt, äußerlich und / oder innerlich. Dem Zelebranten geht es nicht anders: Er muss zwischen der Rolle des Feiernden und Betenden einerseits und der des disziplinierenden Vorstehers andererseits hin- und herschwanken, zwischen den Gaben und den Bierdeckeln auf dem Altar, und gelegentlich dann auch noch wütend auf die Kolleginnen und Kollegen, die bei Störungen nicht einschreiten.

Das macht Schulgottesdienste für die Verantwortlichen ungleich anstrengender als einen normalen Gottesdienst in einer Gemeinde, die ja nicht unter den Bedingungen systemischen Zwangs zusammenkommt. Daraus folgt wiederum, dass die Jugendlichen ihre Lehrerinnen und Lehrer in der Schule gar nicht als Betende erleben, sondern immer nur als Repräsentanten der Schule. Sie sind ihnen im Gottesdienst kein Vorbild für das Feiern und Beten – und können es ihnen auch nicht oder nur sehr unvollkommen sein. Die Lehrer erleben es selbst auch so und sagen: „Sonntags in der Gemeinde kann ich fromm sein und beten, aber in Schulgottesdiensten nicht."

Es kommt noch eine weitere Dimension hinzu, nämlich die der Schülerinnen und Schüler untereinander. Oft sind es gerade fromme Jugendliche, die durch die Grenzüberschreitungen von anderen Jugendlichen im Gottesdienst in ihren religiösen Gefühlen verletzt werden und deswegen umso mehr zumachen. Wenn ein Mitschüler die Kommunion entgegennimmt und sie in die Hosentasche steckt, statt sie andächtig zu verzehren, dann ist das nicht nur ein Problem für den Zelebranten, der die Kommunion austeilt, sondern auch für den Mitschüler, der den Empfang der Kommunion als heilige Handlung versteht und zu Hause oder in der Gemeinde praktiziert.

Damit soll über den anderen Jugendlichen, der die Hostie in seine Hosentasche steckt, nicht moralisch geurteilt werden. Er tut es ja vielleicht nur, weil er gar nicht begreift, was er da tut und in welchem Kontext er sich bewegt. Vielleicht ist er vor fünf Jahren selbst zur Kommunion zugelassen worden, hat aber seither vollkommen den Kontakt und das Gespür für die Heiligkeit der Handlung verloren. Jedenfalls: Immer wieder höre ich, dass gerade religiös sozialisierte und praktizierende Jugendliche sich in auch kirchlichen Schulen in der Defensive fühlen.

Wieder schlägt der systemische Rahmen von Schule zu: Gottesdienste in der Schule finden unter anderen Voraussetzungen statt als Gottesdienste in der Gemeinde. In der Schule kann ich mich meinen Mitschülern nicht entziehen, und zwar für die Dauer von mehreren Jahren nicht. Deswegen bedürfen Gefühle und Themen, die an die eigene Intimsphäre rühren – und dazu gehören Gebet und die Frage nach Gott – in der Schule eines besonderen Schutzes. Im Gottesdienst finden die persönlichen, intimen Gefühle ihren liturgischen und damit auch öffentlichen Ausdruck, selbst dann, wenn die persönliche Beteiligung nach außen hin verhüllt bleibt. Aus diesem Grunde kann und darf nicht alles, was an religiösen Ausdrucksformen in der Gemeinde oder gar in der Familie thematisiert und gelebt werden kann, auch in der Schule stattfinden. Beispiel dazu: Auf schulischen Besinnungstagen wurden Jugendliche einmal bei einem Gottesdienst gebeten, eine persönliche Trauer im Gebet zu Ausdruck zu bringen. Ein Schüler betete – ganz aufrichtig – für seinen gerade verstorbenen Hund. Noch Jahre später wurde er in der Abi-Zeitung wegen dieser Bitte verlacht.

Der Blick auf die einzelnen Akteure von Schulgottesdiensten – Schüler, Lehrer, Zelebranten – und auf die Situation an sich zeigt: Der Kontext Schule lässt verschiedene Rollen und Aufgaben vermischen, sodass ein Gottesdienst in diesem Raum leicht zur Tortur aller Beteiligten wird. Und man könnte (berechtigterweise) die Frage stellen: Wozu eigentlich Gottesdienste bzw. religiöse Angebote an Schulen? Oder radikaler gefragt: Sollte man das religiöse Erleben vielleicht ganz aus dem Schulgeschehen ausklammern?

Klaus Mertes SJ

Die Frage nach Gott

Die obige Analyse der Situation im Schulgottesdienst mag zunächst ziemlich innerkirchlich klingen. Aber dahinter verbirgt sich eine Grundsatzfrage: Soll Gebet, religiöse Praxis überhaupt einen Raum in der Schule haben? Gehört das nicht vielmehr in den privaten Bereich? Andererseits: Lässt sich diese Trennung durchhalten? In kirchlichen Schulen? In staatlichen Schulen? Trennen die Jugendlichen selbst das? Lässt Schule die Jugendlichen allein, wenn sie die Frage nach Gott aus dem Curriculum ausgrenzt?

Als vor einigen Jahren in Berlin ein muslimischer Schüler während der Pause seinen Gebetsteppich ausbreitete und zu beten begann, führte das in der Stadt zu einer großen Debatte. Die Schulleitung hatte dem Schüler die religiöse Praxis während der Pause verboten und sah sich nun mit der Forderung nach der Einrichtung eines eigenen Gebetsraumes in der Schule konfrontiert.

Bei anderen Gelegenheiten kommen auch die säkularsten Schulen nicht drum herum, quasi-liturgische Formen zu finden, um die großen existenziellen Fragen der Jugendlichen zu begleiten, die in einer Schule aufbrechen können und die dann plötzlich sogar bei ganz säkularen Schülern die Fragen nach dem Sinn des Lebens, nach Gott, nach der Theodizee oder dem Leben nach dem Tod stellen: Der Suizid eines Mitschülers, der Amok-Lauf in einer Nachbarschule, der schwere Unfall einer Lehrerin mitten im Schulalltag, die nun in Todesgefahr schwebt – all das kann passieren, passiert und wühlt die großen Fragen im betroffenen System auf. Nach dem Attentat auf die Twin Towers in New York am 11. September 2001 ordnete der Berliner Schulsenator für alle Schulen der Stadt einige Schweigeminuten um die Mittagszeit an – auch dies ein Ritus, um auf das Unsagbare nicht bloß mit stummem Entsetzen zu reagieren.

Man kann die Frage verschärfen: Soll Religion – nicht nur in der Praxis, sondern auch in der Theorie – überhaupt in der Schule und im Unterricht thematisiert werden? Auch in dieser Frage war das säkulare Berlin vor einigen Jahren Vorreiterin einer bundesweiten Debatte. Eine Elterninitiative hatte gefordert, dass Religion auch an staatlichen Schulen innerhalb eines Wahlpflichtbereiches ordentliches Unterrichtsfach (mit Benotung und Versetzungsrelevanz) werden sollte. Die Gegenposition sah ausdrücklich vor, die Frage nach Gott aus dem schulischen Curriculum auszugrenzen. So formulierte ein Abgeordneter im Berliner Abgeordnetenhaus am 22. Mai 2008 kritisch in Bezug auf den Rahmenplan für den evangelischen Religionsunterricht hin, worin das Lernziel formuliert wird, Schüler sollten im Religionsunterricht „lernen, die Frage nach Gott zu stellen." Er fuhr fort: „Es mag in Regionen, z. B. im Süden Deutschlands, noch üblich sein, dass man ein solches Lernziel in der öffentlichen Schule nicht besonders infrage stellt. Aber in einer aufgeklärten, liberalen und mehrheitlich säkular orientierten Stadt wie Berlin kann ein solches Lernziel doch nicht ernsthaft Teil des staatlichen Curriculums sein."

Was dieses Ringen um die Rolle von Religion und religiösen Fragestellungen kennzeichnet: Es geht davon aus, dass die Frage nach Gott quasi erst im Lehrplan gestellt wird. Das heißt, dass sie erst von außen an den Schüler oder die Schülerin herangetragen wird. Und nicht schon da ist. Hier hat die ignatianische Tradition ein ganz anderes Verständnis.

Schon immer da

Aus der ignatianischen Tradition lässt sich zunächst beitragen, dass die Frage nach Gott nichts ist, was von außen in Menschen eingetrichtert werden muss. Es mag sein, dass es Menschen gibt, die in einem radikalen Sinne religiös unmusikalisch sind. Aber daraus kann man keine verallgemeinernden Schlüsse ziehen. Nach der Vorstellung von Ignatius und den ersten Jesuiten bestand ihr Auftrag jedenfalls nicht darin, religiös unmusikalischen Menschen religiöse Melodien einzutrichtern, also: jungen Menschen „Gott" oder die Frage nach Gott zu „bringen". Vielmehr gingen sie davon aus, dass die Frage nach Gott in jedem Menschen und in der ganzen Schöpfung schon da ist und wirkt.

Es geht nur darum, Menschen bei ihrer Suche nach dieser Wirklichkeit in ihrem Leben zu helfen. Um in die Exerzitien, die „Geistlichen Übungen" einzutreten, ist nach Ignatius nicht mehr nötig, als eine Sehnsucht zu spüren – und wenn man diese nicht spürt, dann wenigstens eine „Sehnsucht nach der Sehnsucht". Jedenfalls gilt für die Schule: Die Jugendlichen kommen mit ihrer Sehnsucht nach Leben und Sinn, mit ihrer Frage nach Gott in die Schule. Sie ist schon da, nicht nur bei Kindern aus christlichen, jüdischen oder muslimischen Familien. Wenn sich Schule – egal ob kirchlich oder staatlich – dieser Frage nicht öffnet, lässt sie die Schülerinnen und Schüler mit dieser Frage allein. Deswegen gehört die Auseinandersetzung mit der Frage nach Gott in jedes allgemeinbildende Schulcurriculum.

Für Ignatius waren religiöse Erfahrung und Bildung kein Gegensatz, im Gegenteil: Sie gehörten für ihn eng zusammen. Das hatte er aus seinem eigenen Lebensweg gelernt. Als Ungebildeter hatte er sich mit seinen persönlichen religiösen Erfahrungen auf den Weg nach Jerusalem gemacht – vielleicht auch mit einem Anflug von Bildungsverachtung, wie sie sich öfters bei Menschen mit starken persönlichen religiösen Erfahrungen finden lässt. Aber er war gescheitert, weil er sich und seine Anliegen nicht verständlich machen und kaum jemandem damit hilfreich sein konnte. Daraus schloss er, studieren zu müssen, und ging an die Universitäten von Alcalá und Paris. Ich entnehme heute dieser Geschichte die Einsicht, dass man auch im Umgang mit der Frage nach Gott und mit religiösen Erfahrungen Niveau-Grenzen unterschreiten kann, egal, wie man für sich persönlich diese Frage beantworten mag. Es kann gute und schlechte Argumente geben, um sich für den Glauben zu entscheiden; es kann gute und schlechte Argumente geben, um sich gegen den Glauben zu entscheiden. Erst wenn die Ebene der Argumentation und Reflexion erreicht ist, sind mündige Religiosität oder mündiger Atheismus möglich – so wie ich erst dann in einem Orchester mitspielen kann, wenn ich mein Instrument zu spielen gelernt habe.

Dabei ist die Stärke, die junge Menschen mit dem Auseinandersetzen mit der Frage nach Gott erlangen, noch gar nicht auf den eigenen Glaubensweg beschränkt: Wenn Jugendlichen in der Schule die Möglichkeit verweigert wird, religiöse Fragen zu reflektieren und darin Anschluss an andere Diskurse zu finden, werden sie mit ihrer Frage nach Gott in den Bereich der Irrationalität und Beliebigkeit abgeschoben.

Die schulische Thematisierung der Frage nach Gott hat auch einen präventiven Charakter. Ganz offensichtlich kann Religion missbraucht werden zur Legitimation von Gewalt- und Unterdrückungsverhältnissen. Junge Menschen mit ihrer Begeisterungsfähigkeit und Hingabebereitschaft werden von religiösen Rattenfängern verführt, die sich als „Lichtengel" (vgl. 1 Kor 11,14) verkleiden, indem sie ihnen das Blaue vom Himmel herunter versprechen, um sie gefügig zu machen und ihren Zwecken und Machtinteressen zu unterwerfen. In der ignatianischen Tradition ist dies ein Schlüsselthema für die „Unterscheidung der Geister". Es geht darum, Kriterien zu entwickeln, an denen sich der Unterschied zwischen religiösen Rattenfängern und einem Gottesverständnis erkennen lässt, das die Freiheit und Würde der Menschen achtet und schätzt. Diese Kriterien können teils rational, teils emotional im Sinne des ignatianischen „Gespürs" sein.

Ein Bildungsverständnis jedenfalls, das die Beschäftigung mit diesen Fragen ausgrenzt, liefert die jungen Menschen den Locktönen der Rattenfänger und Verführer aus, egal ob die Jugendlichen christlicher, jüdischer, muslimischer, atheistischer oder anderer Herkunft sind. Es ist ein Irrtum zu meinen, man könne Jugendliche vor ihnen schützen, indem man sie klinisch rein von der Befassung mit der Frage nach Gott hält. Das Gegenteil ist der Fall: Je mehr man sie davon fernhält, umso verletzlicher werden sie.

Im Übrigen lässt sich die Frage nach Gott ohnehin nicht aus dem schulischen Diskurs ausgrenzen. Selbst in Schulen, in denen es weder Religionsunterricht noch ansatzweise religiöse Praxis gibt, kommt die Frage nach Gott der Sache nach immer vor. Geschichte ist ohne die religiöse Frage nicht zu verstehen. In der Literatur taucht die Frage nach Gott so oder so immer wieder auf. Die europäische Literatur ist ohne die biblischen Vorlagen nicht zu verstehen. Die Naturwissenschaften führen an Grenzfragen heran, die nicht mehr nur naturwissenschaftlich beantwortet werden können. In der ignatianischen Tradition lautet das Stichwort dazu: „Gott suchen und finden in allen Dingen", also auch in allen Fächern. Man braucht keineswegs die traditionelle religiöse Sprache zu sprechen oder ins Fach Religion wechseln, um sich der Gottesfrage zu öffnen. Geschichte, Physik, Sprachen, Kunst, Musik – alle Fächer haben einen Bezug nicht nur zu religiösen Traditionen, sondern auch zur Frage nach Gott in der Gegenwart.

Die Rede zu und über Gott: Untrennbar?

Die Literaturwissenschaft unterscheidet zwischen „primärem" und „sekundärem" Diskurs. Sekundärer Diskurs ist „sprechen über", primärer Diskurs ist „sprechen von oder zu". Über „Gott" diskutieren ist sekundärer Diskurs, zu Gott beten ist primärer Diskurs. Einen Aufsatz über ein Theaterstück schreiben ist sekundärer Diskurs, das Theaterstück aufführen ist primärer Diskurs. Etwas vereinfachend könnte man sagen: Der sekundäre Diskurs über die Frage nach Gott gehört in den Religionsunterricht, der primäre Diskurs in die religiöse Praxis. Um am Religionsunterricht teilzunehmen, muss man nicht gläubig sein; gläubige Schüler können im Religionsunterricht leistungsmäßig schlechter abschneiden als ungläubige Schüler; nicht der Glaube wird benotet, sondern das Wissen und die Diskursfähigkeit. Anders verhält es sich beim primären Diskurs – er geschieht aus Glauben heraus, und wenn er auch nur in einem ganz anfänglichen Urvertrauen besteht. Und er ist natürlich nicht notenrelevant. Gehört der primäre religiöse Diskurs also nicht in die Schule?

Aus der Tradition Ignatianischer Pädagogik lässt sich sagen: Sekundärer Diskurs „über" Gott und primärer Diskurs „von und zu" Gott lassen sich nicht trennen. Sie stehen in einem Wechselverhältnis zueinander, das nicht einseitig auflösbar ist. In den ersten Jesuitenkollegien gab es gar keinen Religionsunterricht. Er war nicht nötig, denn die Schüler kamen aus einer relativ homogen-christentümlichen Gesellschaft, in der der primäre religiöse Diskurs selbstverständlich praktiziert wurde. Darauf konnte das gesamte Curriculum der jesuitischen Schulen und überhaupt aller Schulen zu Beginn der Neuzeit seinen sekundären Diskurs aufbauen, das Curriculum der katholischen ebenso wie das der protestantischen Schulen.

Der heutige Religionsunterricht ist eigentlich erst ein Phänomen der späten Aufklärung und der mit ihr einhergehenden Säkularisierung, die das Religiöse auf einen Teilbereich neben anderen eingrenzt. Das ist beschreibend gemeint, nicht anklagend, da die christlichen Konfessionen ja selbst sehr viel dazu beigetragen haben, dass Säkularisierung voranschreiten konnte, musste – und dann auch tatsächlich voranschritt.

Religion als ein Fach neben anderen zu sehen setzt aber eben diese Entwicklung voraus, und mit ihr ein Denken, dass den sekundären religiösen Diskurs in der Schule auf ein spezielles Fach hin ausrichtet, nachdem sich der primäre religiöse Diskurs in der Gesellschaft immer mehr ins Private zurückgezogen hat.

Für Ignatius und die ersten Jesuiten war im pädagogischen Handeln zunächst die Einführung von Kindern und Jugendlichen in den primären Diskurs wichtiger als religiöse Instruktion im unterrichtlichen Sinne des Wortes. Die Katechese fand auf der Straße statt und bestand darin, den „Rudes" – also den ungebildeten Kindern und Jugendlichen auf der Straße – einige Grundgebete der christlichen Tradition (Vaterunser, Ave Maria, Credo) durch die „toni" nahezubringen, also durch Singen. Die Kinder kamen dann von der Straße nach Hause und sangen die eingängigen Melodien weiter. So fanden sie schließlich Einzug in die Familien. Das Moment der Reflexion kam mit den Schulen hinzu und wurde von den Jesuiten entsprechend der Lebenserfahrung von Ignatius dann auch als unverzichtbar erlebt.

Dies entspricht dem Lernparadigma der ignatianischen Exerzitien: Reflexion muss sich auf eine Erfahrung beziehen, um dann in eine (nicht unbedingt äußerliche) Aktion zu münden. Das gilt auch für den reflektierenden Religionsunterricht. Sein inhaltlicher Bezugspunkt ist letztlich der primäre religiöse Diskurs – entweder der eigene oder der der anderen.

Da aber der primäre Diskurs in den säkularisierten Gesellschaften nur noch in einigen privaten Bereichen gelebt wird, kann er im schulischen Diskurs nicht mehr einfach als gemeinsame Erfahrung aller Schülerinnen und Schüler vorausgesetzt werden. Konsequent weitergedacht würde dies bedeuten, dass nur diejenigen Schüler sinnvoll am Religionsunterricht teilnehmen könnten, die Religion auch praktizieren. Aber damit würde die „Frage nach Gott" aus dem Bildungskonzept schulischer Bildung wieder verabschiedet. Es bleibt aber, wie bereits ausgeführt, zu bedenken: Es gibt viele Jugendliche, die sich für die Frage nach Gott interessieren, obwohl sie nicht aus religiös praktizierenden Familien kommen. Es ist eben ein Fehlschluss zu meinen, dass nur diejenigen Jugendlichen religiös aktiv und interessiert sind – wie auch immer das im Einzelnen aussehen mag –, die aus explizit religiösen Kontexten kommen.

Der Segen eines Wasserrohrbruchs

Zurück zum Anfang: Wie lässt sich zumindest in einer kirchlichen Schule heute primärer religiöser Diskurs als gemeinsame Erfahrung aller Schülerinnen und Schüler einführen? Mir kam im Berliner Canisius-Kolleg ein Wasserrohrbruch zu Hilfe, um eine praktische Antwort auf diese Frage zu finden.

In einer Nacht wurde die Hauskapelle mit Wasser überschwemmt. Die schweren Bänke wurden aus dem Kapellenraum entfernt, das Podest, auf dem der Altar stand, abmontiert und der Teppichboden herausgerissen. Ich nahm das als Zeichen. Wir bekamen die Gelegenheit, beim Punkt Null zu beginnen. Zum Beispiel einfach schweigen.

Heute würde ich das auf die eine oder andere Weise jeder Schule als Teil des Curriculums empfehlen: Lernen, gemeinsam zu schweigen. Zu meiner Erinnerung an die vom damaligen Schulsenator nach dem 11. September 2001 verordnete Schweigeminute gehört, dass viele Schulen dagegen protestierten, weil sie Angst hatten, dass die Schülerinnen und Schüler damit überfordert sind. Ich konnte und kann diese Angst gut verstehen. Es geht eben nicht um ein verordnetes äußerliches Schweigen, das durch die entsprechenden Aufforderungen – „Mund zu, Herzen auf!" – und disziplinarischen Maßnahmen erwirkt wird, sondern um die gemeinsame Erfahrung von Stille – eine Erfahrung von Fülle, von Einheit, von intimer Begegnung, ja, eine Erfahrung von Glück. Ein solches Schweigen ist eben auch sehr verletzbar.

Wir begannen im leeren Kapellenraum mit kleinen Schweigeübungen, die nicht länger als eine Minute dauern. „Wir", das waren nicht einfach nur der Schulseelsorger mit ein oder zwei engagierten Religionslehrerinnen und Religionslehrern. Vielmehr ging es von Anfang an darum, die anwesenden Klassenlehrer mit einzubeziehen – nicht nur als Aufpasser, sondern auch als Anleiter von Übungsanweisungen. Jedenfalls: Jugendliche freuen sich, wenn sie merken, dass sie Kompetenzen erwerben, in diesem Fall die Kompetenz, gemeinsam zu schweigen. Dazu gehörte wesentlich die Frage der Körperhaltung.

Welche Körperhaltung ist angemessen für das gemeinsame Erfahren von Stille? Welche Körperhaltung ist unangemessen – zum Beispiel die Schlafhaltung, weil es ja bei der Stille-Übung um erhöhte Aufmerksamkeit geht. Wohin blicken die Augen? Was spüren die fünf Sinne? Was macht der Atem mit mir? Wie atme ich? Im Laufe der Jahre bildete sich ein schuleigener Ritus aus, der inzwischen an vielen Jesuitenschulen praktiziert wird. Beispiel: Am Anfang des Schuljahres versammeln sich alle Lernenden und Lehrenden in der Turnhalle. Der Schulleiter oder die Schulleiterin steht vorne und sagt in das Mikrofon hinein die Formel: „Nehmt bitte eine Gebetshaltung ein." Innerhalb von einer Minute wandelt sich die Stimmung in der Halle von lärmendem, fröhlichem Geplapper zu aufmerksamer Stille mit erkennbar veränderter, aufmerksamer Körperhaltung: Schneidersitz, Fersensitz, gesenkter Blick, ineinander gelegte Hände, Aufmerksamkeit. Neu Hinzukommende staunen darüber, dass so etwas möglich ist. Aber es ist möglich, und es ist die halbe Miete bei der Hinführung zu geistlicher Aufmerksamkeit für die Frage nach Gott in der Schule.

Ein gängiges Missverständnis von Gebet besteht darin zu meinen, Gebet sei etwas, was der betende Mensch macht. In der christlichen Tradition und explizit auch in der ignatianischen Tradition betet der Geist Gottes im Herzen eines jeden Menschen, bevor dieser sich dazu entschließt, in diese Herzensbewegung einzustimmen. Das Einstimmen kann dann aber auch geschehen, ohne oder mit Worten. Besonders wichtig ist dabei Gesang – und deswegen sind es auch die Musiklehrer: Melodien ohne Text, die Bewegungen im Herzen zum Ausdruck bringen; Lieder ohne explizite Anrede Gottes, wie etwa der Kanon „schweige und höre, neige deines Herzens Ohr, suche den Frieden"; oder auch einzelne Verse und Grundgebete, die dann aber nicht „geplappert" werden (vgl. Matthäus 6,7), sondern immer wieder in Bezug zu einer inneren Bewegung gehört und gesprochen werden. Ignatius empfiehlt diese Gebetsweise in den Exerzitien. Man solle so lange bei einem vorgegebenen Wort zu bleiben, bis man es genug „verkostet" hat, um dann weiterzugehen.

Was ich hier beschreibe, ist der Anfang, die Grundlage, auf der sich weiteres aufbauen lässt und an Jesuitenschulen auch aufgebaut wird: Wechselgesänge, Wortgottesdienste mit Erzählteil, Beten mit eigenen Worten in persönlichen Anliegen, geistliche Texte vortragen, Segenshandlungen, und vieles andere mehr. In Internatsschulen wie am Bonner Aloisius-Kolleg oder am Kolleg St. Blasien spielt dann die sonntägliche Messe noch eine besondere Rolle. Aus der ignatianischen Perspektive ist es wichtig, dass es dabei immer auch um das „Üben" geht. „Wie Umhergehen, Wandern und Laufen leibliche Übungen sind, genauso nennt man *geistliche Übungen* jede Weise, die Seele darauf vorzubereiten und einzustellen", den auf uns zukommenden Gott zu erkennen und aufzunehmen – wie ich verkürzt zitieren möchte.

Es geht bei der Frage nach Gott nicht um das Herbeiführen von existenzieller Ergriffenheit. Es geht darum, sich auf die möglichen, jetzt nur schlummernden, aber wann immer plötzlich aufbrechenden Momente der Ergriffenheit „vorzubereiten und einzustellen. Wer Jugendlichen diese Übungen vorenthält, lässt sie allein – gerade auch deswegen, weil sie so einfach, so naheliegend und zugleich so hilfreich sind, um nicht bloß zu funktionieren, sondern um zu leben.

Kein Gewinn ohne Investition

Abschließend möchte ich noch auf zwei praktische Gesichtspunkte hinweisen. Erstens: Es ist nicht oder nur sehr eingeschränkt möglich, ein Curriculum des Einübens elementarer religiöser Vollzüge in der Schule umzusetzen, ohne zu investieren – und zwar vor allem in die Lehrkräfte.

An vielen kirchlichen Schulen wird bis heute die Gestaltung religiöser Praxis ganz selbstverständlich und unreflektiert an die Fachschaft Religion delegiert, die es mehr oder weniger ehrenamtlich richten soll. Das doppelte Problem dieser Delegation besteht darin, dass dadurch zum einen wieder ein sektorales Verständnis von Religion umgesetzt wird: Alle anderen Kollegen haben dann nichts mit Religion am Hut. Zum anderen können – umgekehrt positiv – gerade auch Klassenlehrer und andere Lehrer, die nicht Religionslehrer sind, an den wöchentlichen elementaren Übungen der Klassenstufen (bis hin zum eigenen Erzählen biblischer Geschichten) mitwirken und werden so auch als religiöse suchende und praktizierende Menschen vor ihren Schülerinnen und Schülern sichtbar – und eben nicht bloß als armverschränkte Disziplinierer. Aber die entsprechende Zeit dafür muss ihnen dann auch im Stundenkontingent zur Verfügung gestellt werden.

Zweitens: Religiöse Praxis in der Schule hat etwas Herausforderndes für Lernende und Lehrende, weswegen sie auch an Grenzen und in Konflikte führen kann. Beispiel: Die Abschaffung der wöchentlichen „Schulmesse" zugunsten einer religionspraktischen Elementar-Überstunde führte an vielen Jesuitenschulen dazu, weitere Traditionen infrage zu stellen, so zum Beispiel die feierliche Eröffnung des Schuljahres mit einer Messe für die ganze Schule. Einmal versuchten wir, diese durch eine Segensfeier für die ganze Schule zu ersetzen.

Wir lasen zu Beginn eine Passage aus der Apostelgeschichte vor, in der Paulus und Barnabas von der Gemeinde gesegnet werden: „Sie legten ihnen die Hände auf und ließen sie ziehen." (Apostelgeschichte 13,3) Im Gespräch mit den Schülerinnen und Schülern entwickelten wir dann Vorstellungen zu der Frage, wie diese Handauflegung wohl ausgesehen haben mag: Hand von hinten auf die Schulter? Von der Seite? Hand auf den Kopf? Die Schüler meinten, am angemessensten wäre wohl die Vorstellung, dass Paulus und Barnabas niederknieten und von den Gemeindemitgliedern durch Handauflegung auf den Kopf gesegnet wurden. „Gut", sagten wir, „dann machen wir das jetzt auch so. Jeder kann nach vorne kommen und einen Segen empfangen, kniend, wer will auch stehend."

Zehn Kollegen und Kolleginnen, die vorher instruiert worden waren, traten nach vorne, und die Segenshandlung begann, bei begleitendem meditativem Gesang. Die Schülerinnen und Schüler machten mehrheitlich konzentriert und gesammelt mit und ließen sich von den Erwachsenen, die vorne standen, segnen. Das größte Problem hatten die Kolleginnen und Kollegen, die hinten standen, hinten stehen blieben, die Arme verschränkten und untereinander tuschelten. Bei der nächsten Konferenz waren Schulseelsorge und Schulleitung mit dem Vorwurf konfrontiert, dass diese Form des Eröffnungsgottesdienstes „übergriffig" sei, weil sie einen zu einem „Schaulaufen" zwinge. Wir erwiderten, dass niemand an einer kirchlichen Schule mit einem Vorwurf oder mit Nachteilen rechnen muss, der an einer religiös-liturgischen Handlung nicht teilnehmen kann – aus welchen Gründen auch immer.

Andererseits aber zeigte mir die Geschichte: Religiöse Praxis mitten im säkularen Raum Schule fordert heraus, auch an kirchlichen Schulen. Sie fordert heraus durch das, was sie ist und darstellt, nicht dadurch, dass sie herausfordern will. Aber genau dadurch erzeugt sie „Bewegung" – ein für die ignatianische Spiritualität und Pädagogik zentraler Begriff. Erst wenn sich etwas bewegt, kann reflektiert werden. Wenn sich nichts bewegt, dreht sich die Reflexion im leeren Raum. Das gilt auch für die Frage nach Gott.

Fehler sind keine Niederlagen

Ulrike Gentner

Das Richtige erkennen wir nur, wenn es sich gegen das Falsche absetzen kann. Statt Fehler so schnell wie möglich aus der Welt zu schaffen, dürfen wir also ihre Ursachen reflektieren. Deshalb gehören zu einer positiven Lernhaltung eine offene Fehler- und Feedbackkultur untrennbar dazu. Aus dieser Haltung heraus wird eine falsche Antwort nicht als Störung im Unterricht wahrgenommen, sondern als Lernpotenzial für Schüler und auch Lehrkräfte gesehen. So bleibt die Würde des Menschen gewahrt – und er darf gewiss sein, nicht an alten Fehlern gemessen zu werden, sondern in jedem Augenblick neu anfangen zu dürfen.

Wir begegnen Dingen in der Welt, die nicht perfekt sind. Hat die Schöpfung Fehler? Macht Gott Fehler? Als was sehen wir Fehler und die Menschen, die Fehler machen, an? Überall im Alltag begegnen uns Fehler – auch und gerade in der Schule. Wenn es nicht so wäre, hätten alle Schülerinnen und Schüler im Zeugnis einen glatten Einserschnitt, und keine einzige Lehrperson müsste sich abends Vorwürfe machen, weil ihr in der Nachschau klar wurde, dass sie vormittags einen Schüler ungerecht behandelt hat.

Wie aber passen diese Beobachtungen zusammen mit dem Bekenntnis, dass Gott alles geschaffen hat und die Schöpfung gut ist?

Die von der Generalskurie der Gesellschaft Jesu herausgegebenen „Grundzüge jesuitischer Erziehung" erläutern:

„Jesuitische Erziehung erkennt Gott als den Urheber aller Wirklichkeit, aller Wahrheit und allen Wissens an. Gott ist wirksam gegenwärtig in der ganzen Schöpfung [...] und in den Menschen. Deshalb besteht jesuitische Erziehung auf dem radikalen Gutsein der Welt, die ‚geladen ist mit Gottes Herrlichkeit'. Sie hält alles für wert, studiert und betrachtet, und für geeignet, immer weiter erforscht zu werden."[1]

Im Ideal interessieren sich Lehrkräfte für ihre Schülerinnen und Schüler und lassen sich von deren Alltagswirklichkeit bewegen und ansprechen. Beim Lernen geht es um Schulung, um Erkenntnis und Reifung. Nach den „Grundzügen jesuitischer Erziehung":

„... es herrscht eine Atmosphäre, in der alle mit Verständnis und Liebe miteinander leben und arbeiten können, und in der jedem der Respekt entgegengebracht wird, der ihm als Kind Gottes gebührt."[2]

In der jesuitisch geprägten Pädagogik ist Gottes Schöpfung gut, und jedes Geschöpf ist einzigartig. Und was ist mit Fehlern? Wie passen die ins Bild?

Einstieg in den Lernprozess ist das Nichtkönnen. Macht sich eine Person auf, um zu lernen, so muss sie Voraussetzungen erfüllen: Es muss in ihr ein Bewusstsein existieren, dass sie etwas noch nicht weiß oder kann, das sie aber erwerben könnte. Das Gefühl eines Defizits ist für das Lernen ein zentraler Beweggrund. Damit Lernen beginnt und möglicherweise gelingt, müssen beispielsweise folgende Haltungen und Erfahrungen vorliegen: Vertrauen eines Lernenden in sich selbst und in die Lehrperson, die Überwindung von Verzagtheit, Zuversicht, Neugier, Lust, Druck.

Die Herausforderung besteht also darin: Wie dürfen Kinder, Jugendliche und Lehrkräfte Fehler machen und doch von Vertrauen getragen sein?

Denn gerade das Fehlermachen spielt eine wichtige Rolle beim Lernen. Die Schweizer Pädagogikwissenschaftler Fritz Oser und Maria Spychiger drücken das so aus:

„... weil zusammen mit dem Lernen des Richtigen ein Warnsystem für das, was auf dem Weg der Aneignung und des Gebrauchs Falsches gedacht oder Falsches ablaufen kann, eingerich-

---

1 Generalskurie der Gesellschaft Jesu 1986 (Hg.): Grundzüge jesuitischer Erziehung – Arbeitspapier, Frankfurt/M, S. 7.

2 Ebd., S. 9.

tet werden kann. Fehler sind eine operationalisierte Form des Aufbaus Negativen deklarativen und prozeduralen Wissens."[3]

Dies bezieht sich beispielsweise auf das Erarbeiten eines Stoffes, die Beteiligung bei Diskussionen, beim Erwerb einer Fähigkeit oder von Routine wie im Sprechen einer Fremdsprache.

Fehler begleiten uns im Prozess des Lernens. Sie regen uns zum Lernen an. Statt zu versuchen, sie auszumerzen, dürfen wir einen Weg finden, gut mit ihnen umzugehen. Aber wie geht das?

Wie gelingt eine Fehlerkultur an der Schule und in der unterrichtlichen Interaktion?

Stellen wir uns folgende Situation vor, wie sie jeden Tag an einer Schule passiert, Physik als Frontalunterricht: Eine Lehrperson stellt eine Frage und eine Schülerin gibt eine falsche Antwort. Die Lehrperson bricht die Interaktion mit der Schülerin ab und wendet sich einem anderen Schüler zu. Klassischerweise fragt eine Lehrperson so viele Schülerinnen und Schüler, bis die richtige Antwort da ist, und fährt dann mit dem Lernstoff fort. Doch was geht in der Schülerin vor, die mit der falschen Antwort übergangen wurde? Und wie nimmt die Klasse die Situation wahr? Werden durch den abrupten Adressatenwechsel wirklich alle Schüler zum Nachdenken angeregt?

Prinzipiell lassen sich zwei Situationen unterscheiden: Hat sich die Schülerin gemeldet oder wurde sie direkt aufgerufen (denn die Lehrperson hat auch eine „Holpflicht")? Im ersten Fall darf man davon ausgehen, dass die Schülerin mitgedacht hat, aber zu einer falschen Antwort kam. Die Lehrperson könnte dann ihre falsche Antwort in das Unterrichtsgeschehen einbauen, indem sie den Denkfehler klärt und durch entwickelndes Fragen die Schülerin begabt und so ein Lernergebnis gestaltet. Wurde die Schülerin allerdings vom Lehrer aufgerufen, könnte ein Nachhaken während der Unterrichtsstunde sie peinlich berühren.

---

3 Oser, Fritz / Spychiger, Maria 2005: Lernen ist schmerzhaft. Zur Theorie des Negativen Wissens und zur Praxis der Fehlerkultur, Weinheim / Basel, S. 118.

Zwei Ausgangssituationen – zwei entsprechende Reaktionsweisen der Lehrperson. Ist es wirklich so einfach, „richtig" auf eine falsche Antwort zu reagieren?

Ich glaube nicht, dass so eine grobe Unterscheidung schon ausreicht, um die angemessene Reaktion einer Lehrperson auf einen Fehler eines Schülers zu finden. Denn das Verhalten von Schülern ist je nach Situation und Beziehung zur Lehrperson vielfältig und differenziert und bewegt sich zwischen den Polen: Die einen lassen sich durch das Übergangenwerden nicht beeinträchtigen und werden sich auch weiterhin mit neuen Antwortversuchen in den Unterricht einschalten. Andere ziehen sich zurück, da sie sich unangenehm berührt fühlen, und melden sich nicht mehr. Ausdrucksformen für das letztere Verhalten können sein: betretenes Lachen, Kopf senken, Hände unter den Tisch ziehen. Oser und Spychiger beschrieben Schüler in der letzteren Situation so: „Der Vorgang absorbiert sie emotional, und sie fallen für diesen Zeitabschnitt aus dem Unterrichtsgeschehen heraus."[4] Es dreht sich hier weniger um Befindlichkeit oder Selbstsicherheit, sondern die Lernanregung steht im Fokus und damit auch eine Fehlerkultur.

Es kann nicht darum gehen, dass eine Lehrkraft den einen Schüler „verurteilt" und den anderen „freispricht". Auch darf nicht das oberste Ziel sein, das Falsche rasch aus der Welt zu schaffen. Wir wollen eine Lehre aus dem Falschen ziehen, indem wir es verstehen.

Ignatius von Loyola ermutigt uns in seinen Geistlichen Übungen:

„Jeder gute Christ muss bereitwilliger sein, die Aussage des Nächsten zu retten, als sie zu verurteilen; und wenn er sie nicht retten kann, erkundige er sich, wie jener sie versteht, und versteht jener sie schlecht, so verbessere er ihn mit Liebe; und wenn das nicht genügt, suche er alle angebrachten Mittel, damit jener, indem er sie gut versteht, sich rette."[5]

---

4 Oser / Spychiger 2005, S. 161.
5 Ignatius von Loyola: Geistliche Übungen (Ausgabe/Übersetzung von 2008), Würzburg, S. 22.

Und auch die „Grundzüge der jesuitischen Erziehung" sehen die Rolle der Lehrperson eher als unterstützend denn als verurteilend:

„Lehrer und Angestellte unterstützen die Schüler in diesem Reifungsprozess dadurch, dass sie sie zum Nachdenken über ihre Erfahrungen herausfordern, in denen sich Gott ihnen zeigt. Indem die Schüler ihre Begabungen erkennen und entwickeln, erkennen sie auch ihre Grenzen, die sie möglichst zu überwinden suchen. Das Erziehungsprogramm bringt die Schüler mit der Wirklichkeit ihrer selbst in Kontakt und hilft ihnen dadurch, die verschiedenen Einflüsse, denen sie unterliegen, zu erkennen und eine Fähigkeit zur Kritik zu entwickeln, die mehr ist als bloß Erkenntnis von Wahr und Falsch, Gut und Böse."[6]

Das ist ein hoher Anspruch. Vielleicht reicht es in einem ersten Schritt, das Nachdenken über gemachte Erfahrungen herauszufordern, und sich in einem zweiten Schritt dafür zu öffnen, was dies aus einer geistlichen Haltung heraus bedeuten könnte.

Fehler sind daher keine Störung im Unterrichtsfluss, sondern wertvolles Lernpotenzial für Lehrer und Schüler.

Wie Lehrpersonen es *nicht* machen sollen, stellen Oser und Spychiger anhand des folgenden Beispiels dar: Ein Lehrer hat eine englische Speisekarte mitgebracht, die er mit der Klasse bespricht. Er stellt Fragen wie: „Are there also desserts?" Eine Schülerin antwortet, doch ihr unterläuft ein Fehler: Sie spricht das Wort ‚Appelpie' mit langem ‚i' aus, also ‚appelpii'. Der Lehrer wiederholt und korrigiert kurz: „Appelpai, yes". Kurz darauf fragt er: „Peasoup, was ist das?" Worauf ein Schüler zaghaft antwortet: „Kuchen ... Kuchensuppe". Der Lehrer reagiert entsetzt: „Neinnein, also ...!"[7] Den Schülerinnen und Schülern ist der Unterschied von ‚pea' und ‚pie' nicht klar, deshalb kommt es zu Verwechslungen. Der Umgang des Lehrers mit diesem Fehler besteht darin, dass er ihn selbst korrigiert und den Schülerinnen und Schülern keine Zeit zum Verarbeiten einräumt.

---

6 Grundzüge jesuitischer Erziehung 1986, S. 16.
7 Oser / Spychiger 2005, S. 164.

Oser und Spychiger plädieren für eine Fehleraufsuchdidaktik:

„Fehleraufsuchen wäre dann das Verfahren, das Wissen für falsche Wege und Irrtümer als eine Geltungsbedingung für die jeweils als richtig bewertete Lösung geschätzt würde. [...] Wobei dieses Wissen eben nicht eindimensional lösungsorientiert ist, sondern auch eine größere Anzahl von Alternativen enthält, vor deren Hintergrund die Begründungs- und damit auch Verantwortungsqualität steigt."[8]

Das Richtige kann am besten dann identifiziert werden, wenn es sich gegen das Falsche absetzen kann. Erst anhand der Fehler werden die Grenzen des Richtigen definiert. All dies kann aber nur dann stattfinden, wenn Fehler wertgeschätzt werden – wenn also an der Schule eine positive Fehlerkultur herrscht. Woran lässt sich so eine positive Fehlerkultur festmachen?

Feedbackkultur

Ein Fehler wird nicht tabuisiert, sondern mit einer respektvollen Haltung genannt, besprochen und in der Entscheidung ausgewertet. Dadurch entsteht eine Erkenntniskette, die die Schüler durch Dialogprozesse zu neuen, besseren Lösungswegen führt: durch diesen mehrdimensionalen Prozess lernen die Schüler Rückmeldung zu geben und miteinander zu sprechen. Damit haben sie Zeit zum Denken und sich Ausdrücken. Das Lernklima ist angeregt statt angespannt, Lehrende wie Lernende sind im Austausch: Lehrende nehmen Stellung; Lernende reflektieren selbstkritisch und offen gemeinsame Lernprozesse mit Unterstützung der Lehrperson. Auf diese Weise lernen Schüler, an Mitschüler und an Lehrpersonen Fragen zu stellen – und auch, die Antworten zu verarbeiten.

Diese Umgebung einer positiven Fehlerkultur führt zu intensivem Lernen. Und trägt zu einer lernunterstützenden Atmosphäre bei.

8 Ebd., S. 165 und 167.

Das hört sich wunderbar an, aber lässt sich dies auch in der Realität erreichen? Hier zeigt sich ein Spannungsfeld: einerseits ist es ein Traum so mancher Lehrkraft, dass der Schüler wirklich Interesse am Fach hat, andererseits soll ein Lehrer annehmen, was beispielsweise die Lebenswelt eines pubertierenden Jugendlichen ist und ihm Freude macht – sind das Vokabeln lernen (was unabdingbar zum Erwerb einer Fremdsprache gehört), Jahreszahlen auswendiglernen und Formeln memorieren?

Nach Oser und Spychiger bedeutet „ein positives Lernklima nicht, dass es keinen Kampf mit dem Falschen geben soll, sondern dass Spannungen im Zusammenhang mit Fehlern positiv gewendet werden."[9]

Wir sollten also keine zu hohen Erwartungen an eine positive Fehlerkultur stellen. Indem wir Fehler nutzen, statt sie zu verurteilen, werden aus Schülern noch lange keine Überflieger. Indem wir eine realistische Erwartungshaltung definieren bzw. mit dem Schüler vereinbaren, aktivieren wir sowohl intrinsische als auch extrinsische Motivation und zwingen den Schüler nicht in die Überforderung hinein. Denn es macht keinen Sinn, von einem Schüler eine gute Leistung zu erwarten, der sich für ein Fach faktisch nicht interessiert zeigt. Der Schüler muss sich ein realistisches Ziel setzen, z. B. eine Note „ausreichend", um nicht versetzungsgefährdet zu sein. Umgekehrt sollte er in den sog. „Neigungsfächern" gute bis sehr gute Noten erzielen, denn durch das Fachinteresse ergeben sich ein Lernansporn und eine erhöhte Selbstwirksamkeit.

Um im Lernprozess die notwendige Transparenz zu ermöglichen, ist das Feedback geben und erhalten von Bedeutung. Seitz und Hiebl nennen Feedbackverfahren „ritualisierte Wahrnehmungs- und Reflexionsmuster".[10]

Nach dem neuseeländischen Pädagogen John Hattie entfaltet ein Feedback dann seine fördernde Wirkung, wenn es auf verschiedenen Ebenen stattfindet:

---

9 Ebd., S. 168.
10 Seitz, Stefan / Hiebl, Petra 2014: Feedbackkultur in Schulen etablieren. So gelingt der konstruktive Austausch mit Eltern, Schülern und Kollegium, Köln, S. 17.

- auf der Aufgabenebene (die Aufgabe verstehen und lösen)
- auf der Prozessebene (Frage: Wie komme ich voran? Strategien zur Lösung und Fertigstellung der Aufgabe)
- auf der Ebene der Selbstregulation (Frage: Welche Aktivitäten müssen ergriffen werden, um einen größeren Fortschritt zu machen? Selbstüberprüfung, Steuerung des Vorgehens)
- auf der Ebene des Selbst (Bewertung der eigenen Person und Gefühle bzgl. des Lernens; motivationale Auswirkungen auf die Selbstwirksamkeit und Partizipation).[11]

Dabei muss eine Lehrperson ein gutes Verständnis dafür haben, wo ein Schüler steht bzw. stehen sollte (vgl. Lernportfolios), und anhand von empirischen Belegen das Feedback erläutern. John Hattie benennt:

„Eine wichtige Vorstellung besteht darin, dass Feedback von Fehlern profitiert. Allerdings sollten Fehler nicht allein lernschwachen Schülerinnen und Schülern vorbehalten bleiben. Alle Lernenden (und auch alle Lehrpersonen) sind nicht immer beim ersten Mal erfolgreich [...] Ein Fehler ist der Unterschied zwischen dem, was wir wissen und tun können, und dem, was wir zu wissen und tun beabsichtigen. [...] Dies ist der Zweck des Feedbacks."[12]

Eine Feedback-Kultur ist dabei nicht zu verstehen als ein Sammelsurium von Techniken und Methoden (wie mündliches Feedback, Fragebögen, Moderation von Feedbackrunden, SWOT-Analyse etc.), sondern sie wird durch Haltungen und Wertvorstellungen ins Leben gerufen.

Mit einer positiven Feedbackkultur gelingt es, Fehlerursachen zu reflektieren (Überforderung, fehlende Wissensfestigung, Konzentrationsmangel durch Dinge, die „wichtiger" sind, Flüchtigkeitsfehler usw.). Es wird auch nachgefragt, ob ein Schüler bzw. eine Schü-

---

11 Vgl. Hattie, John 2014: Lernen sichtbar machen für Lehrpersonen (überarbeitete deutschsprachige Ausgabe von Wolfgang Beywl und Klaus Zierer), Baltmannsweiler, S. 132.
12 Ebd., S. 131.

lerin überhaupt Interesse an einer Fehlervermeidung hat. Vielleicht herrscht ja beispielsweise die Haltung: „Ich wähle Französisch sowieso ab."

Eine gute Fehler- und Feedbackkultur zahlt auch auf die ignatianischen Prinzipien ein, welche die Würde des Schülers und der Schülerin betonen. Der Respekt vor anderen, gerade in einer Situation des Fehlermachens, erfordert viel und muss eingeübt werden.

Wie soll zum Beispiel eine Lehrperson reagieren, wenn ein Schüler zum wiederholten Mal einen Fehler macht und seine Mitschüler lachen? Der Schüler gerät in Verlegenheit, vermutlich ist sein Denken blockiert, und er möchte nur noch aus dieser Situation herauskommen. In diesem Moment sind in der Klasse die beiden Ziele Lernorientierung und positives Lernklima gestört. Die Lehrperson unterbricht deshalb und fordert Respekt von allen ein. Denn Lachen kann sowohl befreiend sein als auch bloßstellend, zynisch oder zu Verwirrung beitragen.

Diese kontextbezogene Differenzierung will gelernt sein. Denn die Gefahr besteht, dass sich feste Überzeugungen verankern, die entweder kompensiert werden, oder jemand keine Anstrengung mehr auf sich nimmt, da jeder Versuch sinnlos erscheint.

Ich schließe mich der grundlegenden Aussage von Pierre Wolff an, dass eine Lehrperson genau hinschauen müsse, um in jeder Situation den Überblick zu behalten:

„Abwägen bedeutet, einen Sachverhalt gegen andere Sachverhalte abzugrenzen und in seiner Einzigartigkeit genau zu erkennen. [...] Wenn man auswählt, muss man ausgrenzen. [...] Je besser unser Abwägen und unsere Unterscheidungen, umso klarer sind unsere Entscheidungen."[13]

Eine gute Fehlerkultur aufrecht zu erhalten – dies geschieht mit dem Kopf und auch, indem wir auf das Herz hören und den Willen wahrnehmen. In den Geistlichen Übungen benennt Ignatius von

---

13 Wolff, Pierre [2]1997: Den Gefühlen trauen und den Kopf gebrauchen. Die Kunst der Entscheidung nach der Methode des Ignatius von Loyola, (aus dem Amerikanischen übersetzt von P. Radbert Kohlhaas), Freiburg / Basel / Wien, S. 17.

Loyola Wege, wie wir gute Entscheidungen treffen können und dabei die Freiheit zum Ausgangspunkt machen (vgl. Anhang ZIP-Karte „Unterscheidung der Geister").

Ein weiteres Beispiel verdeutlicht, dass auch Lehrkräfte Fehler machen. Ein Schüler der Sekundarstufe II steht in Chemie am Schuljahresende auf der Note 2,2. Im Zeugnis erhält er die Note drei. Der Schüler versteht das nicht und wendet sich an seine Chemielehrerin. Sie begründet die Note so: „Sie stellen sich ja absichtlich blöd!" – ohne zu erläutern, woran sie das festmacht. Der Schüler reagiert empört, erlebt dies als ungerecht.

Was lernt der Schüler aus dieser Situation (nicht)? Und wie steht es um seine Gefühle?

Die emotionale Reaktion des Schülers ist körperlich erkennbar: seine Wut führt zu Röte im Gesicht. Hinter dem Erleben von Wut und Schuld verbergen sich oft ein Gefühl von Scham sowie die Sehnsucht, respektvoll behandelt zu werden. Scham blockiert Lernen und Konzentration, und es ist in diesem Zustand schwer, richtige Entscheidungen zu treffen und adäquat zu handeln. Schuld wird oft begleitet von Angst, Selbstangriffen (Aggression gegen die eigene Person) und Rückzug. Darunter liegen erlernte Urteile (richtig/falsch, normal/abnormal etc.) und Denkmuster. Scham, Schuld und Wut sind ein bedeutsamer Schlüssel zu unserem Inneren. Liv Larsson bezeichnet sie als

> „… lebensdienliche Signale. Wir müssen sie neu interpretieren, um sie konstruktiv nutzen zu können [...] Die Scham erdrückt uns, sodass wir nichts mehr sagen, wenn es uns gut täte. Die Schuld ängstigt uns, und so tun wir nicht das, was zu tun hilfreich wäre. Die Wut macht uns blind, sodass wir Dinge tun, die wir später bereuen."[14]

Wie können wir so eine Eskalation verhindern? In einem lernorientierten und positiven Klima widmet die Lehrperson der Fehlerkorrektur Zeit, und die Situation ist in eine Atmosphäre eingebunden,

---

14 Larsson, Liv 2012: Wut, Schuld und Scham. Drei Seiten der gleichen Medaille, Paderborn, S. 11 und 16.

die für die Betroffenen nicht blamierend, ängstigend und damit nicht entmutigend und lernblockierend ist.

„Reiferwerden im verantwortlichen Gebrauch von Freiheit wird gefördert durch eine persönliche Beziehung zwischen Schüler und Lehrer. Lehrer und Angestellte der Schule, Jesuiten und Laien, sind mehr als nur Wissensvermittler. Sie sind bedeutsam für das Leben der Schüler: Sie sind an der intellektuellen, affektiven, moralischen und geistlichen Entwicklung eines jeden interessiert, helfen ihm dabei, ein Gefühl für den eigenen Wert zu entwickeln und ein verantwortliches Glied der Gemeinschaft zu werden. [...] ‚Cura personalis‘, Sorge um den einzelnen, ist ein bleibendes Merkmal jesuitischer Erziehung."[15]

Damit wir gemeinsam gut mit Fehlern umgehen können, braucht es zuerst das Vertrauen zwischen Lehrpersonen und Schülern und Schülerinnen. Des Weiteren sind folgende Bedingungen und Faktoren relevant:
– Die Klassengröße – es macht bei der unterrichtlichen Interaktion zwischen allen einen Unterschied, ob 30 Schüler in einer Klasse sind oder 16 Schüler ein Neigungsfach teilen.
– Das Alter der Schülerinnen und Schüler und ihre altersbedingten Interessen – hat z. B. der Führerschein Priorität oder sind die Abiturprüfungen im Fokus?
– Persönlichkeitseigenschaften – sind die Beteiligten eher extrovertiert oder introvertiert?
– Hierarchieverhältnis – wie gibt die Lehrperson Feedback, und wie nimmt der Schüler dieses Feedback an, und ist er in der Lage, es zu verarbeiten?
– Die Erziehungsbeteiligten – können sie eingebunden werden?
Bezugspunkt sind immer die ganzheitliche Entwicklung und die Lernfortschritte jedes einzelnen Schülers und jeder einzelnen Schülerin.

---

15 Grundzüge jesuitischer Erziehung 1986, S. 12–13.

Ulrike Gentner

Pädagogische Prinzipien aus ignatianischer Haltung

Fehler gehören zum Leben dazu. Sie um jeden Preis vermeiden zu wollen, wäre das falsche Konzept. Denn an einem guten Umgang mit Fehlern wachsen Menschen – und ganz besonders Schüler und Schülerinnen. Förderliche Lernprozesse benötigen bei allen Beteiligten eine Haltung der Offenheit, der Geduld, der bereitgestellten Zeit, um im eigenen Tempo reifen zu dürfen, des Vertrauens und der Wertschätzung der Würde des Einzelnen.

Bedeutsam ist eine Differenzierung: Geht es um Bestätigung der Leistung oder der Person? Es liegt ein großer Unterschied darin, ob eine Lehrperson zu einem Schüler sagt: „Ich gebe *dir* ein Befriedigend" oder: „Ich gebe *deiner Leistung* ein Befriedigend". Das eine setzt die Person mit der schulischen Leistung gleich; das andere gibt der Person Raum. Sehen Lehrpersonen in Schülern oder Schülerinnen eher die Defizite oder die Potenziale, die in ihnen stecken? Die Frage, die sich jede Lehrperson stellen sollte, lautet also: Fokussiere ich Aufbauendes oder Destruktives? Was lernt ein Kind in der Schule: Ist eine hervorragende Note in Latein besser als z. B. achtsam zuhören können?

Dies ist in den „Grundzügen jesuitischer Erziehung" so zusammengefasst:

„Jesuitische Erziehung ist kein Selbstzweck; sie ist darauf bedacht, dass die Schüler ihre Erziehung später im Dienst an den Menschen so einsetzen, dass sie damit ‚Gott unseren Herrn loben, Ihn verehren und Ihm dienen'. Der Erfolg jesuitischer Erziehung bemisst sich deshalb nach diesem Maßstab und nicht so sehr nach akademischen Leistungen."[16]

Ein Beispiel aus der Fastenzeit im Kollegs- bzw. Schulalltag zeigt, zu welch guten Ergebnissen eine gute Fehlerkultur führen kann: In der Auseinandersetzung um Akzeptanz und Wertschätzung verständigt sich eine Klasse darauf, dass „Miteinander stärkt". Statt eine Hal-

---

16 Ebd., S. 10.

tung des Gegeneinander zu pflegen erkennen sie, dass alle Menschen miteinander verbunden sind. Sie vereinbaren als Fastenübung: „Heute akzeptiere ich mich und den Anderen".

Fehler werden anerkannt als für die menschliche Entwicklung förderlich und bekommen ihre Akzeptanz im Zusammenspiel von Schule und Individualität wie den Beziehungsebenen Lehrperson – Schüler; Schüler – Schüler; Eltern – Schüler; Schulseelsorger – Schüler; Schulseelsorger – Lehrperson etc.

Diese *cura personalis* „wirkt sich auch auf den Lehrplan und das ganze schulische Leben aus. Alle Mitglieder der Kollegsgemeinschaft kümmern sich umeinander und lernen voneinander. […]. Sie erstreckt sich auch auf frühere Schüler, auf Eltern und auf die Schüler in ihren Familien."[17]

Wie können wir im schulischen Alltag die Wertschätzung von Fehlern und das Lernen aus ihnen konstruktiv und nachhaltig in den Lernprozess integrieren? Ein erster Schritt wäre es, zum Abschluss eines Schultages allen Schülerinnen und Schülern fünf bis zehn Minuten Zeit für eine kleine Reflexionsübung zu geben mit Impulsen wie: Was bewegt mich? Was war das Beste, das ich heute gehört habe? Gibt es etwas, das ich bedauere? (Vgl. auch ZIP-Karte „Reflektiert lernen").

Weitere Möglichkeiten sind im Folgenden (basierend auf Oser und Spychiger)[18]:

- Zeit zur Fokussierung nehmen
- Kontrastieren von richtig – falsch und deren Begründung stimulieren. Es gibt verschiedene Weisen des Lernens, eine Art kann sein: Hypothesen überprüfen und damit eigene Vorhersagen bezweifeln lernen, d. h. sich abgrenzend mit Falschem beschäftigen
- Aufbau von Gedächtnisstützen ermöglichen
- Wiederholungsmöglichkeiten schaffen
- das Lernen lernen (vgl. Lernstrategien), z. B. Schülern zeigen, wie man sich auf einen Text vorbereitet bzw. wie Zeitmanagement hinsichtlich Lernplanung gelingt – persönliche Lernwege entdecken und kennen

---

17 Ebd., S. 13.
18 Oser / Spychiger 2005.

- flexible Evaluation der individuellen Fehlermechanismen vornehmen: Lernportfolios, Lerntagebuch etc.
- Langzeitwirkung des Geleisteten wiederholend überprüfen
- Differenzierung von Lernen / Leistung und Person kennen und reflektieren
- einen guten Umgang mit der Furcht vor Erfolg wie Misserfolg lernen
- die Balance finden zwischen dem Status quo und dem Lernziel. Hilfreiches Korrektiv sind dabei die Selbstreflexion und das Feedback von Lehrpersonen, Mitschülerinnen und Mitschülern, Eltern etc. D. h. aus Fehlerfallen herauskommen und Schritt für Schritt Erfolgserlebnisse haben
- Unterstützend ist dabei das Lernen in Vielfalt: in kleinen Gruppen, mit vielfältigen Methoden, in projektorientiertem Unterricht, Lernen bei Exkursionen etc.

All dies erlaubt uns, einen Fehler zu erkennen und zu benennen und dennoch in jedem Menschen, der uns begegnet, seine Schönheit zu entdecken und ihm mit einer liebenden, offenen Haltung zu begegnen.

Es geht um die Vermittlung einer positiven Lernhaltung, in der Kreativität erfahrbar und Spontaneität erlebbar ist, in der eine Person lernt, wie sie am besten lernt, dabei selbstständiges Arbeiten und selbstverantwortliches Handeln entwickelt und ausprobiert. Auch dieses Ziel ist in den „Grundzügen jesuitischer Erziehung" bereits enthalten:

„Das pädagogische Verfahren soll Analyse, Wiederholung, selbständige Reflexion und Synthese einschließen; es soll Theorie und Praxis miteinander verbinden. Nicht die Menge des bewältigten Stoffs ist entscheidend, sondern eine solide, grundlegende und gründliche Bildung (,Non multa, sed multum')."[19]

Und auf eine letzte Facette guter Fehlerkultur möchte ich hinweisen: Es geht nicht immer nur um die Fehler der anderen! Auf der Verhaltens- und Handlungsebene sehen wir oftmals eher Fehler der

---

19 Grundzüge jesuitischer Erziehung 1986, S. 42.

anderen als die eigenen. Das jesuanische Bild dazu ist klar: „Warum siehst du den Splitter im Auge deines Bruders, aber den Balken in deinem Auge bemerkst du nicht?" (Matthäus 7,3). Der gute Umgang mit Fehlern erfordert auch, sich dem Schmerz zu stellen, dass man selbst Fehler macht, und den Wunsch zu entwickeln, aus ihnen zu lernen.

Aus dem Bewusstsein heraus und im gegenseitigen Erinnern, Geschöpfe Gottes zu sein, wächst eine andere Haltung hinsichtlich Erkennen und Reifung. Erlebte Unzulänglichkeit, Furcht vor Versagen, alte Verletzungen aus Niederlagen werden in der Reflexion zur Schulungsebene und können uns nicht mehr an der Selbstwerdung hindern, damit wir werden, was wir sind: Kinder Gottes. Denn Selbstwert hat mit unserer eigenen Wertschätzung zu tun. Alles dient der Erfahrung unserer Seelen.

Dazu gehört auch: sich vergeben, anderen vergeben, der Situation vergeben. Dies wird als Befreiung wahrgenommen. Denn in der Vergebung dürfen wir Selbstangriffe, Werturteile und Projektionen loslassen und uns wieder mit anderen verbinden. „Gott ist uns schon entgegengekommen" (vgl. Lukas 15,11–32). Vergebung hilft verstehen, dass alles nur ein Fehler war und die Situation heilen darf. Das bringt uns wieder in eine Leichtigkeit im Lernprozess und schenkt uns die Zuversicht, in jedem Augenblick neu anfangen zu dürfen. Vergebung und Versöhnung sind christliche Grundhaltungen, die auch von allen im Kollegs- und Schulalltag gelernt, erfahren und reflektiert werden dürfen. Nur wenn ein Mensch aus einem Fehler nichts lernt, kann ein Fehler zur Schwäche werden.

„Die ,Anwendung der Sinne' (das ,sentir' des Ignatius) findet sich wieder in der Betonung von Kreativität und Phantasie, von Erfahrung und Motivation, von Lust und Liebe zum Lernen."[20]

Wenn wir einen Lerngegenstand berühren, sollen wir diesen bewusst erfühlen. Ein kleines Kind lernt gehen, in dem es immer fällt und wieder aufsteht. Gott meint es gut mit uns: Wir dürfen uns mit Fehlern auseinandersetzen.

Wir Menschen lernen immer, weil wir leben: wir lernen dabei voneinander und miteinander. Dazu braucht es eine wertschät-

---

20 Grundzüge jesuitischer Erziehung 1986, S. 42.

zende Grundhaltung – für uns und unser Gegenüber. Das Ziel je-
suitischer Erziehung bzw. Ignatianischer Pädagogik ist es, die Spur
Gottes zu entdecken, der in Schöpfung und Geschichte wirkt.
Denn: Wo ist Gott nicht?

Weitere Literatur:

Berger, Regine / Ganzer, Dietlinde / Loss, Wolfgang / Waack, Sebastian
2013: „Warum fragt ihr nicht einfach uns?" Mit Schüler-Feedback lern-
wirksam unterrichten, Weinheim / Basel.

Hasselhorn, Marcus / Schneider, Wolfgang / Trautwein, Ulrich (Hg.) 2014:
Lernverlaufsdiagnostik, Göttingen u. a.

„Not macht keine Termine, Not erhofft offene Türen"

Umgang mit krisenhaften Situationen an einem Jesuitenkolleg

Mathias Molzberger

Eine der wichtigsten Aufgaben der Pädagogen ist es, gut mit den kleinen und großen Sorgen der Schüler umzugehen, oder anders gesagt: „den Seelen zu helfen". Der enge Zeitplan erlaubt es Lehrern wie Schülern jedoch kaum, zwischen den Schulstunden ein tieferes Gespräch zu führen. Wenn dann, wie an vielen Schulen, auch noch das Lehrerzimmer einer gut gesicherten Bastion gleicht, gibt es kaum noch Berührungspunkte. Ein innovatives Beratungskonzept hilft dem Lehrer, den immerwährenden Spagat zwischen den begrenzten eigenen Ressourcen und seinem Anspruch, keinen Schüler allein zu lassen, der sich vertrauensvoll an ihn wendet, zu bewältigen.

Drei Szenen stehen exemplarisch zu Beginn meines Aufsatzes.

Eine erste Szene: Die Tür war immer zu. Während meiner Schulzeit an einem Krefelder Gymnasium kam es nur ganz selten vor, dass die Tür zum Lehrerzimmer offenstand. Ein mechanischer Türschließer sorgte dafür, dass die Lehrerinnen und Lehrer geschmeidig heraus huschen konnten und hinter ihnen die Tür klackend ins Schloss fiel. Meiner Erinnerung nach stand ich selbst ein einziges Mal im Lehrerzimmer, nämlich in der Nacht des Abi-Gags, die wir Oberprimaner natürlich dazu nutzten, Chaos zu verbreiten und den Zugang zum Lehrerzimmer endgültig mit Steinen und Mörtel zu versperren. Das Lehrerzimmer mit seiner schweren Tür verströmte die Atmosphäre des Unberührbaren, des heiligen Bezirks. Schüler sah man nur sporadisch vor dieser Tür mit ihren wichtigen oder weniger wichtigen Anliegen stehen.

Eine zweite Beobachtung: Es gehört zu den meist ungeliebten Aufgaben eines Jahrgangsstufenleiters in der Oberstufe, die Entschuldigungsformulare der Schülerinnen und Schüler abzuzeichnen, mit denen sie anschließend zu den Fachlehrern gehen können, damit die offizielle Entschuldigung im Kursbuch eingetragen wird. Dies ist ein bürokratischer Aufwand, der gewöhnlich nur wenige Sekunden kostet und dennoch den Großteil einer Pause raubt, weil häufig eine nicht unbeträchtliche Zahl von Schülern vor dem Lehrerzimmer am Aloisiuskolleg (AKO) in Bonn steht und nach einem fragt. Ich schaue mir die schriftliche Entschuldigung der Schüler meist kurz und oberflächlich an: Aha, er war bei diesem oder jenem Arzt, sie hat einen grippalen Infekt, er geht auf eine Beerdigung im Familienkreis, sie möchte auf einen speziellen Musikwettbewerb. Hinter diesen Zetteln stecken kleinere und größere Geschichten der Schüler, die ich natürlich wegen des Zeitdrucks einer 20-minütigen Pause nicht immer wahrnehmen kann. Doch zuweilen bleibt mein Blick an der Angabe „Facharzt für Onkologie" oder „Vorstellungsgespräch in einem Schreinermeisterbetrieb" oder „Termin beim Jugendamt" hängen. Ich frage kurz nach, möchte ein wenig mehr über die Erkrankung, den Berufswunsch oder den Gesprächstermin wissen. Manche Schüler antworten und erzählen ein paar Details, andere wiederum sind wortkarg und schmallippig. Das ist dann auch in Ordnung. Dennoch öffnet sich in diesen Momenten die Tür einen Spalt weit zu einem intensiveren Gespräch. Allerdings ist eine Pause nicht der angemessene Rahmen, das Gespräch zu vertiefen. Deswegen versuche ich, eine bessere Gelegenheit abzupassen oder gar einen eigenen Gesprächstermin außerhalb der Unterrichtszeit zu vereinbaren.

Eine dritte Szene: Patrick ist 19 Jahre alt und Schüler des Aloisiuskollegs. Seit über zwei Jahren ist er von einer lebensbedrohlichen Krebserkrankung gebeutelt, die sein junges Leben, seine Träume und Planungen durchkreuzt und ihn rasch erwachsen werden ließ. Schmerzen, Chemotherapie, Operationen, Klinikaufenthalte, Müdigkeit, Weitermachen, Hoffnung und Enttäuschungen prägten und prägen seinen Alltag. Da Patrick nicht nur in seiner Familie, sondern auch in den Beziehungen zu Mitschülern und Kolleginnen und Kollegen Halt und Heimat findet, stellte sich für uns als Schule die Frage, wie er begleitet werden kann – persönlich und institutionell. Konkret mussten auch laufbahntechnische und -rechtliche Fragen erörtert werden, weil lange Fehlzeiten besondere

Lösungen erfordern. Im Kollegenkreis ist nach intensiver Diskussion ein Vorschlag Patricks aufgegriffen worden, ihn während seiner Krankenhausaufenthalte und Ruhezeiten zuhause – sofern von ihm gewünscht – am Fachunterricht teilhaben zu lassen. Die technischen Voraussetzungen (Gebrauch eines Tablets und Nutzung von Skype) konnten geklärt werden, die Kollegen haben sich zügig an diesen „besonderen Schüler im Klassenraum" gewöhnt, die Mitschüler sind froh, die Freuden und das Leid des Fachunterrichts mit Patrick teilen zu können und er selbst erfreut sich an der intellektuellen Nahrung, die ihm auf virtuellem Wege gereicht wird. Bildlich gesprochen: Die existenzielle Not Patricks hat viele Türen in der Schule geöffnet, und zwar nicht nur in Form von persönlichen Gesprächen und Teilhabe an seiner schweren Erkrankung, sondern bis in den konkreten Unterricht hinein.

In diesen drei Geschichten und Szenen ist ein Thema greifbar, das jede Schule, jedes Kolleg herausfordert: Wie sieht ein guter Umgang mit den kleinen und großen Nöten, Sorgen oder gar Krisen von Kindern und Jugendlichen aus? Was ist notwendig, damit sich Schülerinnen und Schüler, aber auch Lehrerinnen und Lehrer an normalen Schultagen wie auch in Krisenzeiten gut aufgehoben fühlen können?

Bei der Auseinandersetzung mit diesen Fragen sind mir zwei Perspektiven wichtig: der Blick auf den Einzelnen und der Blick auf das System Schule und Kolleg.

„Den Seelen helfen" – ein klarer Auftrag

Menschen sind einfach da – mit großen und kleinen Sorgen und Nöten, mit Ärger und Aggressionen, mit Fragen und Unklarheiten, mit Sehnsüchten und Hoffnungen, mit Vertrauen und Misstrauen. Ignatius und seine Gefährten sahen ihre Aufgabe darin – und sie konnten sich wohl kaum etwas Sinnvolleres und Beglückenderes vorstellen –, der tiefen Sehnsucht ihres eigenen Herzens zu folgen und ganz für andere Menschen da zu sein. Seelsorge im ignatianischen Sinne wendet sich radikal dem Menschen zu, weil es „um vieles", vielleicht sogar „um alles" geht: um Glück und Scheitern im Leben, um Heilsein und Kranksein, um Beziehung zu Gott oder aber Abbruch, um Menschsein und Unmenschlichkeit. Aus dieser pastoralen Grundüberzeugung des Ignatius erwächst auch für eine Jesuitenschule heute ein unmissverständlicher und fordernder Auftrag: Da-Sein und Mit-Sein. Und zwar nicht nur für wenige ausgesuchte Mitarbeiter eines Jesuitenkollegs wie den Kollegsseelsorger, sondern für alle Mitarbeiterinnen und Mitarbeiter.

Der Auftrag „den Seelen zu helfen" wirft für mich im schulischen Kontext viele Fragen auf, denen ich in diesem Artikel nachgehen werde: Von welchen Überzeugungen soll die Grundhaltung eines Pädagogen an einem Jesuitenkolleg geprägt sein? Woraufhin erzieht eine Lehrperson die ihr anvertrauten Kinder und Jugendlichen? Wie kann Kommunikation zwischen Schülern und Lehrern wirklich gelingen und fruchtbringend sein? Wann ist es geraten, dass Probleme oder Nöte eines Schülers doch „Termine machen", wann ist es notwendig, Türen in einem Kolleg zu schließen? Wie verhält sich der Wille, jederzeit ansprechbar zu sein oder persönlich zur Verfügung zu stehen, zu begrenzten zeitlichen wie persönlichen Ressourcen des Einzelnen? Und wie sieht eine professionelle Beratung an einem Jesuitenkolleg aus, die Kompetenzbereiche notwendigerweise absteckt?

Prägungen eines Pädagogen

Bewusst habe ich mich im obigen Absatz für den Begriff Pädagoge und nicht Fachlehrer oder Fachlehrerin entschieden. Der letztgenannte Terminus spricht zwar eine Wahrheit aus, greift letztlich aber zu kurz. Es ist besonders an klassischen Gymnasien in Deutschland unbestritten, dass hohe Fachlichkeit und Fachorientierung das Bild des Lehrers prägen. Fundiertes Wissen, präzise Durchdringung des Stoffes und Souveränität beim Prozess der fachlichen wie didaktischen Reduktion sind m. E. unverzichtbare Bausteine für guten, erkenntnisreichen Unterricht. Allerdings ist Lernen nicht nur als technischer Vorgang zu begreifen, den scheinbar standardisierte Schülerinnen und Schüler zu durchlaufen haben.

Lernen fußt vielmehr auf der Interaktion zwischen Personen, es ist auf eine personale Ebene verwiesen. Das bedeutet: Die Lehrer-Schüler-Beziehung kann und darf nicht auf eine fachliche Ebene enggeführt werden. Vielmehr spiegelt sich im Auftreten des Lehrers und der Lehrerin wider, auf welche Weise der Erwachsene dem Kind oder Jugendlichen entgegentritt: wertschätzend, aufmerksam, vertrauend, korrigierend, abgegrenzt, zugeneigt, interessiert, kompetent usw. Die Liste wäre um viele Adjektive zu ergänzen.

Ich möchte eine Grundhaltung oder Prägung herausgreifen, weil sie praktisch die Basis für alle weiteren Zuschreibungen ist: Vertrauen. Die Lehrer-Schüler-Beziehung ist niemals partnerschaftlich, sondern grundsätzlich asymmetrisch. Der Lehrer übernimmt Verantwortung für den Schüler, nicht der Schüler für den Lehrer. Im Alltag einer jeden Schule wird ein großer Vertrauensvorschuss gewährt, wenn Eltern ihr Kind an der Schwelle zur Schule loslassen. Sie schenken der Schule als Institution und den in ihr arbeitenden Menschen Vertrauen, dass es ihrem geliebten Kind an diesem Ort gut geht, es dort behütet lernen und als Person wachsen kann. Dieses Vertrauen kann ein Lehrer immer nur annehmen. Und er ist per se angehalten, selbst die Haltung des Vertrauens gegenüber dem Kind einzuüben und durch Phasen einer angespannten, vielleicht auch gestörten Beziehung zu tragen. Vertrauen in der Lehrer-Schüler-Beziehung ist von größter Bedeutung, auch wenn oder gerade weil es nicht auf der viel strapazierten „Augenhöhe" geschieht, sondern dem Pädagogen gleichsam aufgegeben ist.

Pädagogische und erzieherische Arbeit ist immer Beziehungsarbeit. Nur ein grundsätzlich vertrauensvolles Miteinander von Lehrer und Schüler ermöglicht Prozesse von Bildung und Persönlichkeitsentwicklung. Ohne Vertrauen stünde alles auf tönernen Füßen. Wenn Vertrauen schon im pädagogischen Alltag unverzichtbare Basis ist, so erweist sich seine „Wahrheit" und „Wirklichkeit" jedoch besonders in Zeiten der Not und Krise.

Mathias Molzberger

Lebenskompetenz fördern

Der klare Blick auf den Einzelnen – auch und gerade mit seinen Nöten und Sorgen – wird an Jesuitenkollegien mit der Aufgabe der *cura personalis* umschrieben. Im Mittelpunkt pädagogischer Arbeit steht der Mensch, der als Abbild oder Ebenbild Gottes wahrzunehmen ist. Eine wesentliche Folge dieser Kernaussage ist, dass im pädagogischen Kontext der Schüler und die Schülerin niemals zum puren Objekt erzieherischer Tätigkeit oder schulischer Bildungsarbeit degradiert werden darf, sondern die unverfügbare Subjekthaftigkeit und Würde unantastbar sein muss. Für mich ist es ein fundamentaler Unterschied, ob ich mein Gegenüber, den Anderen grundsätzlich als von Gott geliebtes und begnadetes Kind verstehe oder aber lediglich als Objekt, an dem z. B. kognitive Lernprozesse einzuleiten, zu begleiten und zu überprüfen sind.

Individuelle, biografisch bedingte Übergänge, Umbrüche, Veränderungen und Entwicklungen von Kindern und besonders von Jugendlichen fordern ihren Platz an einer jesuitisch geprägten Schule. Dort sind Erfahrungsräume bereitzustellen, in denen Heranwachsende ihr Leben und ihren Glauben einüben, erproben und reflektieren können, um so eine religiös-weltanschauliche Urteilsfähigkeit auszubilden. Ein herausgehobenes Beispiel mag dies belegen: Die sechzehnjährige Lia schreibt am Ende des vierwöchigen Sozialpraktikums am AKO in ihr ‚Logbuch‘:

„Gerade am ersten Tag im Krankenhaus angekommen, wurde mir ein bisschen flau, als mir bewusst wurde, dass ich hier vier Wochen lang arbeiten sollte, denn vier Wochen kamen mir damals wie eine Ewigkeit vor. […] Ich bin von Anfang an sehr offen mit den Patienten umgegangen, sodass ich auch viel erfahren habe über das, was sie alles in ihrem Leben erlebt, durchgemacht und erreicht bzw. geleistet haben. Es kam mir gleich der Gedanke, dass ich den Menschen, die alt, gebrechlich und oft unfähig sind, sich selbst zu versorgen, sehr viel Respekt und Achtung entgegenbringen sollte – aus Achtung vor ihrem Leben. Es ist unglaublich interessant, sich ihre Geschichten anzuhören und ihre Dankbarkeit zu spüren, wenn man sich liebevoll um sie kümmert."

Soziales Lernen lebt von den eigenen Erfahrungen. Es ist ein Wechselspiel von „Erfahrungen sammeln", „sich einüben", „Reflexion und Einsichten gewinnen", „Verantwortung übernehmen". Ich bin davon überzeugt, dass Lia auf Basis ihrer prägenden Erfahrungen während des Praktikums gelernt hat, jetzt und zukünftig verantwortlich in der Welt zu handeln. Den-Menschen-zugewandt-Sein, Achtung und Respekt, Nächstenliebe und Einsatz für mehr Gerechtigkeit sind menschliche und religiöse ‚Werte', die Lias Leben durchformen und an denen sie sich ausrichten wird. Das mehrwöchige Sozialpraktikum als ein herausragender „Erfahrungs- und Lernort von Prosozialität" ist deswegen an einem Jesuitenkolleg unverzichtbar, damit sich der Einzelne in der ihm zukommenden Freiheit zu einer reifen Persönlichkeit bilden kann. Dem Pädagogen fällt also die Aufgabe zu, diesen unabgeschlossenen und immer offenen Prozess anzuleiten und zu begleiten, mit zu gehen und sich mit zu sorgen für alle Angelegenheiten des Heranwachsenden, damit sich der junge Mensch selbst eine tragfähige Grundlage schafft, um den Herausforderungen des Lebens begegnen und sie meistern zu können.

Kurzum: Es geht um die Förderung von Lebenskompetenz. Damit diese Förderung überhaupt erfolgen kann, kommt es auf die Pflege der oben genannten zwischenmenschlichen, personalen Beziehung an. Und diese Pflege beginnt bei der richtigen Gestaltung der Kommunikation.

Gelingende Kommunikation

Eine vertrauensvolle Beziehung zwischen Schüler und Lehrer, in der trotz unvermeidbarer Asymmetrie echte Gemeinschaft entsteht, kennt keine Abweisung, keinen Satz wie „Ich habe keine Zeit für dich!" oder „Das geht mich nichts an!". Die grundsätzliche Annahme eines Anliegens vonseiten des Lehrers ist der erste, türöffnende Schritt, dem ein zweiter Schritt unweigerlich folgen sollte: ein gutes, gelingendes Gespräch.

Sprechen wir zuerst vom Gegenteil, von gescheiterter Kommunikation: Ein Schüler kommt aus einem Gespräch mit dem Gefühl der „Niederlage" heraus, weil er

– selbst nicht zu Wort kam (Botschaft: „Deine Sichtweise interessiert mich nicht!")
– nur drei Minuten Zeit eingeräumt wurden (Botschaft: „Dein Anliegen ist banal und langweilig!")
– nur belehrt wurde, aber selbst keinen Ansatz erkennen konnte, ein Problem zu lösen (Botschaft: „Ich sage dir mal als erfahrener Erwachsener, wie es läuft, da du keine Ahnung hast!").

Was lernt ein solcher Schüler für's Leben? Vertrauen in die eigene Lebenskompetenz gewiss nicht. Ein Pädagoge sollte daher die „Kunst der Kommunikation" beherrschen, damit ein Gespräch mit einem Schüler oder einer Schülerin gelingen kann. Pater Lambert SJ hat diese Kunst der Kommunikation anhand eines längeren Schreibens des Ignatius mit dem Titel „Instruktion für die Tagung in Trient" (1546) entfaltet und in sieben Regeln zusammengefasst, von denen ich drei herausgreife.[1]

Die Kostbarkeit des Gesprächs sehen

Der eng getaktete Alltag eines Lehrers birgt die Gefahr in sich, die Kostbarkeit eines Gesprächs zu verkennen. Gespräche werden oftmals geschäftsmäßig abgehandelt, ohne sich der Bedeutung des Austausches bewusst zu sein. Ignatius hingegen empfiehlt, gerade beim Gespräch ganz beim Menschen zu sein und es als grundsätzlich wertvoll zu erachten, weil viel gewonnen oder auch viel verloren gehen könne. Ein gelingendes Gespräch zwischen Lehrer und Schüler, in dem sich der Schüler verstanden und gut aufgehoben fühlt, ist jedoch nicht allein abhängig von zu erlernenden Gesprächstechniken oder einer professionellen Vorbereitung, sondern zuallererst Geschenk. Beide Gesprächspartner werden beschenkt. Gleichzeitig bleibt die oben erwähnte Asymmetrie gewahrt: Der Lehrer trägt Verantwortung dafür, mit Wachsamkeit und Achtsamkeit dem anderen zu begegnen und sich vorausschauend zu disponieren, d. h. sich angemessen auf den anderen einzustellen.

---

1 Vgl. Lambert, Willi [3]2006: Die Kunst der Kommunikation. Entdeckungen mit Ignatius von Loyola, Freiburg, S. 66–68; 70–74; 80–82.

Sich Zeit nehmen

Wenn ein Schüler mit einer Sorge, einem Problem, das ihn im Inneren beschäftigt, oder seelisch ungeordnet, sodass ihm noch die Worte fehlen, auf einen Lehrer zukommt, dann erhofft er sich Zeit. Diese Zeit sollte der Pädagoge ihm schenken. Zeitmangel, innere Unruhe oder Getrieben-Sein lassen kein gutes Gespräch aufkommen.

Hören und Aufmerksamkeit auf den ganzen Menschen

Ignatius schreibt: *„[…] Ich wäre langsam im Sprechen, indem ich das Hören für mich nutze; ruhig, um die Auffassungen, Gefühle und Willen derjenigen, die sprechen, zu verspüren und kennen zu lernen, um besser zu antworten oder zu schweigen."*

Aufmerksames Zuhören schützt vor ungefragter Belehrung. In einem persönlichen Lehrer-Schüler-Gespräch kann es nicht darum gehen, den anderen auszuhorchen oder „auszuquetschen" – solche inquisitorischen Unterhaltungen kann es in bestimmten Situationen durchaus geben –, sondern durch liebevolles und zugewandtes Hören einen Raum zu öffnen, in dem der andere da sein und sich entfalten kann. Der Sprechende soll ermächtigt werden, Worte zu finden. Mir scheint, dass besonders Heranwachsende während der Pubertät als Phase tief greifender körperlicher, innerer und sozialer Veränderungen (Identitätsarbeit) ihren eigenen Weg suchen, Gesprächsorte zu betreten. Natürlich sind es oftmals nicht Orte und Räume, die von Erwachsenen bereitgestellt werden, weil es ihnen häufig um Distanzierung, Abgrenzung und „Gegen-Welten" geht, doch insbesondere Schulen als Lern- und zunehmend Lebensräume können hier wichtige Anknüpfungspunkte schaffen. Zum Beispiel ist die Reflexion von gruppendynamischen Prozessen in Klassen und Kursen, die darauf abzielt, die eigene Rolle in einem sozialen Gefüge zu klären und ggf. zu verändern, für die Entwicklung des Einzelnen und einer Gruppe enorm wichtig. Dazu bedarf es eines angemessenen Gesprächs.

Die innere Ruhe des Zuhörers trägt dazu bei, dem Gegenüber aufmerksam zu begegnen und seine Mehrdimensionalität ernst zu nehmen. Die Aufmerksamkeit des Zuhörers ist nämlich nicht nur auf den Inhalt der Aussage oder Gedanken zu richten, sondern auch auf die Gefühle, die in der Aussage des Anderen mitschwingen, und auf den Willen oder die Absicht, die hinter einer inhaltlichen Aussage verborgen sind. Gelingt es dem Zuhörer, sich intensiv auf die verschiedenen Dimensionen des Sprechenden einzulassen, die Welt der Gedanken, Gefühle und des Willens zu verspüren, dann ist er ebenfalls als ganzer Mensch da. Lehrer und Schüler begegnen sich dann im Gespräch als Menschen, nicht partnerschaftlich, sondern von ihrem „Amt" her, nicht „auf Augenhöhe", sondern als Menschen.

Die Metapher der Tür entfaltete auch bei Ignatius seine Wirkung: Er forderte für die seelsorgliche Kommunikation von seinen Gefährten, „zur Tür des anderen hineinzugehen". Einfühlungsvermögen, Respekt vor der Andersartigkeit des anderen sowie Zurückhaltung (Demut) sind Grundhaltungen für eine gelingende Kommunikation.

Grenzen

Man könnte aufgrund der Hinweise zu dem klaren Auftrag, „den Seelen zu helfen", d. h. bei und mit den Menschen zu sein, zu unverzichtbaren Grundhaltungen eines Pädagogen an einem Jesuitenkolleg bis hin zu den kommunikativen Fähigkeiten, die für ein gelingendes Lehrer-Schüler-Gespräch gegeben wurden, auf den Gedanken der Überforderung kommen. Soll ein jeder Lehrer, jede Pädagogin, jeder Mitarbeiter an diesen Erwartungen gemessen werden? Wird nicht ein überzogenes Lehrerbild skizziert? Die Lehrerin als Superheldin – fachlich höchst kompetent, einfühlsam und gesprächsbereit, „an den Schülern dran", Seelentrösterin und Erziehungsratgeberin? Der Lehrer als Superheld – außerunterrichtliche Projekte planend, „Ersatz-Papa" für computersüchtige Jungs im „schwierigen Alter", jederzeit verfügbar, gerne auch abends um 21.00 Uhr per Telefon? Wie weit geht die *cura personalis*?

Meines Erachtens gilt für ein Kolleg, das sich der Ignatianischen Pädagogik verschrieben hat, dass *cura personalis* keine Grenzen, keine verschlossenen Türen kennt. Das ist ein Ideal, eine Vision, hinter der die Realität des schulischen Alltags gleichwohl hinterher hinkt bzw. das Kolleg vor der Herausforderung steht, sorgsam zwischen den Bedürfnissen der Schüler und denen der Lehrkräfte auszubalancieren. Grund dafür ist, dass jede Lehrerin und jeder Lehrer, jede Erzieherin und jeder Erzieher unbedingt das Recht haben, Grenzen zu ziehen – auch gegenüber den Anliegen, Forderungen und Bedürfnissen der Schülerinnen und Schüler. Das Spannungsfeld von Ideal und Realität, von Grundüberzeugung und Umsetzbarkeit, von persönlichen Kompetenzen eines Lehrers und systemischen Strukturen ist unübersehbar.

Bei der Reflexion dieses Spannungsfeldes stellte sich bei uns am Kolleg die drängende Frage, wie eine gute Balance zwischen persönlichem Engagement des Einzelnen und transparentem, klarem Verfahren innerhalb des Systems Schule zu erreichen sei, damit Sorgen und Nöte von Schülern einerseits nicht „versanden", weil sich ein Lehrer für nicht zuständig oder gar überfordert erklärt, andererseits aber auch nicht an abstrakten, nur auf dem Papier existierenden Strukturen abprallen. Aus diesem Nachdenken ist ein eigenes Beratungskonzept erwachsen, das den Projektnamen „Den Seelen helfen – Beratung im Geiste des Ignatius" erhielt.

Ein neues Beratungskonzept

Das Öffentlichwerden von Formen sexualisierter Gewalt am Aloisiuskolleg 2010 hat nicht nur Menschen tief erschüttert, sondern eine ganze Institution. Der noch im selben Jahr entwickelte „Leitfaden für Prävention und Intervention bei sexualisierter Gewalt gegen Kinder und Jugendliche" formuliert im letzten Kapitel ein Bündel von Maßnahmen, die umzusetzen sich das Kolleg als Institution und alle in ihr arbeitenden Menschen verpflichtet haben. Dies ist in den letzten Jahren geschehen und geschieht weiterhin. Im Zuge dieses Prozesses ist die Beratungstätigkeit in Schule, Internat und Externat neu in den Blick genommen, weiterentwickelt und verändert worden. Ausgangspunkt und Grundlage des Konzeptes ist die Überzeugung, die sowohl die ignatianischen Exerzitien als auch die Ignatianische Pädagogik und Bildung (*formatio*) durchformt, dass der junge Mensch als geliebtes und zur Freiheit berufenes Geschöpf Gottes im Mittelpunkt steht. Sie konkretisiert sich in der Sorge um den einzelnen Menschen (*cura personalis*) und der Sehnsucht, den Seelen zu helfen (*iuvare animas*).

Diese aus der Tradition des Jesuitenordens stammende Grundüberzeugung ist nun mit Grundelementen der „Ausbildung zum Beratungslehrer" des Landes Nordrhein-Westfalen und den bestehenden Beratungsangeboten am Aloisiuskolleg kombiniert worden. Es hat sich am Kolleg eine innovative und neuartige Helfer- und Beraterstruktur entwickelt, die sich in der wöchentlich tagenden „Hilfe-/Helferkonferenz" bündelt:

Die Hilfekonferenz

Dieses Konzept denkt Schule und Kolleg als multiprofessionell agierende Bildungseinrichtung.

Aufgaben der „Hilfe-/Helferkonferenz" sind u. a.:

- *Fallbesprechung*: Mitglieder der Konferenz tragen konkrete „Fälle" in die Runde; Klassenlehrer oder Fachlehrer können ebenfalls „Fälle", die sich aus dem Schulalltag ergeben, besprechen lassen.
- *Zuordnung des Falls*: Innerhalb der Hilfekonferenz wird die Zuständigkeit geklärt.
- *Koordination* von internen oder externen Hilfsangeboten
- *Unterstützung* der Pädagoginnen und Pädagogen in Schule, Internat und Externat
- *transparente* interne Kommunikation und pädagogische Impulse nach innen
- Bündelung fachlicher Professionalität
- Vernetzung mit externen Fachstellen wie etwa Ärzten, Therapeuten, Beratungsstellen bei Prävention gegen sexualisierte Gewalt etc.

Innovative Kraft des Konzepts

Mit diesem Konzept gelingt es, eine stark auf das Individuum zugeschnittene persönliche Beratung in einen transparenten systemisch-institutionellen Rahmen zu gießen. Individuelle Beratung, die einen Teil individueller Förderung des Schülers oder der Schülerin ausmacht und gleichzeitig für interpersonelle Beziehungen (in Klassen, Kursen, im gesamten Kolleg) relevant ist, gewinnt im Kontext Schule immer größere Bedeutung. Wir reagieren auf die damit einhergehenden Herausforderungen wie etwa das Bereitstellen personeller und zeitlicher Ressourcen, von räumlichen Rahmenbedingungen (u. a. Beratungsraum) sowie die Notwendigkeit fachlicher Professionalität mit einem Konzept, an dem viele Mitarbeiter des Kollegs sowie externe Kräfte (s. Schulpsychologin) beteiligt sind und das sie vernetzt.

„Achtsamkeit und Aufmerksamkeit" durchwirken das Klima des Kollegs und zeigen sich sowohl in einer möglichst effektiven Hilfe für den Einzelnen als auch in einer veränderten Atmosphäre der Institution („Kultur der Achtsamkeit und Aufmerksamkeit").

Mathias Molzberger

Beratung im engeren und weiteren Sinne

Beratung ist kein Privileg speziell ausgebildeter Fachkräfte, sondern sie gehört zum Berufsbild und zur Funktion eines jeden Lehrers. Ein Fachlehrer berät in speziellen Lernschwierigkeiten des Faches, eine Klassenlehrerin schaut auf die individuellen Bedürfnisse eines Schülers und auf gruppendynamische Prozesse innerhalb der Klasse, ein Oberstufenteam berät in allen laufbahnrechtlichen Angelegenheiten, Lehrer bis hin zur Schulleitung beraten bei disziplinarischen Problemen. Darüber hinaus hat sich an vielen Schulen ein eigenes Beratungsteam gebildet, das sich spezieller Probleme der Schülerinnen und Schüler annimmt: Das Anti-Mobbing-Team schult Schüler für ihren Einsatz im Rahmen der Streitschlichtung oder interveniert selbst nach dem Konzept des No-Blame-Approachs in eklatanten Mobbing-Fällen; die Lerntherapeutin versucht Lern- und Schreibblockaden zu lösen; die Schulpsychologin geht den familiären Hintergründen einer Anorexie auf die Spur; der Kollegsseelsorger begleitet einen „religiös unmusikalischen" jungen Menschen geistlich; der Beratungslehrer coacht einen zukünftigen Abiturienten in Fragen der Berufsorientierung.

Ein Lehrer darf für sich eine Tür zumachen, wenn das an ihn herangetragene Problem seine Kompetenzen übersteigt. Doch er muss wissen, wohin er selbst bzw. der Ratsuchende sich wenden kann. Und eine solche Situation führt dazu, dass Termine gemacht werden müssen. Eine 24-Stunden-Verfügbarkeit pädagogischer Kräfte und speziell ausgebildeter Fachkräfte gibt es nicht, wohl aber die Zusage, dass ein Problem oder persönliche Not nicht ungehört bleiben. Dem dient u. a. die Hilfekonferenz.

Auf struktureller und organisatorischer Ebene sichern die Hilfekonferenz und die damit bereitgestellten Ressourcen, dass Türen für die Sorgen und Nöte der Schülerinnen und Schüler offen stehen. Damit die Hilfe aber wirksam werden kann, ist auf der Beratungsebene eine bestimmte Haltung unverzichtbar.

Lösungsorientierte Beratung am Kolleg

Genauso wie sich Ignatius verschiedener geistlicher Übungen seiner Zeit bediente, so integriert Ignatianische Pädagogik heute moderne Ansätze von Beratung. Das ignatianische pädagogische Paradigma, bestehend aus *Erfahrung – Reflexion – Handeln*, berücksichtigt immer den gegenwärtigen gesellschaftlichen und individuellen Kontext und zielt auf die Gestaltung und womöglich Umgestaltung menschlicher Realität. Sie fragt danach, was im konkreten schulischen Alltag nützlich ist, welche fachlichen Mittel passend sind.

Im Rahmen der „Ausbildung zum Beratungslehrer" in NRW – einer Fortbildung im Umfang von ca. 160 Stunden, die eine Kollegin und ich durchlaufen haben – steht ein lösungsorientierter Ansatz, der sich an dem Konzept „Lösungsorientierte Kurztherapie" des amerikanischen Psychotherapeuten Steve de Shazer anlehnt und in Deutschland von den beiden Schulpsychologen Claudius Hennig und Wolfgang Ehinger entfaltet wurde. Ziel einer erfolgreichen, lösungsorientierten Beratung ist es, den Klienten (Schüler, aber auch Eltern und Kollegen) zur Kooperation zu bewegen unter Achtung des Selbstwertes des Gesprächspartners. Unter Kooperation versteht man, dass der Ratsuchende im Rahmen einer vertrauensvollen Zusammenarbeit mit dem Berater Schritte unternimmt, die zur Lösung oder Minimierung/Verminderung des angezeigten Problems beitragen. Vertrauen ist auch hier unverzichtbare Voraussetzung für eine gelingende Beratung. Auf gleicher Ebene sind die Haltungen des Beraters selbst angesiedelt, die einzelnen Beratungstechniken übergeordnet werden.

Hennig/Ehinger umreißen fünf Grundhaltungen[2]
- *Empathie*: Ein Berater sollte über das Einfühlungsvermögen verfügen, in die subjektive Weltsicht des Ratsuchenden einzutauchen und die innere Wirklichkeitskonstruktion des Gegenübers kennen zu lernen und zu verstehen.

---

2 vgl. Hennig, Claudius / Ehinger, Wolfgang [8]2010: Lösungsorientierte Beratung. Ein nützlicher Leitfaden für Lehrer(innen), Berater(innen), Erzieher(innen), Therapeut(innen) und Sozialarbeiter(innen), Tübingen, S. 10–18.

- *Berücksichtigung des sozialen Kontextes*: Eine Beraterin wird den sozialen Kontext des Ratsuchenden ausleuchten, um das vorherrschende Beziehungsgeflecht nachzuvollziehen.
- *Stärkung der Eigenverantwortlichkeit*: Ein Beratungsgespräch mit Eltern liegt auf einer anderen Ebene als ein Gespräch mit einem Kind oder Heranwachsenden, weil Eltern als gleichberechtigte Kommunikations- und Kooperationspartner auf der Erwachsenen-Ebene anzusprechen und zu respektieren sind. Dennoch sollte in einem Beratungsgespräch mit einem Kind oder Jugendlichen erkennbar sein, inwiefern der Ratsuchende selbst eine Problemsituation verändern und schrittweise Ziele in den Blick nehmen kann. Auch ein Kind darf nicht entmündigt und entwürdigt werden.
- *Ressourcenorientierung*: Ein Berater spürt den Stärken, positiven Seiten oder Ressourcen des Einzelnen nach und lässt sich nicht von einem „Problemtrance" fangen. In der Beratung sollte es darum gehen, die Kräfte zu mobilisieren und zu nutzen, die für die Problembewältigung vonnöten sind. Eine einseitige Orientierung an Defiziten und Schwächen führt keinen Schritt weiter.
- *Fokussierung auf Lösungen*: Nur über das zu reden, was man alles falsch gemacht hat und nicht kann, bindet starke negative Energien und eröffnet keinen Weg zur Lösung eines Problems. Es kann sicherlich hilfreich sein, alle Facetten eines Problems zu beleuchten, damit es besser verstanden wird. Dennoch wird ein Berater darauf achten, dass nur so viel Zeit und Aufmerksamkeit auf ein Problem verwandt wird, wie unbedingt zur Konstruktion von Lösungsschritten notwendig ist.

Es ist unschwer zu erkennen, dass sich die Grundzüge Ignatianischer Pädagogik, wie ich sie bezüglich der Frage nach dem Umgang mit Sorgen und Nöten von Schülern umrissen habe, und eine lösungsorientierte Beratung berühren. Wenngleich beide Ansätze weltanschaulich an unterschiedlichen Punkten ansetzen – Ignatianische Pädagogik geht von der Gottebenbildlichkeit des Menschen aus und spricht dem Menschen zu, dass er von Gott her zu Freiheit und Verantwortung berufen ist, während die konstruktivistische Psychologie, die der lösungsorientierten Beratung zugrunde liegt, ohne Transzendenzbezug auskommt –, können sie sich im Schulalltag wechselseitig durchdringen.

Erneut: Lebenskompetenz fördern

Ich wünsche mir, dass die Tür zum Lehrerzimmer eines Jesuitenkollegs stets offensteht und grundsätzliche Gesprächsbereitschaft signalisiert wird. Weiterhin wünsche ich mir im Alltag, dass viele kleine, kurze, unscheinbare Anlässe zwischen Lehrer und Schüler eintreten, die unter Umständen zu einem tiefergehenden Gespräch führen. Und zuletzt wünsche ich mir immer wieder den Mut, angesichts der lebensbedrohlichen Not eines Schülers Wege zu beschreiten, die man auf den ersten Blick für undenkbar hält.

Es ist und bleibt eine wundervolle Aufgabe eines jeden Pädagogen, ganz unterschiedliche – „gerade" und unkompliziert verlaufende sowie verworrene und problembelastete – Lebenswege der Schülerinnen und Schüler mit-zu-gehen, mit-zu-gestalten, ja vielleicht sogar mit-zu-prägen. Lebenskompetenz fördern heißt: Vertrauen in ein gelingendes Leben erfahrbar machen, Vertrauensräume öffnen und miteinander – in der Unterschiedlichkeit von Lehrer und Schüler – zu wachsen.

Eine Meinung haben ist nicht genug

Philipp Görtz SJ

*Überzeugungen zu haben ist noch kein Wert, allzu leicht bleibt es bei blo-
ßen Absichtserklärungen. Erst wenn eine Überzeugung in die Tat umgesetzt wird, erhält sie Bedeutung; nur derjenige, der nach seiner persönlichen Überzeugung auch tatsächlich handelt, ist im ganzheitlichen Sinne
gebildet. Doch der Pfeil zeigt nicht nur von der Meinung zum Handeln;
indem wir das Handeln reflektieren, bereichern unsere gemachten Erfahrungen wiederum unsere Überzeugungen. Dies ist der Grund, warum in
der Ignatianischen Pädagogik das Paradigma „Erfahrung – Reflexion –
Handeln" eine zentrale Bedeutung besitzt.*

„Sollte Deutschland deiner Meinung nach mehr Flüchtlinge aufnehmen?" Schon wieder so ein Aufsatzthema. Was will die von mir hören? Was soll ich da nur schreiben? Im Unterricht haben wir einiges
über Flüchtlinge und deren Schicksale erfahren. Viele fliehen aus aktuellen Kriegsgebieten und versuchen ihre Familien in Schutz und
Sicherheit zu bringen. Andere werden in ihrer Heimat unterdrückt,
nur weil sie einen anderen Glauben haben oder einer Minderheit angehören. Manche werden in ihren Herkunftsländern verfolgt, ins Gefängnis geworfen oder gar hingerichtet, etwa weil sie ihre Sexualität
anders leben, als es die Rechtsprechung dort erlaubt. Und etliche
wollen schlicht und einfach nur dem sicheren Hungertod entkom-
men. Das alles haben wir gelernt und darüber gesprochen.

Wir haben uns auch Gedanken darüber gemacht, dass wir als
Deutsche wegen unserer Geschichte eine besondere Verantwortung und Verpflichtung für solche Menschen haben, dass es moralisch angezeigt ist, ihnen zu helfen. Auch von meinen Eltern kenne
ich diese Einstellung, und selbst der Pfarrer in der Kirche spricht in
seinen Predigten ganz ähnlich darüber. Aber es gibt auch diese anderen Stimmen, das Gerede, dass das Boot voll sei, dass viele sowieso nur als Wirtschaftsflüchtlinge zu uns kämen und unsere So-
zialsysteme ausnutzen würden. Manche zeichnen das Bild von der

Überfremdung unserer Gesellschaft, manche haben Furcht vor Übergriffen oder Anschlägen und wiederum manche haben einfach nur Angst, selber sozial abzusteigen.

Eigentlich bin ich ja schon dafür, dass Deutschland mehr Flüchtlinge aufnehmen sollte, aber wo sollen die alle hin, und wer soll das alles bezahlen? Auf dem Pausenhof, auf WhatsApp oder auf Facebook würde wohl kaum einer von uns offen Partei für ausländische Flüchtlinge ergreifen, aber im Unterricht, wenn von den Lehrern auf Political Correctness gemacht wird, sagen die meisten von uns schön das, was man eben hören will. Und dann ist die Sache letztlich vermutlich so: Natürlich bin ich der Meinung, dass wir in Deutschland mehr Flüchtlinge aufnehmen sollten. Aber wenn wir bei uns im Kolleg zum Beispiel überlegen, ob wir den jungen Syrern und Pakistani von gegenüber aus dem Asylantenwohnheim während unserer Hausaufgabenzeit Gastfreundschaft auf unserem neuen Kunstrasenplatz anbieten sollen, dann wird es mit einem Mal ganz konkret und damit auch komplex und schwierig. Wie sind die versichert, wer ist verantwortlich, wenn etwas passiert, wer hält den Platz sauber, lockt das nicht auch andere an, wie sieht das mit Schäden aus, was ist, wenn eine Gruppe von uns zeitgleich auf den Platz will ...?

Dann merken wir Schüler, aber erst recht die Erwachsenen, die Leitung und die Verantwortlichen, dass es uns alle etwas kosten wird und vielleicht auch so manch ein Problem nach sich ziehen könnte, das wir noch nicht bedacht haben. Was soll ich da bloß schreiben? Und noch schlimmer: Was sollen wir da bloß tun?

Meinungsbildung

Mehr denn je besteht das Bildungsideal in Deutschland darin, dass Heranwachsende lernen, selbstständig zu werden, kritisch zu denken und sich ihre Meinung zu bilden. Um dieses Ziel zu erreichen, setzen sich Schüler mit dem Lernstoff, mit Daten und Fakten auseinander, eignen sich Wissen an, schulen ihre intellektuellen Fähigkeiten und versuchen im besten Fall, all das mit eigenen Erfahrungen und persönlichen Überzeugungen in Beziehung zu setzen. Nicht selten lautet dabei das Credo der Erwachsenen: Du musst wissen, was du willst! Du musst lernen, dich mit deiner Meinung durchsetzen zu können! Philosophie, Rhetorik und Debatten an Schulen sind wieder angesagt, da kann man sich in all dem üben und erhält zusätzlich eine Bescheinigung. Die eigene Meinung soll man fernerhin nicht einfach für sich behalten, sie soll vielmehr in den unterrichtlichen Diskurs eingebracht werden.

Als kritische und aktive Teilnehmer am Unterricht lernen Schüler darum, ihre persönliche Meinung zu vertreten und ihren je eigenen Standpunkt einzunehmen. Zugleich setzen sie sich mit der Meinung anderer auseinander, hinterfragen sie und lassen sich selber hinterfragen. Das ist weit mehr als das floskelhafte Resümee etlicher Talkshows „das mag Ihre Meinung sein, ich bleibe jedoch bei meiner", besonders dann, wenn es gelingt, für die eigene Sicht der Dinge zu werben und andere mit guten Argumenten zu überzeugen. Dennoch, es genügt nicht, eine Meinung zu *haben*. Meinungen und Überzeugungen, vor allem dann, wenn sie einem wichtig und von allgemeiner Bedeutung sind, drängen letztlich immer danach, in die Tat umgesetzt zu werden.

Den Worten Taten folgen lassen

Was nützen einem die beste Meinung, die tiefste Überzeugung oder der reinste Glaube, wenn sie nicht darin münden, dass einer danach lebt und handelt? Weil es eben nicht genügt, Wissen anzuhäufen, den Verstand zu schärfen und sich eine eigene Meinung zu bilden, soll Schule die Schüler dazu befähigen, gemäß ihren Überzeugungen zu handeln bzw. das Gelernte anzuwenden und umzusetzen.

Nur wer weiß, was zu tun ist, wenn etwas der Fall ist, und wer folgerichtig dann auch handelt, ist in einem ganzheitlichen Sinne gebildet. Das setzt allerdings voraus, dass sich im jungen Menschen eine innere Haltung gebildet hat, die mit seinen äußeren Handlungen korrespondiert. Was ihn persönlich beeindruckt hat, wird er wesentlich authentischer ausdrücken. Was er im Unterricht unter besonderen Bedingungen vielfach eingeübt hat, kann er auf andere Situationen übertragen und dort entsprechend einsetzen bzw. ausüben.

Damit ein Schüler seine Meinung oder seine Überzeugung ins Handeln überführen kann, sind besonders im Kontext von Schule drei Dinge zu beachten:

1. *Vorbilder:* Kinder und Jugendliche brauchen Erwachsene, die sich beispielhaft engagieren und authentisch handeln, denn ganzheitliches Lernen und Wachsen geschieht hauptsächlich auf der Ebene des Modelllernens. Schüler wählen sich Personen aus dem eigenen sozialen Nahbereich – Eltern, Lehrer, Erzieher, Seelsorger … Sie nehmen deren Verhalten zum Vorbild und prüfen kritisch, ob das, was ihnen geboten wird, echt und nicht aufgesetzt ist. Von solchen Vorbildern lassen sie sich unterrichten und unterweisen. Sie fühlen sich in ihrem Gelernten besonders dann bestärkt, wenn sie merken, dass dieses auch außerhalb des Unterrichts eine soziale Bestätigung erfährt.

Unterweisung wird allerdings erst dann Bestandteil der persönlichen Meinungsbildung, wenn ein Schüler sich diese durch eigenes Verstehen, Einsehen und Adaptieren zu eigen macht. Schließlich gelangt Modelllernen dort auf eine neue Stufe, wo ein junger Mensch seine eigene Meinung selbstständig formuliert und sie dem öffentlichen Diskurs aussetzt und noch mehr dort, wo ein Heranwachsender einen Sachverhalt derartig erfasst, dass er ihn eigenständig in die Hand nimmt und in die Tat umsetzt.

2. *Erlebtes Handeln:* Es sind die vielen kleinen Schritte, die *wirklich* getan und geübt werden, auf die es ankommt. Werden Schüler ständig und bloß mit Begriffen wie Zivilcourage, Solidarität oder soziales Engagement konfrontiert, kann schnell ein Gefühl der Überforderung oder der Unlust entstehen. Für Jugendliche geeigneter ist es, sie zunächst zu ermutigen, etwa im Klassenverband zu handeln oder sich in Form von Experimenten zu betätigen. In einem überschaubaren Rahmen können sie etwas und sich selber ausprobieren, sie dürfen ihre Grenzen austesten und Fehler machen. Gute Experimente werden angeleitet und begleitet, bieten Raum für eigenverantwortliches Handeln, schützen vor blindem Aktionismus und regen dazu an, sich nach und nach auch größeren Herausforderungen zu stellen.

3. *Orientierung:* Damit die Grobrichtung des Weges stimmt, braucht es so etwas wie einen Kompass des Handelns. In der christlichen Pädagogik ist das die Option für die Armen und andere Be-

nachteiligte. Dazu werden im Unterricht und in der Schule immer wieder Fragen der Gerechtigkeit behandelt sowie Aktivitäten und Maßnahmen gefördert, die den Einsatz für Gerechtigkeit und Frieden sichtbar machen. Gleichzeitig wird auf breiter Basis dazu sensibilisiert, Unrecht wahrzunehmen.

Ein inhaltliches Kriterium, das gerechtes Handeln einfach und konkret bemisst, findet sich im Verinnerlichen dreier Haltungen: in einem einfacheren Lebensstil, in der Ablehnung ungerechter Profite und in der aktiven Bekämpfung struktureller Ungerechtigkeit und Armut. Sich mithilfe eines solchen Kompasses auf den Weg zu machen und mehr und mehr Subjekt des eigenen Handelns zu werden, ist auch und wahrscheinlich sogar besonders für Jugendliche attraktiv.

Entscheidend ist bei diesen drei Aspekten: Kommen sie nur in der Theorie an einer Schule vor oder münden in bloße Absichtserklärungen, werden sie praktisch bedeutungslos. Im Folgenden zeige ich, wie sie dagegen ihren Wert entfalten können.

Handeln als „reflektierte Erfahrung"

Seit einigen Jahren haben viele Schulen umgestellt: Schüler absolvieren ein mehrwöchiges Sozialpraktikum anstelle eines Berufspraktikums. Nicht wenige von ihnen kehren in die Schule zurück und berichten bewegt und begeistert vom Gefühl, zum ersten Mal in ihrem Leben etwas Sinnvolles getan zu haben. Von den äußeren Merkmalen her ist das Sozialpraktikum eine Gelegenheit, unter Anleitung von Erwachsenen, die von den Schülern nicht selten aufgrund ihrer Kompetenz und ihres oft uneigennützigen Einsatzes als Vorbilder wahrgenommen werden, in einem überschaubaren Rahmen prosozial tätig zu werden.

Das Sozialpraktikum ist dazu geeignet, das Ziel jesuitischer Erziehung vielleicht am anschaulichsten zu beschreiben. Sie soll und will *Menschen für andere und mit anderen* bilden, *„men and women of competence, conscience and compassion"* (nur unzureichend zu übersetzen mit: Männer und Frauen mit Wissen, Gewissen und Gespür).

1. *Competence:* durch einen Impuls von außen sollen Schüler die Gelegenheit bekommen, sich Wissen, Fertigkeiten und Kompetenzen anzueignen, um dann den Blick zu weiten und sich in die Lage sowohl von hilfsbedürftigen als auch von helfenden Menschen hineinzuversetzen. Nicht zuletzt dieser Perspektivwechsel hilft Schülern dabei, zu wissen, was zu tun ist, wenn Menschen in Not sind und jemanden brauchen. Während des Sozialpraktikums sind es diese Kompetenzen, die den Hilfsbedürftigen, den Armen oder Benachteiligten, um die die Schüler sich kümmern, unmittelbar in Form von Hilfe, Unterstützung oder Entlastung zugutekommen, mittelbar jedoch auch in einer Weise der Solidarität, der Zuwendung und der Liebe. Auszüge aus Erfahrungsberichten zeigen das eindrücklich:

> Die Vorstellung, noch fünf weitere Wochen hier arbeiten zu müssen, trieb mich beinahe zur Verzweiflung. Das änderte sich zunächst auch nur langsam. Zwar wurden die Handgriffe zur Selbstverständlichkeit und das Ekelempfinden schraubte sich zurück, aber auch noch nach anderthalb Wochen erschien es mir als der größte Fehler meines bisherigen Lebens, hierher gekommen zu sein. Erst nach mehr als zwei Wochen war ich soweit „abgehärtet", dass ich mit der Pflege der alten Menschen keine Probleme mehr hatte. Nun erst erkannte ich hinter den „sabbernden Alten" Menschen, die für jede winzige Zuneigung dankbar waren. Ich merkte: Nicht sie hatten sich geändert, die Arbeit war noch haargenau die gleiche – ich war durch diese Arbeit verändert worden. Ich habe vor allem gelernt, die schönen Seiten einer insgesamt misslichen Situation zu sehen, ich habe erfahren, weshalb einige Menschen ihr ganzes Leben in den Dienst der Pflege ihrer Mitmenschen stellen und dabei fröhlich sind, und ich habe mir Gedanken über den Prozess des Altwerdens mit all seinen Schwierigkeiten gemacht. – Ich hätte nie gedacht, dass so viel in solchen Kindern mit mehrfacher Schwerbehinderung stecken könnte. Ich glaube, dass mir das Sozialpraktikum vor allem eins gebracht hat: Ich habe gelernt, Behinderte genauso zu behandeln, wie es ihnen zusteht; nämlich wie gesunde und gleichwertige Mitmenschen. Ich glaube, dass ich es geschafft habe,

während dieser Zeit viele Hemmungen und Unsicherheiten abzubauen.

2. *Conscience:* Die nackte Realität und das bloße Tun bilden noch lange keine ethisch fundierte Meinung und auch kein Gewissen. Es sind vielmehr die durch eigene Erfahrungen aufgeworfenen Fragen, die scheinbar oder offensichtlich aussichtslosen Situationen, die eigenen Hilflosigkeiten und das eigene Zweifeln, die zur Gewissensbildung beitragen. Gewissensbildung geschieht im Prozess, wenn das eigene Gewissen intellektuell und existenziell gefordert wird und die Schüler in der Praxis mittels vorbereitender, begleitender und nachbereitender Reflexion lernen, wie schwer es sein kann, zu leben und zu entscheiden. Sie lernen, dass sittlich zu urteilen einem zuweilen nicht leicht fällt oder gar eindeutig ist, sondern häufig hart errungen werden muss.

Nach einer Weile des Einarbeitens merkte ich, dass hinter den teilweise sehr abschreckend auf mich wirkenden Behinderungen ein jeweils eigener, ganz persönlicher Charakter steht, auf den man sich auch einlassen muss. Es ist eine der wesentlichen Erfahrungen, die ich in diesem Sozialpraktikum gesammelt habe: Egal wie stark behindert das Kind oder die Person auch ist, ich stehe wirklich einem Menschen gegenüber, von dem ich mich nicht abwenden darf. – In Anbetracht dieser Erkenntnisse glaube ich sagen zu können, dass mein Sozialpraktikum mich nicht nur über die Situation anderer Menschen aufgeklärt hat, sondern vielmehr noch unsere eigene, gewohnte Lebensweise hinterfragt oder sogar infrage stellt.

3. *Compassion:* Wenn die Realität nur hingenommen, das Tun nur abgehandelt und die Gewissensbildung nur intellektuell verstanden wird, kann den Schüler jede Erfahrung, die er während seines Sozialpraktikums gemacht hat, kalt lassen. Wichtig ist deswegen, dass sich in seinem Inneren etwas regt, dass er in Kontakt kommt mit seinen Gefühlen, dass er sich berühren lässt von den Nöten und Sorgen derjenigen, um die er sich kümmert – und genauso von deren Freuden und Hoffnungen. Ein persönliches Gespür für sich und

den anderen zu entwickeln und so etwas wie echtes Mitgefühl aufzubringen, trägt wesentlich dazu bei, dass sich eine prosoziale Haltung im Schüler nachhaltig verankert.

> Für mich war meine Arbeit in einer Schwerbehindertengruppe so erfüllend, dass ich nicht nur Kraft aufwendete, sondern mir von dort auch Kraft geschenkt wurde. So war nicht ich derjenige, der eine Aufgabe trug, sondern die Aufgabe trug mich durch diese fünf Wochen. Die Erfahrungen des Sozialpraktikums sind zu Maßstäben meines täglichen Handelns geworden. So gesehen, stehe ich heute noch im Sozialpraktikum – und ganz am Anfang. – Besonders die Bekanntschaften zu einigen Patienten und Pflegern sind wohl der Grund dafür gewesen, dass ich auch nach meinem Praktikum ab und zu einige Tage in dieser Institution zu Besuch war bzw. mitgearbeitet habe. Ein weiterer Grund dafür war vor allem die glückliche, häufig empfundene Erfahrung, dass ich durch meine Arbeit sowohl Pfleger entlastete als auch den alten Menschen helfen konnte.[1]

Hinter dem, was exemplarisch betrachtet das Sozialpraktikum leisten soll bzw. kann – dass Schüler sich eine Meinung bilden und diese in die Tat umsetzen, was sich wiederum auf die vorgebildete Meinung auswirkt –, steckt ein Prinzip, das die Ignatianische Pädagogik zuinnerst ausmacht, das ignatianische pädagogische Paradigma. Dieses Paradigma besteht wesentlich aus dem Dreischritt ERFAHRUNG – REFLEXION – HANDELN und findet idealerweise im gesamten Bereich einer ignatianisch geprägten Schule seine Anwendung – im Kleinen wie im Großen, im Unterricht, bei Konferenzen und auf Fortbildungen, im Kontakt mit Eltern, bis hin zur Leitung der Schule bzw. des Kollegs. Eingebettet ist dieser Dreischritt in eine Analyse des (Lehr-Lern-)Kontextes und eine Auswertung des gesamten (Lehr-Lern-)Prozesses.
    Die Dynamik des Paradigmas entfaltet sich dann in ihrer Fülle, wenn es Schülern dabei hilft, mehr und mehr zu *Menschen für an-*

---

1 Vgl. Görtz, Philipp 2010: Nach den Sternen greifen. Ignatianische Schulpastoral und Kollegseelsorge. Konzeptionelle Überlegungen und Konkretisierungen, Bonn, S. 235 ff.

dere und mit anderen zu werden, wenn es oft wiederholt wird, wenn es mit der Zeit dazu führt, sich lebenslange Lerngewohnheiten anzueignen, *die das Achten auf Erfahrung, auf reflektierendes, uneigennütziges Verstehen und auf Kriterien verantwortlichen Handelns begünstigen.*[2] Was die einzelnen Punkte des Paradigmas für den Unterricht bedeuten, soll nun in Kürze erläutert und veranschaulicht werden.

Kontext: Den Kontext des Lernens erfasst man am geeignetsten mittels einer Situations- und Zielgruppenanalyse. Der Lehrer macht sich mit der Situation und Lebenswelt seiner Schüler, der Schule und dem weiteren gesellschaftlichen Umfeld vertraut. Auf diskrete Art und Weise zeigt er Interesse dafür, woher seine Schüler kommen, wer sie sind, welche Fähigkeiten und Talente sie haben, womit sie sich außerhalb von Schule beschäftigen, was sie an Fragen, Zweifeln oder Problemen mit sich tragen, wofür sie sich begeistern, wie sie in der Klassengemeinschaft auch außerhalb des Unterrichts interagieren ... Gleichzeitig macht er ein personelles Angebot und wirbt für gegenseitiges Vertrauen und Respekt, indem er sich „als echten Begleiter beim Lernen" erleben lässt und eine Atmosphäre des Lernens schafft.

Die Beziehung zu seinen Schülern ist gekennzeichnet von „Lob, Respekt und Dienst". In seinem Unterricht wird erfahrbar, dass Schule ein Ort ist, „wo man an die Menschen glaubt, sie ehrt und für sie sorgt"[3], wo man sie mit dem annimmt, was sie an biografischen oder sozialen Prägungen mitbringen, wo man sie fördert und dabei unterstützt, ihr Potenzial und ihre Persönlichkeit zu entfalten.

Erfahrung: Ignatianisch verstanden ist Erfahrung die ganzheitliche Art des Erfassens, Begreifens und Verstehens von Eindrücken und Erlebnissen – man spricht auch von der *Verkostung der Dinge in ihrem Inneren.* Schüler machen im Unterricht eine Erfahrung, wenn sie Neues in Beziehung setzen zu dem, was ihnen bereits bekannt

---

2 Vgl. Internationale Kommission für das Apostolat jesuitischer Erziehung: Ignatianische Pädagogik. Ansätze für die Praxis [Orig.: The Ignatian Pedagogy. A Practical Approach, Rom 1993], in: Neulinger SJ, Thomas (Hg.) 1998: Wissen – Gewissen – Gespür. Dokumente zur Ignatianischen Pädagogik, Thaur, S. 70.

3 Vgl. ebd., S. 37.

ist. Indem sie das Dargebotene analysieren, wägen und werten, mit bereits Bekanntem vergleichen, kontrastieren und zusammensetzen, lernen sie die Wirklichkeit besser zu verstehen. Sie lernen, den Dingen auf den Grund zu gehen und sich gleichzeitig selber zu fragen: Wie schmeckt mir das, wie fühlt sich das für mich an, was löst das in mir aus?

Der Lehrer ist bei alldem nicht nur derjenige, der den Lernstoff aufbereitet und darbietet, er soll zudem Anreize schaffen, dass Schüler sich nicht nur ihres Verstandes bedienen, sondern dass sie sich auch mit ihren unterschiedlichen Sinnen, mit ihren Gefühlen, ihrer Phantasie und Kreativität oder auf andere unkonventionelle Weise dem Lernstoff nähern, um eben wirklich eine persönliche Erfahrung damit machen zu können.

Reflexion: Die Reflexion entspricht dem Grundbegriff der Unterscheidung und stellt den Dreh- und Angelpunkt Ignatianischer Pädagogik dar. Erst wenn Schüler gelernt haben, ihre Erfahrungen zu reflektieren, und wenn sie gelernt haben, zu unterscheiden, was an diesen Erfahrungen gut oder schlecht bzw. wichtig oder unwichtig ist, können sie sich eine eigene Meinung bilden und zu fundierten Überzeugungen gelangen.

Beim Reflektieren ist es wichtig, dass die gemachten Erfahrungen wiederholt aufmerksam geprüft und untersucht werden. Nicht das rasche Urteilen, sondern erst ein ausführlicher Prozess der Auseinandersetzung mit der Komplexität eines Ereignisses oder eines Sachverhalts erschließt den tieferen Sinn einer Erfahrung. Aufgabe des Lehrers ist es, Fragen zu formulieren, die die Schüler dazu bewegen, „die Sichtweisen anderer, insbesondere der Armen, zu überdenken".[4] Dabei ist er stets bedacht, die Schüler nicht für seine eigene Sichtweise zu vereinnahmen, sie also zu indoktrinieren oder zu manipulieren. Ganz im Gegenteil, der Prozess der Reflexion hat stets „unter voller Berücksichtigung der Freiheit der Lernenden"[5] zu geschehen, auch auf die Gefahr, dass sich Schüler für ichbezogenes Handeln entscheiden. Die Kombination von regelmäßiger eigenständiger Reflexion und anschließendem gemeinsamem Austausch der Schüler mit dem

---

4 Vgl. ebd., S. 55.
5 Ebd., S. 56.

Lehrer oder noch besser untereinander soll dazu führen, Erfahrungen besser zu verstehen und infolgedessen mehr zu Menschen für andere und mit anderen zu werden, die nach „dem Sinn des Lebens suchen und persönliche Entscheidungen"[6] treffen.

Handeln: Der Prozess von Erfahrung und Reflexion mündet idealerweise in neuem Handeln. „So wie ignatianische Reflexion mit der Realität der Erfahrung beginnt, so endet sie notwendigerweise mit der gleichen Realität, um sie zu beeinflussen".[7] Allerdings wird nicht beliebiges Handeln angestrebt – nach dem Motto: Hauptsache etwas getan –, sondern ein Engagement, das sich in Freiheit nach dem ignatianischen *magis* ausrichtet, nach der größeren Ehre Gottes, dem größeren inneren Wachsen und der Hinwendung zur größeren Not.

Handeln können Schüler auf zwei Ebenen: Zum einen sollen sie aktiv daran mitwirken, dass sich ihre innere Haltung ändert bzw. entwickelt. Erstrebenswert ist es, zu immer offeneren, freieren, dankbareren und liebenswerteren Menschen zu werden. Zum anderen sind sie eingeladen, ihre neuen Überzeugungen in die Tat umsetzen, nicht nur für ihr eigenes je besseres Vorankommen, sondern mehr noch zum Wohl von Kleineren und Schwächeren, zum Wohl von Armen und anderen Benachteiligten. Die Rolle des Lehrers bei diesem Schritt ist im Wesentlichen zurückhaltender Natur. Er beschränkt sich in verschiedensten Situationen darauf, den Schülern durch sein eigenes Handeln ein verlässliches und nachahmenswertes Beispiel zu geben. Weil Handeln eine so identitätsstiftende Wirkung hat, gilt der Satz: Beim Packen des Rucksackes kann ich dir helfen, tragen musst du ihn selbst.

Auswertung: Der Dreischritt *Erfahrung – Reflexion – Handeln* kann im Prinzip beliebig oft wiederholt werden, denn alles Handeln führt zu neuen Erfahrungen, die wieder reflektiert werden ... Dennoch ist es wichtig, diesen Prozess auch zu unterbrechen bzw. gegebenenfalls abzuschließen, indem man ihn auswertet. Auswertungen in der Schule und im Unterricht finden im Rahmen von Lernkontrollen, Klassenarbeiten, Referaten, Berichten etc. statt. Ignatianische Pädagogik strebt allerdings eine umfassendere Auswertung an, indem sie

---

6 Ebd., S. 58.
7 Ebd., S. 60.

sich regelmäßig „um das abgerundete Wachstum der Schüler zu Menschen für andere"[8] sorgt. Dabei werden unterschiedliche Methoden der Fremdeinschätzung und Eigenbewertung herangezogen. Aufgabe des Lehrers ist es, den Einzelnen je nachdem zu loben, zu ermutigen oder zu tadeln bzw. ihn anzuregen und darauf zu achten, dass der Schüler in seiner Entwicklung nicht stehen bleibt, sondern nach neuen Herausforderungen sucht und weiterhin nach dem *magis* strebt. Auch hier spielt die Vorbildfunktion eine entscheidende Rolle: Schüler nehmen Beurteilungen umso ernster bzw. sich umso mehr zu Herzen, wenn auch Lehrer als Einzelne und die Schule im Ganzen sich der Evaluation stellen, mit dem Ziel, insgesamt besser zu werden und mehr zu ermöglichen.

Mehr lieben und mehr leben

Eine MEINUNG haben ist nötig, aber nicht genug. Die Exerzitien, also die Geistlichen Übungen des Ignatius von Loyola, gipfeln in der Aussage: *Die Liebe muss mehr in die WERKE als in die WORTE gelegt werden.*[9] Der Bildungsprozess der Geistlichen Übungen muss demnach von der Ein-Bildung zur Aus-Bildung, vom Ein-Üben zum Aus-Üben übergehen. Das bedeutet: Die Liebe, die einer in den Exerzitien empfangen hat und die ihn durchdrungen, gestärkt, geformt und gewandelt hat, diese Liebe drängt danach, getan und ins Werk gesetzt zu werden. Mit dieser letzten Betrachtungsübung, der Betrachtung, um Liebe zu erlangen, fasst der Übende die Zeit der Stille und des Gebets quasi zusammen, um ausgehend davon sein Leben und seinen Alltag zu gestalten. Man könnte auch sagen, dass der Übende den Exerzitien etwas abgerungen hat. Er hat für sich eine neue Einsicht gewonnen, aufgrund derer er nun bereit ist, eine Entscheidung zu treffen und in Freiheit zu handeln. Die Einsicht lautet: Du darfst mehr lieben und mehr leben, du darfst mehr Liebe und mehr Leben schenken.

---

8 Ebd., S. 64.

9 Geistliche Übungen 1998, in: Ignatius von Loyola: Gründungstexte der Gesellschaft Jesu. Übers. v. Peter Knauer (= Deutsche Werkausgabe II.), Würzburg, S. 230.

Analog gilt das auch für Schüler, die den Bildungsprozess einer ignatianisch geprägten Schule, des Unterrichts, eines Praktikums oder eines Projektes durchlaufen haben. Auch sie haben auf ihre Weise Wissen und Weisheit, Erfahrungen und Kompetenzen empfangen, ließen sich von ihnen bilden, durchdringen, stärken, formen und wandeln. Auch sie werden ermutigt, das, was sie liebgewonnen haben, immer mehr zu verwirklichen, immer mehr Realität werden zu lassen, für andere und mit anderen. Und auch sie wachsen und reifen und werden immer mehr und immer weiter unter dem Zuspruch: Du darfst mehr lieben und mehr leben, du darfst mehr Liebe und mehr Leben schenken.

Mehr lieben, das bedeutet für Schüler zunächst, dass sie sich als von Gott und ihren Mitmenschen geliebt und angenommen erfahren dürfen. Ausgehend davon ist es ihnen möglich, die „Dinge", die sie empfangen haben, mehr und mehr einzustudieren und auszuprobieren, sich einzuüben in ihr Wissen und Können sowie in ihre Fähigkeiten und Eigenschaften.

Zugleich sind sie eingeladen, dies auch auszuüben, indem sie das Gute, Wahre und Schöne verinnerlichen und es anderen in Wort und Tat mitteilen. Sie greifen aus Liebe nach den Sternen, wenn sie nicht allein für sich und ihr eigenes Vorankommen streben, sondern nach der größeren Ehre Gottes, die untrennbar mit der Nächstenliebe zusammenhängt und ihren Ausdruck findet in der Solidarität mit den Notleidenden und im größeren Einsatz für die Mitmenschen. Soll die Liebe mehr in die Werke als in die Worte gelegt werden, bedarf es zuletzt der *discreta caritas*, der klugen Liebe, die den Schülern hilft, bei ihrem Handeln weder in übertriebenen Aktionismus bzw. erhitzten Übereifer zu verfallen noch in erkaltete Routine bzw. leidenschaftslose Gleichgültigkeit zu geraten.

Mehr leben, das bedeutet für Schüler eine gewandelte und veränderte innere Haltung gegenüber der Realität und ihrem Dasein als Ganzem: Sie sind interessierter an den Phänomenen, Abläufen und Zusammenhängen der natürlichen Dinge, sie sind wacher für die Fragen, Probleme und Herausforderungen ihrer Zeit, sie sind aufmerksamer für die Würde und Einzigartigkeit ihrer Mitmenschen, für deren Fähigkeiten und Freuden, ihre Bedürfnisse und Nöte. Mehr zu leben, zielt darauf, nicht allein quantitativ, sondern vor allem qualitativ mehr zu er-leben; also auf intensivere Art und Weise Lebensfreude und Heiterkeit, Offenheit und Freiheit, Vitalität und Zukunft zu erfahren, diese anderen mitzuteilen und anderen ebenfalls zu ermöglichen.

Mehr zu leben, impliziert auch ein Weniger an Stress, Leistungsdruck und Konkurrenz, um befreiter aufspielen zu können und dem Leben und dem, was es bringt, freier und offener zu begegnen. Schließlich werden sie mehr leben und er-leben, wenn sie nach der *cognitio interna*, der inneren Erkenntnis streben und in allem danach suchen und fragen, was hinter den Dingen steht, was sie zuinnerst zusammenhält, wozu sie geschaffen wurden und wofür sie bestimmt sind. In diesem Sinne zielt die erste und letzte Frage nach dem Leben auf Gott, den Schöpfer, Bewahrer und Vollender allen Lebens, der in Jesus Christus den Menschen ewiges Leben verheißen, angeboten und geschenkt hat.[10]

Ein besonders eindrückliches Beispiel dafür, wie Meinungsbildung zum Handeln führt, ereignete sich kürzlich an einer Jesuitenschule. Der Schulseelsorger teilte den Abiturienten mit, dass einer ihrer Mitschüler an Anämie erkrankt sei. In einem Schreiben informierte er über die Krankheit, über deren Gefahren sowie über die Möglichkeit, diese mithilfe einer Knochenmarkspende zu heilen. Er klärte die Schüler darüber auf, dass jeder helfen könne, indem er sich typisieren und gegebenenfalls Blut abnehmen lässt, aus dem dann Stammzellen des Knochenmarks extrahiert werden. Seinen Aufruf zur Hilfe beendete er mit den Worten: „Auch wenn es unter euch keinen passenden Spender für euren Mitschüler geben sollte, so wartet doch vielleicht irgendwo auf der Welt ein anderer verzweifelter Mensch, dem ihr sein Leben schenken könnt. Deswegen ... bitte, registriert euch und lasst euch typisieren!" Einige Schüler und auch einige Lehrer haben sich diesen Aufruf zu Herzen genommen – wie viele genau und mit welchem Erfolg, das ist nicht bekannt, aber vielleicht ist das in diesem Fall auch ganz gut so, denn Handeln, das mehr Liebe und mehr Leben begünstigt, lässt sich häufig nicht messen.

---

10 Görtz, Philipp 2014: Ignatianische Schulpastoral. Anregungen für eine spirituelle Praxis an konfessionellen Schulen, Würzburg, S. 107 ff.

„Nur wer Verantwortung lernt, kann sie auch übernehmen"

Jürgen Leide

Schule steht vor der Aufgabe, in ihren Schülern das Verantwortungsgefühl für sich und andere zu wecken. Das bestehende Machtgefälle zwischen Lehrer und Schüler bringt die Versuchung mit sich, Schüler diesem Ziel entsprechend zwingend „formen" zu wollen. Genau das macht ihn jedoch pädagogisch und menschlich zum Verlierer. Die „Kuschelanstalt" kann aber auch keine Lösung sein. Um im Schüler selbstverantwortliche Prozesse in Gang zu setzen, müssen Lehrer ihre Rolle ganz neu definieren.

„Denk' dran, Hausaufgaben sind wichtig, damit du für die Klassenarbeit gut vorbereitet bist!"
„Lass Sarah in Ruhe und benimm dich anständig!"
„Finger weg vom Handy, pack es endlich in den Ranzen!"

Vermutlich ließe sich die Liste solcher Äußerungen im schulischen Miteinander von Lehrern mit ihren jeweiligen Schülern beliebig verlängern. Erziehung findet in Schule oft auffordernd und im Imperativ statt: „Tu das, lass jenes, du sollst, mach nicht!" Lehrer erhoffen sich in den vielfältigen Situationen des Schulalltags vom Appellieren an die Einsicht und das Verstehen des Schülers meist zugleich seine Bereitschaft zur Veränderung und zur Mitverantwortung. Dabei ist der Ton oder die Anzahl der Aufforderungen kein Garant dafür, dass die erhoffte Wirkung sich einstellt. Im Gegenteil. Die vielen kleinen Alltagssituationen, die es in Schule ständig und letztlich vor allem über den verbalen Weg miteinander zu regeln gilt, können zermürbend sein, enorm viel Kraft kosten und mitunter das Gefühl auslösen: „Ich rede hier an eine Wand, ich kann reden, soviel ich will, Schüler sind resistent, wenn es darum geht, ihre eigene Verantwortung ernst zu nehmen." Analog zu dem Individualpsychologen Rudolf Dreikurs, der im Zusammenhang solcher Appell-Erfahrungen von Eltern mit ihren Kindern den Begriff „muttertaub" geprägt hat, könnte man im Kontext Schule von „lehrertaub" sprechen.

Ich möchte hier keine Utopien aufzeichnen – ohne Appelle und auch pädagogische Stoßseufzer wird wohl keine Lehrerlaufbahn auskommen. Sie sind ja auch Ausdruck des Engagements für Schüler, ihre Entwicklung oder für das Gelingen ihres Weges. Doch für das Anliegen, dass Schüler ihre Mitverantwortung ergreifen, sind Appelle meist der falsche Weg. Der Schlüssel zu Verantwortungsbewusstsein und zum aktiven Mitgestalten von Schule sind Erfahrungen, die die Schüler selbst machen können. Dazu braucht es einen klaren Rollenwechsel seitens der Lehrkräfte – und damit auch der Schüler. Pädagogisches Handeln kann Mitverantwortung wecken, wenn es zu einem dialogischen Prozess zwischen Lehrer und Schüler kommt. In Analogie zu dem bekannten Sprichwort lässt sich formulieren: „Reden ist Silber, Erfahrungen machen lassen ist Gold." Doch welche Art von Erfahrungen? Wie sich das konkret gestalten kann, zeige ich an drei Beispielen.

Damit klar wird, welche Fallen so manch unreflektierter Umgang mit Schülern hat, werfe ich zunächst den Blick auf Situationen, in denen Erfahrungen „erzwungen" werden bzw. eine falsche Rollenverteilung von Lehrern und Schülern vorherrscht.

Mitverantwortung wecken

„Kritisieren, Meckern, Nörgeln, Predigen oder Belehren wirkt wie Dünger auf Unkraut: Das Unkraut sprießt"[1] – ein schönes Bild, das so manches Drama im Klassenraum oder auf dem Schulflur beschreibt.

„Genug geredet, jetzt sollen Taten sprechen!" – Auf diesem Hintergrund könnte einem Schüler mit disziplinarischen Mitteln deutlich gemacht werden: „Wer nicht hören will, muss fühlen!" Dann gibt es für die nicht gemachte Hausaufgabe eine entsprechende Zensur, das ruppige Verhalten gegenüber Sarah zieht Nachsitzen

---

1 Hennings, Barbara / Niemöller, Gisela [2]2009: Ermutigen statt kritisieren, Freiburg, S. 44.

oder Sozialstunden nach sich, das Handy wird einkassiert usw. In solch scheinbar konsequenten Vorgehensweisen, was in Lehrerkollegien oft eingefordert wird, lässt sich schnell „ein gewisses Etwas" spüren, das anders ausgedrückt heißen könnte: „Dir werde ich es zeigen, so geht es ja nun nicht!" Solche Handlungsweisen tragen schon im Kern die Struktur eines Machtkampfs in sich, die den „unartigen Schüler" letztlich bezwingen oder gar besiegen wollen.

„Dumm" ist in diesem Zusammenhang nur: Kein Mensch, auch kein Schüler, lässt sich gerne zwingen oder gar besiegen. Äußerlich mag es dem Lehrer vielleicht für den aktuellen Moment gerade noch gelingen, den Schüler, der ja im System praktisch am kürzeren Hebel sitzt, auf solche Weise zu „besiegen". Aber das sind Pyrrhussiege. Denn innerlich gewinnt in solchen Situationen ein Schüler über seine Lehrer. Lehrer sind in Auseinandersetzungen solcher Art die Verlierer – pädagogisch und menschlich. Wenn im Machtgefälle von oben nach unten gehandelt wird, wenn „Erfahrungen machen" bedeutet, bestraft zu werden oder mit dem Erleben von „kleiner-gemacht, gedemütigt- oder beschämt-Werden" einhergehen, ernten Lehrer sozusagen als Frucht ihres Handelns meist kontraproduktive Reaktionen der Schüler.

Ergebnisse von Sanktionierungsmaßnahmen sind oft ganz typische Verhaltensmuster. Da gibt es Schüler, die erst recht auf stur schalten: „Na warte, das nächste Mal werde ich es dir heimzahlen." *Rache* kann ein Hauptbedürfnis sein, das zurückbleibt. Wieder andere zeigen *Ressentiments*, sie fühlen sich unfair behandelt und in ihrem Misstrauen und Vorbehalten gegenüber Lehrern bestätigt: „Man kann Lehrern nicht trauen, sie tun nur so." Wieder andere *ziehen sich zurück*: Sie verweigern zukünftig noch mehr die Kooperation, sie entziehen sich sozusagen innerlich und äußerlich noch mehr, soweit es ihnen möglich ist. Oder sie planen im *Rückzug* noch grimmiger: „Das nächste Mal lasse ich mich von dir einfach nicht mehr erwischen." Und schließlich gibt es auch Schüler, die in *Rebellion* gehen: „Ich werde genau das Gegenteil von dem tun, was du willst." Mit dieser Devise verstricken sie Lehrer von einem Machtkampf zum nächsten.

Was sich in diesen „4 R" des Strafens[2] zeigt: Sanktionen allein führen nicht weiter – sondern kappen vielmehr die Kooperation und
Mitverantwortung der Schüler. Aber das heißt nicht, dass sich
Schule nur als Raum von guten Erfahrungen zeigen soll – praktisch
als „Kuschelanstalt".

Entscheidend ist das pädagogische Handeln, nicht das pädagogische Denken

„Schüler lernen durch Erfahrung." Dieser Satz von Rudolf Dreikurs
ist bewusst offen formuliert: Erfahrungen sind nicht nur positiv und
freudenvoll, sondern eben auch unangenehm oder negativ. Beide
Konnotationen können junge Menschen weiterbringen. Es ist auch
nicht die Aufgabe von Eltern oder Pädagogen, solche Erfahrungen
wie Steine aus dem Weg zu räumen. Entscheidend ist nicht die Be-
schaffenheit der Erfahrung, sondern die Grundatmosphäre, in der
der Schüler sie machen und deuten kann.

Respekt und Wertschätzung sind dabei die Schlüssel zur Tür
sinnvollen pädagogischen Handelns mit dem Ziel, die Mitverantwortung von Schülern zu gewinnen, denn erzwingen kann man
sie nicht.

Diese Schlüssel sind als Haltung sowohl von Schüler- als auch von
Lehrerseite her notwendig, erst dann können sie ihre öffnende Kraft
entfalten. Alles andere zieht ein einseitiges Beziehungsgefälle nach
sich. Entweder wie weiter vorn beschrieben das des mächtigen Lehrers und ohnmächtigen Schülers, der sich aber im Grunde häufig als
der mächtigere entpuppt. Oder im anderen Fall das des mächtigen
Schülers und des (endgültig) ohnmächtigen Lehrers. Beides macht
pädagogisches Handeln wirkungslos und führt es ad absurdum.

„Ich sprach nicht mehr zu den Kindern, sondern mit den Kindern", sagte der polnische Arzt, Kinderbuchautor und Pädagoge
Janusz Korczak. In dieser Aussage spiegelt sich auch (s)ein pädagogischer Wandlungsprozess wider, der auch sein verändertes

---

0 Die Individualpsychologie spricht von den „4 R" des Strafens, die als Folge einer
Sanktionierung oder Disziplinierung erwartet werden können.

Verhältnis zu seinen Schülern (Kindern) zum Ausdruck bringt. Dies hatte konkrete Auswirkungen auf die Gespräche und Begegnungen mit ihnen. Wachsender „Respekt und Wertschätzung" führen in der Konsequenz zu einer dialogischen Weise des Sprechens mit den Schülern auf Augenhöhe.[3] Wodurch zeichnet sich diese aus? Was das bedeutet, zeige ich Ihnen am Beispiel von Friedrich.

Dialogische Gesprächsführung – lernen, Verantwortung zu übernehmen

Friedrich[4], 8. Klasse, fiel seit Klassenstufe 5 durch aggressives Verhalten gegenüber seinen Mitschülern auf. Er konnte anderen das Leben schwer machen – und die Klasse machte es ihm im Gegenzug auch nicht leicht. Vor allem die Jungs der Klasse und er „spielten" abwechselnd nach dem Muster: „Austeilen und Einstecken".

Die Situation spitzte sich so zu, dass der Klassenlehrer zusammen mit Friedrich zum Gespräch zu mir als Pädagogischem Leiter der Schule kam. Es war auffallend, dass Friedrich eingeschüchtert vor mir saß und keinen Blickkontakt aufnehmen oder aushalten konnte. Die folgende kommentierte Gesprächssequenz soll der Veranschaulichung meiner pädagogischen Intervention dienen.

Eingangsfrage: „Friedrich, was ist deiner Meinung nach der Grund, warum wir hier zusammen sitzen?"

Friedrich weicht aus, schaut zur Seite, äußert bruchstückhaft, achselzuckend: „Ich weiß nicht." Seine Verweigerung war spürbar.

Schnell wurde deutlich, dass dieses Setting (ein Schüler sitzt zwei Erwachsenen, seinem Klassenlehrer und dem Pädagogischen Leiter, gegenüber) keine Hilfe für ihn sein würde, um sich öffnen zu können. Zugleich war klar, es braucht Friedrichs Offenheit, es

---

3 Im schulischen Erziehungskonzept KidS („Kess erziehen in der Schule") ist von „Freundlichkeit und Festigkeit" als innere Haltung des Lehrers gegenüber seinen Schülern die Rede, um pädagogisch wirksam handeln zu können und Mitverantwortung der Schüler zu wecken. Siehe: www.kess-erziehen.de

4 Name geändert.

braucht ihn mit im Boot, damit er selbst beginnt, an sich und seinem Verhalten zu arbeiten. Maßregelungen oder Strafandrohungen führten schon in den vergangenen Schuljahren nicht weiter, sie liefen weitestgehend erfolglos ins Leere. Für Friedrich war dies alles auch nicht neu, schon oft genug hatte er sich Maßregelungen anhören müssen und Verhaltensbesserung versprochen.

Im Gespräch entschloss ich mich für einen Perspektivwechsel: „Friedrich, ich versuche mal, mich in dich hineinzuversetzen. – Und wenn ich das mache, dann könnte ich mir vorstellen, dass das jetzt auch eine schwierige Situation für dich ist. Du sitzt zwei Erwachsenen gegenüber, deinem Klassenlehrer, mit dem du zusammen zu mir, dem Pädagogischen Leiter der Schule, kommen musstest. Das ist ja nicht so ganz ohne und eine große Herausforderung."

Damit Friedrich die Situation annehmen und „im Gespräch innerlich ankommen" konnte, brauchte es zunächst das ernst gemeinte „Verstehende Zuhören". Gleichzeitig muss dieses „Verstehen Wollen" in der Art und Weise, wie ich mit ihm spreche, für ihn spürbar werden. Nicht die Kritik, der Vorwurf oder Appell oder gar die Anklage sollten im Vordergrund stehen (und wenn sie scheinbar noch so berechtigt zu sein schienen), sondern die Absicht, den Schüler zu verstehen.

„Friedrich, ich mache dir jetzt einen Vorschlag, weil ich diese Situation als eine Zumutung für dich empfinde. Wir lassen das Gespräch heute sein und setzen uns morgen nochmals zusammen. Mir geht es nicht darum, dich zu reglementieren oder dir Vorwürfe zu machen. Ich würde gerne mit dir über die Situation in der Klasse und deine Rolle sprechen und mein erstes Anliegen ist es zu verstehen, was da in eurer Klasse abläuft und was deine Rolle dabei ist. Für heute lassen wir es und es ist für mich auch völlig in Ordnung, dass es gerade so war, wie es jetzt war. Du musst hier jetzt nicht mit einem schlechten Gefühl rausgehen. Ich bitte dich einfach, dir bis morgen zu überlegen, worüber du mit mir bezüglich der eskalierenden Situation in der Klasse sprechen kannst oder möchtest. Da dein Klassenlehrer morgen bei dem Gespräch nicht dabei sein kann, frage ich dich, ob es für dich in Ordnung ist, wenn du mit mir alleine sprechen würdest?"

Es war deutlich spürbar, dass Friedrich etwas von seinem Druck wegkam. Er willigte ein und wollte am nächsten Tag alleine kommen.

Er kam am nächsten Tag pünktlich zur vereinbarten Zeit und schon beim Setzen fiel mir auf, dass er meinen Blickkontakt aufnehmen und erwidern konnte.

Ich fragte ihn zunächst, was ihn denn seit gestern bzgl. der Klasse beschäftigt habe, worauf er mir aber auch wieder eher ausweichend, vage und allgemein antwortete.

Erneut fragte ich ihn nach seiner Sicht auf die Situation in der Klasse. Daraufhin begann sich Friedrich sehr schnell über seine Mitschüler zu beklagen, die unfair und ungerecht mit ihm umgingen. Ich ließ ihn zunächst viel erzählen und fragte interessiert nach. Ich bat ihn um konkrete Beispiele und stellte seine vermeintliche Opferrolle nicht infrage. Eher fragte ich ihn, wie es ihm in solchen Ärgernissen erging, was diese in ihm auslösten und gab ihm den Raum, seine Sicht auf die Situation („Ich bin das Opfer") zu entfalten. An manchen Stellen seiner Erzählungen war er den Tränen nahe. Erst als ich den Eindruck hatte, dass er sich wirklich in ausreichendem Maße ausgesprochen und ich ihn in diesem Erleben auch wirklich hinreichend gewürdigt hatte, wechselte ich die Gesprächsperspektive.

„Friedrich, wenn ich mich in dich hineinversetze, dann glaube ich, dass du eine ganz belastende Zeit in dieser Klasse hinter dir hast. Das habe ich verstanden. Dem will ich nichts wegnehmen. Nun ist es so, dass wir ja so allgemein wissen, dass dort, wo es Konflikte gibt, meist zwei Seiten dazu gehören. Wir sagen ja schon im Volksmund: „Zum Streiten gehören immer zwei. Wenn wir das mal ernst nehmen, Friedrich, was glaubst du, ist denn dein Anteil an dieser Situation?"

Friedrich räumte ein, dass er sehr schnell wütend werde und mit dieser Wut kaum umgehen könne. Die Klasse wisse auch, wie sie ihn treffen könne und bei ihm brenne dann eben die Sicherung durch.

Ich: „Was denkst du denn, wie du mit solchen Situationen zukünftig umgehen könntest?"

Es war ihm schnell klar, dass es für ihn gut wäre, nicht mehr so auszurasten, und dass er hier wirklich an sich arbeiten wolle. Er überlegte, sich zukünftig nicht mehr so provozieren zu lassen und solchen Situationen auch konkret auszuweichen. Zugleich hatte er die Befürchtung, dass er das ohne Unterstützung nicht schaffen würde. „Welche Unterstützung brauchst du dafür, oder wer könnte dich unterstützen?"

Für Friedrich lag es sofort auf der Hand, dass er dafür paradoxerweise die Klasse bräuchte, von der er zugleich befürchtete, dass diese dann seine Schwäche erst recht ausnutzen würde. Andererseits war ihm auch klar, dass die Klasse um seine Schwäche ja schon seit langem unausgesprochen wusste, denn genau diese Schwäche wurde oft herausgefordert.

An dieser Stelle des Gesprächs begann Friedrich immer persönlicher und offener von sich zu sprechen: Er fühle sich grundsätzlich einsam und isoliert, habe keine Freunde und wisse auch nicht so recht, wie er Freunde für sich gewinnen könne. Er erzählte offenherzig von seiner Familie und den Schwierigkeiten, auch außerhalb der Schule Freunde zu gewinnen.

In unserem Gespräch wurde immer klarer, dass es ein Gespräch mit der Klasse bräuchte, vor dem er aber große Angst hatte. Die Brücke war schließlich für ihn, dass ich in diesem Gespräch als sein Anwalt mit dabei sein würde, ohne jedoch sein Sprachrohr zu sein.

Friedrich verstand auch, dass ich die Konflikte im Gespräch mit der Klasse nicht schönreden würde und auch seinen Anteil an den Konflikten zur Sprache kommen lassen würde, ebenso wie seine Herausforderung, Verantwortung für sein eigenes Verhalten zu übernehmen.

Abschließend sicherte er mir zu, dass er zukünftig Konfliktsituationen bewusster ausweichen wolle.

Friedrich hatte im Laufe des Gesprächs sein vorherrschendes Muster, sich ausschließlich als Opfer zu sehen und die anderen anzuklagen, verlassen. Im weiteren Verlauf des Klassengesprächs und in der Folgezeit zeigte sich bei ihm ein nachhaltiger Entwicklungsprozess.

Es ist nie ganz leicht, das dynamische Geschehen einer lebendigen wechselseitigen Beziehungs- und Gesprächssituation ins Wort zu bringen. In den Gesprächen mit Friedrich und der erzieherischen Arbeit mit Jugendlichen zeigt sich mir immer wieder neu: Die Voraussetzung, dass ein Schüler sich öffnet und die Bereitschaft entwickelt, selbstverantwortlich an sich zu arbeiten, ist das verstehende Zuhören sowie das verstehende Konfrontieren. Nur das verstehende Zuhören *und* das auf persönliche Wachstumsherausforderungen bezogene verstehende Konfrontieren können selbstverantwortliche Prozesse im Schüler in Gang setzen.

Es geht also nicht primär darum, Schülern zu sagen, was sie richtig und falsch machen und wo sie sich ändern müssten. Auch wenn es die Sicht des Lehrers als Spiegel, als Feedback und Herausforderung zum Wachsen braucht, kann er die Selbstverantwortung des Schülers nur dann stärken, wenn er neben ihm zum Fragenden wird, jedoch nicht, wenn er sich als Wissenden über ihn stellt.

„Was ich dir immer schon mal sagen wollte ..." – Erlebnispädagogik: Feedback durch Peergroup

Eine weitere erzieherische Kraft für den Weg zu Mitverantwortung wird allzu oft unterschätzt – und ist doch immens wichtig: Die gleichaltrige Gruppe, die Mitschüler. Gerade auch angesichts der Tatsache, dass viele Schüler heutzutage als Einzelkinder aufwachsen, kann die Chance nicht hoch genug eingeschätzt werden, die Gleichaltrige füreinander sein können. Die Peergroup kann für Jugendliche auf dem Weg zur Identitätsfindung von zentraler Bedeutung sein.

Auf diesem Hintergrund führen wir am St.-Benno-Gymnasium seit Jahren das „Project Adventure", ein erlebnispädagogisches Projekt, durch. Auch Schüler müssen Dialogkompetenz erst noch erlernen, üblicherweise gehen sie nicht gerade zimperlich miteinander um, wenn sie mit dem Verhalten anderer nicht einverstanden sind, und in eher milden Situationen gilt meist: „Nichts gesagt ist genug gelobt." Sie sind oft nicht gewohnt, sich auf positives Verhalten ermutigende Rückmeldungen zu geben, und können nach Max Frisch noch lernen, „Man sollte die Wahrheit dem anderen wie einen

Mantel hinhalten, sodass er hineinschlüpfen kann, und ihm nicht wie einen nassen Fetzen um die Ohren schlagen."

„Project Adventure" wurde in den USA entwickelt und geht auf die Ideen des deutschen Pädagogen Kurt Hahn zurück. Das gesamte Programm für eine Klasse besteht aus vier Projekttagen von jeweils sechs bis sieben Unterrichtsstunden, an denen sogenannte „Wellen" durchgeführt werden, das sind Abenteueraktivitäten mit gründlicher Vor- und Nachbereitung. Solch eine „Welle" kann bei vertrauensvoller Zusammenarbeit in der Klasse von allen Schülern bewältigt werden. Die einzelnen Aktivitäten fordern sowohl den Einzelnen (z. B. die Aktivität „Gehaltene Leiter") als auch die gesamte Klasse (z. B. die Aktivität „Säureteich") zu Reflexion und Wachstum heraus. Wachstumsrichtungen sind Entfaltung der individuellen Persönlichkeit und Entwicklung der Klassengemeinschaft.

Dabei geht es nur vordergründig um abenteuerliche Erlebnisse oder gar den Kitzel beim Klettern, beim Bewältigen von scheinbar komplizierten sportlichen Herausforderungen, einem Sprung ins Trapez oder dem Sich-Fallenlassen aus einer gewissen Höhe in die Arme der Gruppe. Viel entscheidender ist die reflektierte Vorbereitung (Briefing) und Nachbereitung (Debriefing) einer „Welle", das Sprechen über die jeweiligen Herausforderungen sowie die Auswertungen und Deutungen des Einzelnen und in der Gruppe.

Um Schwierigkeiten und Aufgaben zu bewältigen, die sich die Schüler alleine nicht zutrauen, müssen sie sich gegenseitig helfen. Gleichzeitig müssen auch Schüler, die sich fast alles zutrauen, ihre Grenzen und Schwächen erkennen.

Diese Erfahrungen, die Schüler mit sich selbst und miteinander machen, führen anschließend in eine Reflexion, bei der die Klasse über die Herausforderung, die Auswertungen sowie die Deutungen des Einzelnen und der Gruppe spricht.

Dabei wird gerade die Art und Weise des Austausches in den Auswertungen besonders beachtet: Es geht um die Qualität von Wertschätzung, um Respekt, der im Dialog spürbar werden soll, selbst wenn es sich um kritische Rückmeldungen handeln sollte. Genau das fördert sowohl Selbstwahrnehmung als auch Selbstverantwortung, indem es die Wahrnehmung der Bedeutsamkeit des eigenen Verhaltens und Beitrages zum Wohl aller in der Klasse deutlich macht.

Dies alles kann nur erfolgen in einem Klima der emotionalen Sicherheit und des Vertrauens in die Gruppe, das oft reflektiert und eingeübt werden muss. Große Bedeutung hat in diesem Zusammenhang der Selbstverpflichtungsvertrag, zu dessen Einhaltung und Achtung sich die Teilnehmer zu Beginn des Projektes verpflichten. Er enthält vier Punkte, die auf einem Regenschirm notiert sind und von allen (Schülern und Lehrern) unterschrieben werden. Der Regenschirm steht sinnbildlich für den gegenseitigen Schutz, auf den sich alle durch ihre Unterschrift verpflichten. Er ist bei jeder Abenteuerwelle präsent und umfasst folgende Punkte:

1. Sicherheit geht vor.
2. Jeder hilft jedem.
3. Verhalten ändern.
4. Helfende Kritik.

Der hohe Verpflichtungscharakter dieses Wertevertrages schafft von Anfang an Verantwortungsbewusstsein für die individuelle Persönlichkeitsentwicklung sowie die konstruktive Weiterentwicklung der Klassengemeinschaft. Die Schüler vereinbaren, sich bei allen Abenteuerwellen aktiv einzubringen und sich füreinander verantwortlich zu zeigen. Er fördert die Entwicklung einer Reflexions- und offenen, wertschätzenden Feedbackkultur sowie das Einüben von Kritikfähigkeit. Dabei sollen die Schüler lernen, sich selbst oder andere nicht abzuwerten („no put downs"). Dazu gehört auch, sich selbst und gegenseitig in einer wertschätzenden Haltung zu beobachten und aus dieser Haltung heraus sich ehrlich Rückmeldung zu geben. Es entsteht so eine Atmosphäre gegenseitiger Verantwortung – für sich selbst und füreinander.

Jugendliche erleben durch diesen Prozess ihre Fähigkeiten und Stärken sowie ihre Grenzen bewusster und werden angeleitet, diese zu reflektieren und in ihr Selbstbild zu integrieren. All dies geschieht in einer (scheinbar) absichtslosen, spielerischen Weise eines „learning by doing", ohne dass auf die Ernsthaftigkeit der Auswertungsprozesse und Ergebnisse verzichtet wird.

Die Rolle des Lehrers als Moderator

Natürlich kommt es öfter mal zu kleineren und größeren Krisen, in denen sich alltägliche Verhaltensweisen auch in Project Adventure zeigen: Unaufmerksamkeit, „Null Bock", Launenhaftigkeit, Desinteresse, Passivität. Doch die Rückmeldung erfolgt dann unmittelbar durch die Gruppe oder den fehlenden Erfolg in der Gruppenaktivität. Schüler machen innerhalb der Schule Erfahrungen mit sich selbst, die sie nicht wegdrängen können mit Aussagen wie: „Das betrifft nur die Schule oder nur ein Fach, das ich nicht mag!", sondern ihre eigenen Stärken und Schwächen und ihren Umgang mit anderen.

Fast immer spiegeln sich in Erlebnispädagogik Verhaltensweisen und -muster wider, die auch im ganz normalen Schulalltag beobachtet werden können. Durch die Reflexion der Abenteueraktivitäten werden einzelne und Klassen jedoch auf „ihre" Muster wie von selbst aufmerksam und lernen, bewusst und gezielt damit umzugehen. Die einzelnen Aktivitäten wiederum können auch helfen, neue Verhaltensweisen einzuüben.

Entscheidend dabei ist die Rolle des Lehrers: Er ist allenfalls Mediator, nicht aber bestimmendes und anführendes Element innerhalb dieses Prozesses. Dabei ist es keineswegs seine Aufgabe, die Schüler auf Fehlverhalten oder Wachstumsrichtung aufmerksam zu machen. Er ist Moderator des Prozesses und muss sich in der Deutung des beobachteten Schülerverhaltens zurücknehmen. Dazu gehört dann auch, Schüleraktivität zuzulassen mit all den Fehlern, die passieren können. So können sie lernen, Verantwortung für sich und ihre Klasse zu übernehmen. Schüler merken innerhalb dieser Aktivitäten sehr viel schneller und direkter, welche Konsequenzen ihr Fehlverhalten oder ihr mangelnder Einsatz hat, und werden darin oft von der Gruppe korrigiert.

Den Wert der Erfahrung müssen sich also die Schüler selbst aus der vor- und nachbereitenden Reflexion erarbeiten – er kann nicht vom Lehrer angeboten werden. Wenn dies dennoch geschieht, entstehen meist Widerstände, die Schüler wehren sich gegen die „Erkenntnis von oben". Dann können sich auch Solidarisierungen unter den Schülern gegen die begleitenden Lehrer entwickeln.

Oft ist es erstaunlich und bewegend, wie offen und ehrlich sich die Schüler selbst und untereinander begegnen und durch diese Auseinandersetzung wachsen.

Ich freue mich immer wieder, wenn ich Rückmeldungen von Schülern bekomme:

„Das Ziel der EP haben wir, glaube ich zumindest, erreicht: Die Klasse ist näher zusammengewachsen und am Ende konnte JE-DER seine Stärken einbringen und den anderen Sicherheit geben. Auf jeden Fall war es für uns alle eine tolle Erfahrung!"

„EP hat dazu geführt,
– dass unsere Klasse zu einer neuen Gemeinschaft gefunden hat.
– dass ich gelernt habe, es macht auch Spaß, anderen Sicherheit zu geben.
– dass ich gelernt habe, ich muss öfters auch mal den inneren ‚Schweinehund' überwinden, um zu entdecken, was ich kann.
– dass ich gelernt habe, mehr Vertrauen in die Gruppe und mich selbst zu haben."

Was sich hier zeigt: Erst, wenn Schüler *selbst* Erfahrungen machen und diese auch *selbst* deuten können, führen sie zu Mitverantwortung und Sicherheit. Eine weitere Einrichtung an unserer Schule fördert diese Entwicklung: Der Klassenrat.

„Wir können das selber regeln!" – Der Klassenrat: Verantwortung als Lernfeld für die ganze Klasse

Der Klassenrat ist ein Instrument zur Gestaltung eines konstruktiven Miteinanders in der Klasse und findet an immer mehr Schulen Verbreitung. Die klassische, stark strukturierte Modellform variiert heute entsprechend dem jeweiligen Kontext (Grundschule, weiterführende Schulen) und kann auch je nach Bedarf angepasst werden. Das immer wiederkehrende Merkmal eines gut entwickelten Klassenrates ist jeweils, dass die Klasse selbstverantwortlich ihre Angelegenheiten regeln soll und dazu befähigt wird. Es geht darum, Absprachen zu Festen, Feiern, Klassenfahrten u. ä. zu treffen, positive Entwicklungen in der Klasse zu würdigen und zu stärken, Fragen des täglichen Miteinanders im Schulalltag zu klären sowie Regeln festzulegen oder Lösungsstrategien für Konflikte untereinander oder mit Lehrern zu entwickeln. Letztlich geht es im Klassenrat um die Ausbildung einer konstruktiven Klassenatmosphäre, für die jeder einzelne mitverantwortlich ist. Jeder trägt seinen Teil zum Gelingen des Ganzen bei, indem er Verantwortung für sein Verhalten und für das gute Miteinander in der Klassengemeinschaft übernimmt.

Die „größte Falle" (und das „Aus" im Blick auf das Ziel der Mitverantwortung) für den Klassenrat ist, wenn er zunehmend zu einer „Meckerstunde" verkommt. Meckern und Nörgeln bedeutet auch im Klassenrat „Düngen von Unkraut". Dann verlieren Schüler schnell die Freude daran und erleben den Klassenrat als ödes Gerede ohne Sinn.

Damit der Klassenrat seinen Wert entfalten kann, muss man ihn zuallererst als Dialogforum verstehen – und gestalten.

Im Klassenrat läuft das Meiste über das Gespräch und entsprechend wichtig ist auch hier, dass das Gespräch in und mit der Klasse in einer Weise verläuft, die das anvisierte Ziel der Verantwortungsübernahme auch zustande kommen und erlebbar werden lässt. Jesuitenpater Klaus Mertes SJ, Direktor am Kolleg St. Blasien, betrachtet es als den wichtigsten Beitrag, „den die Schule zur Erziehung zur Verantwortung leisten kann, den Schülerinnen und Schülern Verantwortungsräume zu eröffnen und sie darin zu begleiten."[5]

Genau das stellt eine Herausforderung für den Lehrer dar, der zunächst den Klassenrat leitet, er führt ihn ein und stellt damit sozusagen auch die Weichen und gibt das Modell, wie die Klasse ihn versteht und später selbstverantwortlich praktiziert.

Es ist auch für das dauerhafte Gelingen des Klassenrates die größte Hürde, dieses Rollenverständnis und daraus folgend das Gesprächsverhalten des Lehrers in der Gruppe zu reflektieren und zu gestalten. Dies entscheidet, ob eine Klasse wirklich Mitverantwort-

---

5 Mertes, Klaus 2004: Verantwortung lernen. Schule im Geist der Exerzitien, Würzburg, S. 51.

lichkeit entwickelt oder passiv bleibt. Es geht darum, dass aus Zuschauern Mitspieler werden, womit die Gestaltung des Klassenrats stets so angelegt sein muss, dass sie ein interaktives Geschehen zwischen allen Beteiligten ermöglicht. Das hat Konsequenzen für die Rolle des Lehrers und erfordert oft einen Perspektivwechsel.

Es steht im Vordergrund nicht die Frage: „Was soll den Schülern (letztlich von mir) gesagt werden?", sondern „Wie kommen die Schüler miteinander ins Gespräch, wie können sie dieses Gespräch über ihre Angelegenheiten aufrechterhalten, und wie entwickeln sie so ihre je eigene Mitverantwortlichkeit?" Der Weg ist hier bereits ein wesentliches Ziel.

Die Klasse soll ihre Lösungen oder Erkenntnisse selbst finden. Anliegen oder Aspekte, die dem Lehrer wichtig sind, bringt er ebenfalls als ein Gesprächsteilnehmer der Klassenratsrunde ein. Seinen Rollenwechsel muss er mit der Klasse kommunizieren und im Gesprächsverhalten deutlich machen. Auch er muss sich dabei an die vereinbarten Gesprächsregeln und ritualisierten Abläufe (z. B. Redestein o. ä.) halten. Er ist Moderator des Gesprächs, bringt die Schüler miteinander ins Gespräch, hält dieses „am Laufen" und verzichtet auf jegliche Belehrungen oder Monologe. Zugegeben, dieser Moderatorenrolle gerecht zu werden, ist eine große Herausforderung für den Lehrer, weil sie ganz anders als seine übliche Rolle ist. Es bedeutet für ihn, sich selbst konsequent auf die fragende Seite zu stellen und nicht vorschnell Antworten anzubieten oder gar zu geben.

Entscheidend ist auch die dramaturgische Gestaltung der Klassenrat-Einheit: Zunächst hat der Lehrer die Aufgabe, eine positive Atmosphäre zu schaffen, die ressourcenorientiert ist, damit sozusagen nach „oben" zieht und gleichzeitig mitverantwortliche Einstellungen weckt. Dies kann z. B. dadurch ermöglicht werden, dass zu Beginn einer Klassenratsrunde die Schüler sich über die positiven Erfahrungen und Entwicklungen im täglichen Miteinander des Klassenalltags austauschen. Hilfreiche Gesprächsimpulse können offene Satzanfänge sein wie z. B. „In der letzten Woche hat mich gefreut …" oder: „An unserer Klassengemeinschaft schätze ich …".

In einer solchen Atmosphäre entsteht auch Offenheit für kritische und schwierige Fragestellungen oder für Kritik, die zu besprechen ist. Hilfreiche Satzanfänge dafür können sein: „Derzeit finde ich in unserer Klasse nicht so gut ..." oder „Ich wünsche mir in unserer Klasse ..." oder „Ich bitte um Entschuldigung für ...".[6] Die Kunst, gute Fragen zu stellen, ist für den weiteren Gesprächsverlauf sehr hilfreich, damit das Gespräch der Schüler untereinander in Gang gebracht werden kann. „Was haltet ihr davon?" „Wer hat so etwas auch schon erlebt?" „Was meinst du denn, weshalb das so ist?" – solche Fragen helfen, den Dingen auf den Grund zu gehen und die Schüler in den Dialog untereinander zu führen. Meinungen differenziert zu erschließen (Weshalb meinst du dies? Wer ist auch dieser Meinung? Was könnte einen anders denken lassen?), nach Hintergründen zu fragen (Könnte es noch andere Gründe geben?), Begriffe zu klären (Wovon sprechen wir überhaupt, wenn wir sagen ...?) und immer wieder auch einen Perspektivwechsel anzuregen (Was würdest du denn anstelle von ... tun? Was würde wohl ... dazu sagen?) weckt Mitverantwortung und selbstständiges Nachdenken und Entscheiden.

Wenn in Klassen selbst in schwierigsten Situationen mit einer solchen Gesprächshaltung agiert wird und dadurch „Respekt und Wertschätzung" der Klasse gegenüber spürbar werden, entwickelt sich häufig eine große Offenheit und Ernsthaftigkeit in der gemeinsamen Auseinandersetzung. Es kommen oft sehr ehrliche, nachhaltige Prozesse und engagierte, mitverantwortliche Beteiligung in Gang.

Neben der Erlebnispädagogik und dem Klassenrat haben wir im St. Benno-Gymnasium noch einen dritten Erfahrungsraum eingeführt. Er liegt auf der spirituellen Ebene.

„Nur Leben weckt Leben" – Komm-und-Sieh-Kurs: Religiöse Erfahrungsräume schaffen

Ein im Rahmen katholischer Schulen möglicher, ganz anderer Weg, um Schüler für die eigene Verantwortlichkeit zu sensibilisieren, wird am St. Benno-Gymnasium mit dem Komm-und-Sieh-Kurs

---

6 Im Rahmen eines KidS-Ausbildungsseminars von Heidi Klien, Grundschullehrerin in Denzlingen bei Freiburg, eingebracht.

(KuS-Kurs) angestrebt.[7] Zu diesem „Sieben-Wochen-Weg" werden Schülerinnen und Schüler der Klassenstufe 11 eingeladen und entscheiden sich freiwillig zur Teilnahme.

Der Kurs beginnt mit zwei Besinnungstagen, die in einem Bildungs- oder Exerzitienhaus miteinander erlebt werden. Dort lernen sich die Jugendlichen zunächst besser kennen und machen erste Erfahrungen in der Auseinandersetzung mit existenziellen und religiösen Fragestellungen. Sie werden eingeführt in „Exerzitien im Alltag" und jeder erhält ein Ringbuch mit Impulsen, Gebetsanregungen und Meditationsanleitungen für die Tage der kommenden sechs Wochen wie z. B. das „Gebet der liebenden Vorschau auf den Tag am Morgen" oder das „Gebet der liebenden Aufmerksamkeit am Abend", beides Reflexionsimpulse und Gebetsanregungen aus der ignatianischen Spiritualität. Täglich soll sich jeder für Meditation und Reflexion eine Zeit der Stille von 20 bis 30 Minuten einplanen. Zusätzlich trifft sich wöchentlich die Gruppe als Ganzes, um sich auszutauschen, um Fragen und Inhalte miteinander zu besprechen oder zu vertiefen, um innezuhalten, in die Wahrnehmung zu finden, um miteinander zu singen und Gebetsweisen einzuüben.

Diese sechs Wochen schaffen Innehalten, Orientierung und Ausrichtung. Sie bereiten quasi den Boden und führen zu einer inneren Offenheit. Von daher sind sie für den gesamten Gruppenprozess sowie für den einzelnen Jugendlichen sehr wichtig, wenn die Jugendlichen so vorbereitet dann nach Assisi fahren, um dort eine Woche gemeinsam Exerzitien zu machen. Diese Exerzitien sind sehr prozessorientiert angelegt, und im Leitungsteam wird besonders darauf geachtet, die innere Spur der Jugendlichen aufzugreifen und weiter zu führen.

Ziel des Kurses ist es, 16- bis 18-jährigen Jugendlichen in dieser wichtigen Entwicklungsphase ihres Lebens eine Unterstützung zu sein bei der Suche nach sich selbst und ihrer Identität, bei ihrer Suche nach Tragfähigem und Wesentlichem in ihrem Leben, nach ihren Werten und Sinngebungen, bei der Suche nach spiritu-

---

7 Vgl. Leide, Jürgen 2011: Komm-und-Sieh-Kurs, in: Kittel, Joachim (Hg.) 2011: Werkbuch Schulpastoral. Methoden, Modelle und Ideen für die Praxis, Freiburg, S. 124 ff.

ellen Prozessen und einem personalen Gottesverhältnis. Der Kurs will helfen, dass ein verlässlicher religiöser, sinn- und wertorientierter Grund im Einzelnen wachsen kann, der ihn befähigt, das je eigene Haus des Lebens auf Fels zu bauen, um in den Herausforderungen seines Lebens selbstverantwortlich darauf stehen und wachsen zu können. Zur Bedeutung einer solchen „Grundlagenarbeit" hat Pater General Peter-Hans Kolvenbach SJ im April 1993 auf der internationalen Werktagung zum Thema Ignatianische Pädagogik gesagt:

„Die Jugendlichen sind während der Jahre an einer Höheren Schule noch relativ offen zuzuhören und den Dingen auf den Grund zu gehen. [...] Sie sind besorgt um die tieferen Fragen nach dem Warum und Wozu des Lebens [...] und suchen – jenseits aller akademischen Brillanz – nach den Quellen des Lebens. Es darf kein Zweifel bestehen: Jeder Lehrer, der diesen Namen verdient, muss an die jungen Menschen glauben und sie ermutigen, nach den Sternen zu greifen. Das bedeutet, dass ihre eigene ganzheitliche ‚Vision' vom Leben für ihre Schüler so attraktiv sein muss, dass sie sie einladen zum Dialog über das, was wirklich zählt."[8]

Kommt ein junger Mensch seinen eigenen Wurzeln auf die Spur, kann sein Blick frei werden und sich weiten für die Verantwortung für den Anderen und für die Welt. Der Zugang zu sich selbst, zum anderen und zum Glauben wird nicht primär durch eine Belehrung von außen geweckt oder vertieft, sondern ist eine „Herzensangelegenheit", er basiert auf der inneren Wahrnehmung, dem Kontakt mit sich selbst und dem Einlassen auf Erfahrungen, die sich dabei vom Leben her ergeben. Er geschieht auch durch den regelmäßigen, offenen Austausch mit anderen, durch das Reflektieren und gegenseitige Deuten der gemachten Erfahrungen.

Die Erfahrungen des KuS-Kurses haben viele Facetten. Darunter ist auch der Aspekt der Einübung von Verantwortungsübernahme.

---

8 P. Kolvenbach SJ, Peter-Hans 1994: Ignatianische Pädagogik heute. In: Hagan, Robert SJ (Hrsg.): Jahrbuch der Jesuiten. 1. Januar 1994, S. 56

Die Konzeption des Kurses entfaltet schrittweise und prozesshaft durch ein „In-Kontakt-Kommen" mit sich, mit den anderen und – in dem, was wir als Menschen dazu beitragen können – mit Gott auch die Bedeutsamkeit, die wir als Einzelne haben. Wenn man so will, wächst in den Jugendlichen auf diesem Weg mit allem, was zu ihm dazugehört, die innere Sensibilität für ihre „Berufung" in einem sehr weiten, umfassenden Sinn: Es gibt mich, weil ich ins Leben gerufen bin mit meinem Mensch-Sein, meinem So-Sein. Ich bin gemeint, ganz persönlich um meiner selbst willen, und ich werde auch ganz persönlich gebraucht. Ich bin bedeutsam – auch für andere. Es geht also hier nicht um die Pflege reiner Innerlichkeit, die losgelöst vom anderen nur für sich Selbsterkenntnis gewinnen will und Selbsterfüllung sucht. „Ich allein" – ist kein Lebenssinn, der erfüllt. Ruf und Antwort gehören zusammen. „Das Ich wird am Du, und du-sagend werde ich Ich", so hat der jüdische Religionsphilosoph Martin Buber diesen Wesensbaustein von Menschwerdung zur Sprache gebracht.

Mitverantwortlichkeit wird so auch nicht primär als moralischer Appell verstanden, sondern als natürlicher Bestandteil eines wechselseitigen Beziehungsgeschehens, in dem es um Fülle und Erfüllung geht.

Pater Alfred Delp SJ drückte dies mit seinen Worten so aus: „Ein Leben ist verloren, wenn es nicht in ein inneres Wort, in eine Haltung, eine Leidenschaft sich zusammenfasst. Der Mensch muss unter einem geheimen Imperativ stehen, der jede seiner Stunden verpflichtet und jede seiner Handlungen bestimmt. Nur der so geprägte Mensch wird Mensch sein können, jeder andere wird Dutzendware, über den andere verfügen."

... und Ignatius?

Fünf Aspekte verdeutlichen die ignatianische Perspektive der hier beschriebenen pädagogischen Prozesse.

1. Die Haltung, in der Lehrer Schülern begegnen, ist durchgängig als Schlüsselelement für das pädagogische Gelingen hervorgehoben.

Begegnungen zwischen Menschen ziehen natürlicherweise häufig bestimmte Rollenverteilungen nach sich, die wiederum oft ein Beziehungsgefälle implizieren. Für Ignatius war deshalb die Haltung, in der er Menschen begegnete, elementar wichtig. Auch in den Exerzitien begibt sich ein Mensch unter der Anleitung eines anderen Menschen in einen Lernprozess. Er wird dadurch aber nicht zum „Lehrling" und der andere zum „Meister". Ignatius sprach bewusst von dem, der die Exerzitien gibt, und nicht vom Exerzitienmeister. Eine analoge Rollenverteilung ist auch im Kontext Schule gegeben: Die einen sind Lehrer, die anderen deren Schüler. Dieses Beziehungsgefüge bringt zwar strukturell ein Rollengefälle mit sich, das sich aber nicht auf die Umgangsweise übertragen darf.

Für Ignatius war sein Gegenüber im „Lernprozess der Exerzitien" immer ein personales, gleichwertiges Gegenüber. Einem (gefühlten Macht-)Gefälle von oben nach unten wirkte er bewusst entgegen. Seinen Umgang mit dem anderen Menschen gestaltete er achtungs- und ehrfurchtsvoll, was für ihn Ausdruck der Auffassung war, dass der Andere ein Geschenk Gottes an die Welt ist. Ignatius war 53 Jahre alt, als er für sich formulierte: „Jetzt habe ich den Weg gefunden, den Er mir zeigen wollte. Es ist der Weg der ehrfürchtigen Liebe." Diese Erkenntnis war für Ignatius so beeindruckend, dass er sie als seine „Berufung" bezeichnete. Folgerichtig zielt auch der gesamte Exerzitienprozess letztlich auf die Entfaltung dieser ehrfürchtigen Liebe – gegenüber Gott, dem Anderen sowie sich selbst. Zugleich schließt der Respekt vor dem Anderen und damit vor seiner menschlichen Freiheit für Ignatius auch „jede Art von Indoktrinierung oder Manipulation in der jesuitischen Erziehung aus."[9] Die Voraussetzung einer derart respektvollen Beziehungshaltung des Lehrers ist nach Ralf Mertes die Indifferenz. „Kein Lehrer, der sich nicht ständig in der Indifferenz übt, kann Schülern und Schülerinnen das ‚sanum iudicium', die reife Einsichts- und Entscheidungsfähigkeit, beibringen.[10] Einsichtsfähigkeit und Selbsterkenntnis braucht Beziehungsraum und Freiheit, in die hinein sie sich entfalten kann. Eine solche Beziehungshaltung ist eine bedeu-

---

9 Kolvenbach 1994, S. 57.
10 Ebd., S. 15.

tende Herausforderung in allen pädagogischen Herangehensweisen, die in diesem Beitrag beschrieben sind.

Folgerichtig zu seiner Berufungserfahrung gibt es für Ignatius in der Beziehung zu anderen Menschen auch keine Alternative zu einer Kommunikation auf Augenhöhe. „Das Ignatianische ist dialogisch",[11] hebt Stefan Kiechle SJ hervor. Und in Ableitung des bedeutenden theologischen Grundsatzes „die Gnade baut auf der Natur auf" (Hl. Thomas v. Aquin) ist ein Grundsatz des Komm-und-Sieh-Kurses: Die Anthropologie kommt vor der Theologie. Die Natur zu stärken heißt dann aber auch, Beziehungsraum für das Wirken der Gnade zu schaffen. Dies kann nur gelingen in einer Atmosphäre gegenseitiger Wertschätzung. „Die Person tritt in ein Gespräch ein, mit sich selbst, mit den Menschen und mit Gott. Der Dialog ist ein Hin- und Herfließen von Person zu Person, mit Respekt vor dem Personkern, ohne Ausnutzen oder Verschmelzen, ein Austausch freier Beziehungspole".[12]

Dies gilt für die Beziehung zwischen Gott und Mensch, aber insbesondere auch zwischen Menschen und beginnt nicht erst bei meditativen Übungen oder religiösen Veranstaltungen, sondern im alltäglichen Umgang miteinander – in der Sporthalle, im Klassenzimmer, auf dem Pausenhof, vor dem Lehrerzimmer, auf den Fluren und in der Kapelle der Schule, im Klassenrat, bei der Erlebnispädagogik, im Komm-und-Sieh-Kurs oder im personalen Dialog. „Kommunikation auf Augenhöhe" – für Lehrer kann dies ein Reizwort sein –, bezieht sich nicht auf das Rollenverhältnis Lehrer-Schüler, sondern auf das Beziehungsverhältnis von Mensch (Lehrer) zu Mensch (Schüler) und ist die anthropologische Voraussetzung für das ganzheitliche Wachsen des jungen Menschen. Eine Schule, in der jesuitischer Geist atmet, muss daher „eine lebendige Gemeinschaft sein, in der zwischen Lehrern und Schülern echte personale Beziehungen gedeihen können."[13]

2. Zum dialogischen Umgang gehört auch, dass Schüler für ihre Lehrer über den reinen Unterrichtszusammenhang hinaus eine Be-

---

11 Kiechle, Stefan 2006: Was ist ‚ignatianisch'?, in: Geist und Leben 4–2006, S. 245.
12 Ebd.
13 Kolvenbach 1994, S. 59.

deutung haben. Schüler sollen dabei „spüren, dass sie anerkannt und liebenswert sind."[14] Gerade Schüler wie Friedrich brauchen das umso mehr, je weniger sie dies scheinbar verdient haben. Das Nachdenken über ihr Verhalten, das Kennen familiärer Hintergründe, die Wahrnehmung ihrer Stärken und Unterstützung im Wachsen – all dies sind Facetten jener *cura personalis*, die als Ausdruck „echte(r) Liebe und persönliche(r) Sorge um jeden einzelnen" Kennzeichen jesuitischer Pädagogik sind.[15]

3. Ein weiterer Aspekt Ignatianischer Pädagogik zeigt sich in meinen Beispielen in der konsequenten Einübung der Reflexion als innerem Prozess.[16] Reflexion als eine „von außen" angeregte innere Bewusstwerdung der eigenen Gedanken, Gefühle, Einschätzungen, Bewertungen ist nicht nur im Blick auf den Umgang mit dem Unterrichtsstoff von Bedeutung. Diese tiefergehende Reflexion schult die Fähigkeit, zu einem Sachverhalt und letztlich zu sich selbst in Distanz zu gehen und sich wertorientiert zu positionieren und zu verhalten. Genau diese Qualität unterscheidet Bildung von Wissen und ist im Sinne einer ganzheitlichen Persönlichkeitsbildung ein Kriterium jesuitischer Erziehung. „Denn im Mittelpunkt der Ignatianischen Pädagogik steht die Bildung der gesamten Person mit Herz, Gemüt und Wille, nicht bloß des Intellekts."[17] Das Gespür für den Sinn solcher Bildung wächst wiederum durch das Reflektieren.

Die eigene Wahrnehmung und Deutung der (inneren) Erfahrungen des Schülers fördern und fordern zugleich sein persönliches Wertebewusstsein, die Bildung der gesamten Person. Durch die aktive Herbeiführung von Rückmeldungen auf das Verhalten des Schülers, sein Wachstumspotenzial, seine Wirkung im Kontext der Klasse – sei es durch Gespräche mit dem Lehrer oder der Klasse – werden Reflexionsprozesse in Gang gesetzt, die im Sinne einer ganzheitlichen Bildung das Gespür für den eigenen Beitrag und damit die persönliche Mitverantwortung wachsen lassen.

---

14 Ebd. S. 57.
15 Ebd. S. 59.
16 Vgl. Mertes 2004, S. 21.
17 Kolvenbach 1994, S. 62, vgl. S. 57.

4. Ich verstehe solche Reflexionen nicht als selbstverliebte Nabelschau, sondern als Grundvoraussetzung vertiefter Selbstwahrnehmung, um im Blick auf andere Menschen und Anderes (die Welt) Mitverantwortlichkeit zu wecken. Sie baut nämlich jeglichem „Opferdenken" vor und stärkt im Gegenteil das Erleben von Selbstwirksamkeit. Erst mit dieser „im Gepäck" kann das wichtige ignatianische Erziehungsziel, ein „Mensch für andere" zu werden, eingeübt werden. Genau dieses ist Weg und tieferes Ziel der verschiedenen Vorgehensweisen von Erlebnispädagogik und Klassenrat.

5. Einen letzten Aspekt will ich vor allem im Zusammenhang mit dem Komm-und-Sieh-Kurs aufzeigen: Ich sehe es als Auftrag katholischer Schule ganz im Sinne Ignatianischer Pädagogik, die Frage nach Gott wach zu halten – ja, sie überhaupt erst einmal zu wecken. Der anthropologische Ansatz dieses Kurses will sozusagen den Boden, die „Natur", bereiten, auf der die „Gnade" aufbauen kann. Um diesen Boden zu bereiten – alles andere entzieht sich unserer Verfügbarkeit – bedarf es der Entwicklung einer „Kultur des Innenlebens". Die Entdeckung der Innenwelt, die Aufmerksamkeit für tiefere Regungen, das liebevolle Anschauen all dessen, was an Gedanken, Emotionen, Motivationen aufsteigt, ist für junge Menschen oft ungewohnt. Es gilt, gerade in jungen Menschen diese Wahrnehmung, auch ihrer inneren Dialogfähigkeit, zu wecken und diese selbst wiederum zu schulen. In unserer reizüberfluteten Welt finden viele Menschen nur schwer oder kaum Zugang zu ihrem Innersten. Verweilen, Muße, Stille – selbst Langeweile –, sind Vorstufen von Meditation und Gebet. Sie kommen im Alltag von Jugendlichen nur selten vor. Im Komm-und-Sieh-Kurs machen die Jugendlichen Wahrnehmungsübungen, sie werden an Stille und Meditation herangeführt, um aus dieser inneren Vorbereitung heraus Tagebuch zu schreiben oder in personalen Dialog mit dem Anderen zu finden.

Natürlich kennt jeder Gefühle wie Ärger, Wut, Freude u. a., doch im Alltag bleiben sie leicht an der Oberfläche und werden nicht zur Eingangstür vertiefter Wahrnehmung der eigenen Wirklichkeit und Orientierung, wohin diese den Lebensprozess führen wollen. Ignatius hat auf dem Krankenlager diesen qualitativen Unterschied intensiv erlebt, als er die entsprechenden Reaktionen seiner Seele auf unterschiedliche Lektüren realisierte. Die Aufmerksamkeit auf die Innenwelt ist der Anfang der Unterscheidung der Geister, das eigene Leben mehr vom Wesentlichen her zu gestalten *und* zugleich auch der Anfang der Ahnung, wo und wie Gott im persönlichen Leben auf geheimnisvolle Weise gegenwärtig ist und mir begegnet. Eine ungetaufte Teilnehmerin am Komm-und-Sieh-Kurs sagte im Nachhinein: „Assisi war für mich ein mystischer Ort. Dort konnte ich erstmals in meinem Leben erahnen, was ich, auch wenn ich mal vereinzelt aus Interesse hier in Dresden in einem Gottesdienst war, so noch nie erfahren habe: die Existenz Gottes." Wenn solche Anregungen der geheimnisvollen Gegenwart Gottes im Einzelnen Raum erhalten, wächst als natürliche Kehrseite dieses Erlebens auch ein Gefühl der eigenen Bedeutsamkeit und Verantwortlichkeit – und diese Linie weitergezogen bedeutet: Es wächst auch eine Ahnung der eigenen Berufung. Verantwortlichkeit und Bedeutsamkeit erwachsen dann jedoch nicht als moralischer Appell, sondern als Resonanz auf die Erfahrung einer liebenden Beziehung Gottes zu mir um meiner selbst willen. P. Kolvenbach SJ formuliert auf dem Boden der Schlussbetrachtung der Geistlichen Übung, dass Ignatius den Exerzitanten betrachten lässt,

> „wie Gott um jedes einzelnen willen in allen geschaffenen Dingen arbeitet und sich Mühe gibt. Dieses Verständnis der Beziehung Gottes zur Welt schließt ein, dass der Glaube an Gott und die Bejahung all dessen, was wirklich menschlich ist, untrennbar miteinander verbunden sind."[18]

Was wirklich menschlich ist, ist eben auch die Erkenntnis der eigenen Mitverantwortlichkeit – im tiefsten Sinne der eigenen Berufung. Solche Prozesse bei den teilnehmenden Schülern im Komm-und-Sieh-Kurs begleiten zu können, erlebe ich persönlich als *„magis"*: Zur größeren Ehre Gottes und zugleich zur größeren Menschwerdung des Einzelnen.

---

18 Kolvenbach 1994, S. 54.

Jürgen Leide

Nicht nur Chance, sondern Pflicht

Verantwortlichkeit kann in der Schule geweckt und entwickelt werden. Ich möchte sogar sagen: Schule hat die Pflicht, Verantwortung zu wecken. Das ist eine Herausforderung an alle Akteure, denn dies kann nur gelingen, wenn wir nicht in die Falle tappen und meinen, den Schüler dazu „zwingend erziehen" zu müssen. Die Selbst-Verantwortung liegt im Menschen selbst, in seiner Freiheit begründet. Es stimmt, sie zeigt sich nicht immer von selbst, sie will herausgelockt und kultiviert werden. Die besten „Lockmittel" sind auch im schulischen Kontext personale, authentische Begegnungen und ernst gemeinte Übergabe und Zutrauen von Verantwortung. Zuallererst sind also *wir* Akteure angefragt, denn auch für die Schule gilt wohl jener Grundsatz, der im Blick auf elterliche Bemühungen gerne augenzwinkernd angeführt wird: „Sie brauchen ihre Kinder gar nicht zu erziehen, sie machen Ihnen eh alles nach!"

Warum Schule immer mehr als Schule ist

Johannes Siebner SJ

Schule ist zunächst zu verteidigen gegen ein „Mehr" in dem Sinne, dass sie eben nur Schule ist und erst mal nicht mehr. Sie soll und kann nicht die Welt retten, nicht die Familie ersetzen, nicht eine vermeintliche Wertekrise der Gesellschaft sanieren und auch nicht gescheiterte Sozialpolitik des Staates kompensieren. Schule als Ort methodischen Lehrens und Lernens tut zunächst dies und tut dies hoffentlich möglichst gut. Sie soll und kann erst mal nicht mehr, weil sie es nicht vermag, das sowieso; vor allem gilt es, die Schule gegen entsprechende Ansprüche und Anforderungen zu verteidigen.

Im Januar 2015 hat eine jugendliche Schülerin aus Köln (kurzzeitig, wie das in viral verbreiteter Erregung ist) mit ihrem Twitter-Statement für Aufregung gesorgt: *„Ich bin fast 18 und hab keine Ahnung von Steuern, Miete oder Versicherungen. Aber ich kann 'ne Gedichtanalyse schreiben. In 4 Sprachen."*

Herzlichen Glückwunsch, möchte man der jungen Dame zurufen. Glückwunsch zu der Freiheit und der Frechheit, der Gabe und der Begabung, das öffentlich und öffentlich wirksam auszudrücken, was sie *„einfach mal loswerden wollte"*. Sie trifft mit ihrem Tweet ein weit verbreitetes Gefühl, dass nämlich in der Schule erheblich zu viel unnützes Zeug auf erheblich zu hohem Niveau unterrichtet wird, dass es aber gleichzeitig an Lebenstüchtigkeit fehle. Es kann doch nicht sein, dass sie alles über Photosynthese weiß, die antike Götterwelt, die Stochastik-Axiome eines Kolmogorov oder die Liebeslyrik des hohen Mittelalters, sich für den Alltag und dessen Herausforderungen aber nicht gut aufgestellt fühlt.

Johannes Siebner SJ

Schule muss niemanden retten

Recht hat sie – irgendwie. Schule soll durchaus vorbereiten auf das Leben nach der Schulzeit, gern auch das „wirkliche Leben" genannt. Der erste Mietvertrag, die Einschreibung an der Uni, die Unterschrift unter den Ausbildungsvertrag, Autokauf ... und was ist mit Busfahrschein lösen (Kaufvertrag), Reifenwechsel, Spaghetti selber kochen, Knopf am Hemd, Baby wickeln? Die Reihe ließe sich unendlich fortsetzen. Was leistet wer in Bildung und Erziehung? Was *soll* wer leisten? Darf es auch noch „Glück als Schulfach" sein?[1] Welche Rolle kommt den Eltern, der Familie, der Kommune, den Vereinen und der Schule zu? Gern sei zugestanden, dass die Schule auch einspringen muss, um Grundfertigkeiten zu vermitteln, die sonst nicht hinreichend gelernt werden.

Wenn Kinder und Jugendliche sich seelisch und körperlich nicht altersgemäß entwickeln können oder von der Teilhabe am gesellschaftlichen Leben ausgeschlossen werden, muss die Institution Schule sich anfragen lassen, ob sie dies kompensieren kann und muss. Der Schwimmunterricht ist ein banales Beispiel; vor Jahren noch habe ich die Meinung vertreten, das habe in der Schule und im Sportunterricht nichts zu suchen, der Aufwand ist unverhältnismäßig. Eltern müssen das für ihre Kinder gewährleisten; sollten sie das nicht können, gibt es Sportvereine, die das vielmal besser können als die Schule. Ein anderes einleuchtendes Beispiel ist der Umgang mit Computern, Internet und Social Media. Die Frage muss erlaubt sein, wer hier die primäre Verantwortung hat? Sicher nicht die Schule, erst Recht nicht der Staat. Artikel 7 des Grundgesetzes klärt: „Das gesamte Schulwesen steht unter der Aufsicht des Staates". Im gleichen Artikel wird dann das Recht freier Träger geregelt, Schulen in eigener Trägerschaft zu gründen und zu betreiben. Dies ist nicht Zugeständnis oder Besitzstandswahrung an Kirchen und andere freie Träger; es bildet sich vielmehr die Überzeugung ab, dass es nicht gut ist, wenn der Staat alleiniger Träger von Bildung

---

1 Der Schulleiter Fritz-Schubert sorgte 2007 mit der Einführung des Schulfaches Glück an seiner Heidelberger Schule für bundesweite Aufmerksamkeit; inzwischen hat er ein eigenes „Institut" gegründet.

ist. Die Erfahrungen der Nazi-Jahre steht sicher im Hintergrund: „Der totalitäre Staat verstand sich als erziehender Staat und begann die Durchsetzung seines Programms mit der Schließung insbesondere der kirchlichen Schulen."[2] Manchem scheint der Bogen hier vielleicht zu weit gespannt, mag sein. Hier werde etwas insinuiert oder gar unterstellt, was doch tatsächlich keiner will? Mag sein. Die aktuelle Debatte aber um Ganztagsschule, um Inklusion und individuelle Förderung hat durchaus eine „übergriffige" Tendenz. Die unbestreitbare Überforderung, die zahlreiche Familien mit der Erziehung ihrer Kinder haben, soll und muss subsidiär aufgefangen werden; hier sind Staat und Zivilgesellschaft in der Pflicht. Schule kann und will aber nicht leisten, was Familie leisten soll, und sie kann es nur sehr bedingt substituieren, wenn die Familie „versagt". Es braucht Angebote erweiterter Lernorte und Betreuung, die niedrigschwellig erreichbar sind. Der Tonfall aber, indem da vielfach argumentiert wird, ist beängstigend.

„Wir müssen die Kinder doch retten", rief mir die Vertreterin des Ganztagsschulverbandes in einer öffentlichen Bildungsdebatte im Februar 2015 zu, als ich, zugegeben zugespitzt, vor „totaler Erziehung" warnte. Spätestens da waren mein Erschrecken und meine Sorge vollkommen.

Nein, die Schule muss niemanden retten und sie darf es nicht einmal wollen. Und Nein, die Schule ist nicht der Ort, an dem die Unterlassungen von Sozial-, Migrations-, Wohnungsbau- und Familienpolitik aufzufangen sind. Schule darf sich nicht so wichtig nehmen und sollte nicht so wichtig genommen werden. Dann hat sie eine Chance, einen zentralen Beitrag zu Bildung und Erziehung der Kinder und Jugendlichen wie zum Aufbau einer demokratischen Gesellschaft zu leisten. Erste Voraussetzung dafür, dass Schule mehr sein kann als „nur" Schule, ist also eine gewisse Bescheidenheit, ein Sich-zurück-Nehmen und respektvolles Innehalten vor dem Individuum und seiner Würde. Die Institution Schule muss lernen, den Funktionalisierungen und Planungsvorgaben anderer Institutionen zu widerstehen, sei es die Rentenversicherung, die

---

2 Vgl. Mertes, Klaus / Siebner, Johannes 2010: Schule ist für Schüler da. Warum Eltern keine Kunden und Lehrer keine Eltern sind, Freiburg, S. 114.

IHK oder die Politik. Schule kann mehr und ist „mehr", wenn sie die Selbstzwecklichkeit von Bildung verteidigt, oder um es mit dem inzwischen überstrapazierten Begriff von Thomas Mann zu sagen, ihre Übernützlichkeit.

Um auf den Tweet der Jugendlichen zurückzukommen, die sich beschwert, dass sie nichts von Steuern und Mietverträgen verstehe, dafür aber in vier Sprachen ein Gedicht zu analysieren vermag. Glückwunsch! Die „unnütze" Bildung ist durchaus nützlich, sie darf auch nützlich sein. Der konkrete Nutzen aber ist nicht angezielt. Die Schülerin hat ein Reflexionsvermögen, ein Sprachvermögen und zudem eine erhebliche soziale Kompetenz, die wohl „exzellent" zu nennen ist. Die Gabe, eine Wahrnehmung, ein Gefühl oder eine Botschaft so sehr zu verdichten, dass sie in einem kurzen Tweet (quasi ein Gedicht) eine landesweite Bildungsdebatte vom Zaun bricht, ist mindestens erstaunlich. Die Gedichtanalysen und die Mühen des Spracherwerbs haben sich, wenngleich unnütz oder einigermaßen „sinnfrei" erarbeitet, sicher gelohnt. Und ich bin sicher, weder Steuererklärung noch Miet- oder Versicherungsvertrag werden allzu große Hürden für die junge Frau sein.

Geschöpflichkeit und Verantwortung

Wenn wir in jesuitischer Tradition die Ignatianische Pädagogik zu akzentuieren suchen und darin das „Mehr" finden, dann meint dies neben der beschriebenen Zurückhaltung (die in ihrer Zuspitzung evtl. zu sehr der aktuellen politischen Bildungsdebatte geschuldet ist) durchaus auch ein Mehr im Sinne eines Plus. Die Annahme der Geschöpflichkeit der Kinder und Jugendlichen (und natürlich auch aller anderen am Bildungsprozess Beteiligten) begründet ganz wesentlich das, was wir in der Tradition des Ordens *cura personalis* nennen, die Sorge um den Einzelnen.

Wer Verantwortung hat in Schule bzw. in Erziehung, muss (oder besser: darf) sich täglich vor Augen halten, das er es nicht mit zu formendem „Rohmaterial" zu tun hat, sondern mit Geschöpfen Gottes, die um ihrer selbst willen liebenswert sind. Das heißt konkret: Fordern und Fördern der Schüler um ihrer selbst willen, um ihrer ihnen inne wohnenden Würde willen und als Unterstützung ihrer Selbstbildungskraft bzw. ihres Reflexionsvermögens, ihrer Kreativität. Dazu gehört dann natürlich auch ein professionelles Netzwerk, das Schüler in schwierigen Situationen zu helfen in der Lage ist, wie etwa Schulsozialarbeit, psychologische und lerntherapeutische Unterstützung oder Seelsorge.

Das heißt aber auch, dass an unseren Schulen der „offene Ganztag" deutlich den Vorrang hat vor dem „gebundenen Ganztag." Das „Pflichtprogramm" endet zu gegebener Zeit und das reichhaltige Angebot im Umfeld der Schule behält seinen Angebotscharakter, lebt von der Freiwilligkeit und ist also nicht mehr dem Schulzwang untergeordnet. Wer die Jugendräume – z. B. der Katholischen Studierenden Jugend, KSJ – betritt, verlässt die Schule, selbst wenn es zum Selbstverständnis unserer Schulen gehört, dass solche Räume und möglichst auch verbandlich organisierte Jugendgruppen vor Ort (aber in eigenen Räumen) vorhanden sind. Die Gruppenleiterin und der Gruppenleiter sind evtl. noch *an* der Schule engagiert, aber nicht mehr *in* der Schule.

Der Nachmittag ist dann eben nicht „erweitertes Lernen", so das Ideal des Ganztagsschulverbandes, sondern anderes Lernen. In der Jugendverbandsarbeit z. B. drückt sich das ganz wesentlich durch Freiwilligkeit aus, durch Selbstorganisation, demokratische Strukturen und Ehrenamtlichkeit. Was vielerorts als „Kooperation" mit den Verbänden, den Sportvereinen, den Kirchengemeinden und der Stadtmusik verbrämt wird, ist in Wahrheit eine Einverleibung. Wir lehnen das ab. Ich erinnere gut die Debatte an unserer Hamburger Schule vor einigen Jahren, als die Schulleitung angeboten hat, das Engagement der Gruppenleiter auf dem Zeugnis mit einem eigenen Vermerk zu würdigen. Das war gedacht als Zeichen der Wertschätzung und Anerkennung vor diesem großartigen Engagement der Jugendlichen. Das wurde von den Jugendlichen kurz diskutiert und dann einhellig abgelehnt. Niemand soll im Jugendverband Gruppenleiter werden wollen, weil es dafür Anerkennung in der Schule gibt. Die eigentliche Anerkennung der Schule besteht darin, dass sie die Unabhängigkeit, ja Freiheit der Jugendlichen an der Schule schützt – und manchmal auch erträgt.

Die Bereitschaft, Verantwortung zu übernehmen, spielt selbstverständlich auch im Schulalltag eine große Rolle. Und die von den Kameraden gewählte Klassensprecherin wird diese Verantwortung ganz anders und besser wahrnehmen als der vom Klassenleiter ernannte Klassensprecher. Um wie viel mehr gilt diese Erfahrung im außerschulischen Bereich. Die von jungen Erwachsenen begleiteten 15- oder 16-jährigen Gruppenleiter nehmen erheblichen Schulungs- und Vorbereitungsaufwand auf sich, um dann die Gruppenstunde und die Ferienfreizeit der 5.- und 6.-Klässler anzuleiten, selbst Vorbild zu sein, Verantwortung zu übernehmen. Die Gruppenleiter organisieren ihr Engagement und die Gruppe in Teams und wählen demokratisch eine Leitung, die dann auch Rechenschaft geben muss. Sie wählen sich in Jugendverbänden auch ihre erwachsenen Begleiter und die Seelsorger – das klingt anstrengend und ist anstrengend. Das ist anfällig für Ungeschicklichkeit und Fehler, aber es ist ganz eindeutig ein Mehr an Lernen, das die Schule nicht vermag.

Ähnliches gilt für die Angebote im Bereich des Sports und der kulturellen Bildung, die traditionell etwa in Form von Musik oder Theater eine große Rolle an unseren Kollegien spielen; zumeist ist hier die Anleitung durch Lehrer und Erzieher von größerer Bedeutung. Aber es gilt, im Sinne guter Bildung, auch hier die Freiwilligkeit und den außerschulischen Aspekt hochzuhalten. Wer mittags den Campus verlässt und daheim im Fußball-Verein, der Tanzgruppe, dem Orchester oder auch einfach nur im Freundeskreis und dessen Aktivitäten engagiert ist, geht eben nach der Schule nach Hause.

Schule ist nicht das Leben

Das Ringen um Begrenzung der Schule und Freiwilligkeit des Außercurricularen auch als außerschulisch hat eine Konsequenz, die nicht verheimlicht werden soll.

Für das Einüben des im Unterricht Erlernten und das Wiederholen, das Nachholen oder Vorbereiten für die Schule müssen dann weiterhin „Hausaufgaben" gegeben werden. Hier ist ein sehr spürbarer Unterschied zum Ideal der Ganztagsschule. Es wird stärker auf die Verantwortung der Schüler und der Eltern gebaut und es hat wiederum die Notwendigkeit eines Unterstützungsangebots zur Folge.

An allen unseren Schulen gibt es eine Übermittagsbetreuung (Lernhaus, Externat, Tagesinternat, Silentium – die vielen Bezeichnungen sind verschiedenen Traditionen geschuldet), in der ein Mittagessen, Erholung, Freizeitangebote und eben Unterstützung beim Lernen und bei den Hausaufgaben angeboten wird. „Lernen lernen" wird immer mehr zum Thema, ebenso wie Methodentraining (curricular wie extra-curricular), Konzentrationsübungen und Lerntherapie. Das vielfach vorgetragene Ziel (ja es kommt fast als Ziel der Bildung selbst daher), dass die Kinder und Jugendlichen, wenn sie abends (!) nach Hause kommen, keine Aufgaben mehr haben, die Schule hinter sich haben, sich ganz der Freizeit widmen können, ist verständlich, führt aber zu einem engen Bildungsverständnis und zu einer künstlichen Trennung des Tages in zwei Abschnitte. Viele Kinder gehen, zum Glück, gern oder ziemlich gern zur Schule: Aber was ist mit denen, die nicht gern in der Schule sind oder dort nicht gut zurechtkommen?

Die vielfach gut gemeinte Rede von der Schule als „Lebensort" hat „übergriffige" Tendenz, so meine ich; die Schule ist nicht „das Leben", streng genommen ist sie vielleicht das Gegenteil. Sie bereitet vor auf das Leben und entlässt ins Leben, wie es ja auch vielfach den Schulabsolventen bei der entsprechenden Feier zugerufen wird (*„Non scholae sed vitae discimus"*). Der Schulleiter des Aloisiuskollegs in Bad Godesberg, Dr. Manfred Sieburg, hat diese Zuspitzung fast karikierend bei der Entlassfeier der Abiturienten 2014 vorgenommen:

„... Von der Schule ins Leben, erst Schule, dann Leben – ist also die Schule das Gegenteil von Leben? Ja! – Denn so ist sie gemeint. ... Die Schule, das ist der Ort der Methode: In den verschiedenen Fächern lernt der junge Mensch auf je fachspezifische Weise, wie er an wissenschaftlich verbürgtes Wissen herankommt. Die Lektüre eines geografischen Sachtextes verlangt eine andere Herangehensweise als die Lektüre eines Gedichts, die Physik lehrt andere Verfahren als die Kunst etc. ... Dazu bedarf es der Konzentration – auf das Fach, auf den Gegenstand, auf den Lernprozess. Konzentration ist aber nichts anderes als die Abwehr von Störungen. Für den Lern- und Bildungsprozess ist es konstitutiv, dass das Klassenzimmer und der Kursraum frei von Störungen sind – frei vom Klingelton einlaufender Kurznachrichten, frei von der Erfüllung unmittelbarer Lebensbedürfnisse wie die Stillung von Hunger und Durst, das Nachholen versäumten Nachtschlafs, frei vom Mitteilungsdrang über allerlei sonst noch Interessantes, habe dies nun mit Schule zu tun oder nicht. Sollte Ihnen, liebe Abiturienten, die Schule mitunter als lebensfern, allzu reguliert und unverständlich streng vorgekommen sein, dann liegt es eben daran, dass Schule nicht fortgesetzte Lebenswelt sein will, sondern eigengesetzliche Gegenwelt ist. ... In der Schule kann man beispielsweise über historisch gewachsene Vorstellungen von der Familie theoretisch und ohne unmittelbaren Handlungszwang reflektieren – *in* der Familie aber ist genau das unmöglich."[3]

Das ist zugespitzt und es mag unnötig abgrenzend klingen, ja. Aber es trifft einen wesentlichen Punkt. Auch mit großer Leidenschaft zum Lehrberuf und mit (im besten pädagogischen Sinn) Liebe zu den mir anvertrauten Kindern und Jugendlichen bleibt doch das Lehrer-Schüler-Verhältnis ein extrem asymmetrisches Verhältnis.

Eltern mögen ihren Kindern auch Vorbild sein und Gegenbild (wie gute Lehrer), aber sie werden ihre Kinder vor allem in einer Weise lieben, die bedingungslos ist, nicht also aufhört ob schlechter Noten oder ungebührlichen Verhaltens. Dr. Sieburg richtet in seiner Abitur-Rede das Wort an die Eltern:

„Wie Sie sich in Ihrer Erziehung verwirklichen oder verzehren, alles das geht weit über die Möglichkeiten der Schule hinaus. Auch wenn sich die Schule gern wichtig nimmt und meint, sie kennte ihre Kinder durch und durch, und sich kategorische Urteile erlaubt – *Sie* wissen es besser. ... Am besten ist, wenn wir – wie gehabt – eine Erziehungsgemeinschaft zugunsten Ihrer

---

3 Aus dem Aloisiuskolleg-Jahrbuch 2014, Seite 154 ff.

Töchter und Söhne bilden, um unsere jeweiligen Funktionen wissen und uns nicht ins Gehege kommen." [4]

„Mehr als Schule!"

Wenn die hier vertretene Selbstbeschränkung der Schule (und übrigens analog angewandt auch der Lehrperson) ernst genommen ist, können wir erneut über das Mehr nachdenken, und da wollen Schulen in ignatianisch-jesuitischer Tradition einiges bieten. Für den außerschulischen Bereich habe ich die Tradition der verbandlichen Jugendarbeit bereits kurz dargelegt; auch die Übermittagsbetreuung, Sport und Orchester wurde bereits erwähnt. Aber auch im direkten Schulkontext ist ein Mehr gewollt, das sich von reiner Wissensvermittlung abhebt.

Wesentlich gehört zu „unseren" Kollegien das Angebot von Besinnungstagen; stille Zeiten und Orte werden gesucht und geschützt. Es wird gebetet. Das gemeinsame Gebet (Liturgie) gibt dem Tag wie dem Jahr zusätzliche Struktur und es ist Einladung bzw. Übung, um das persönliche Gebet und sich als Person zu entdecken. Wer erfährt, dass er um seiner selbst willen geachtet wird, tut sich leichter mit der Achtung anderer. Wer offen ist für religiöse Erfahrung und geübt im religionskritischen Diskurs, der ahnt, dass die Welt mehr beinhaltet als das, was begreifbar ist, was nützlich ist und Erfolg verspricht. Wer alles ergriffen hat, wenn er nur die Welt begriffen hat, der greift zu kurz. Das unterscheidet wohl den religiösen Menschen vom nicht religiösen Menschen. Und vielleicht ist es das, was die etwas verschwommene Rede vom „christlichen Menschenbild" meint. Das lässt sich einüben und entdecken in der Schule.

– Das Sozialpraktikum gehört verpflichtend zum Curriculum einer Schule in ignatianischer Tradition. Der Glaube ist keine Herzenssache allein, nicht privat, nicht nur persönlich und schon gar kein „Kopfding". Praktische und praktizierte Nächstenliebe hat was mit meiner Hände Arbeit zu tun – meine Zuwendung zu

---

4 Ebd.

Armen, Kleinen und Marginalisierten hat mehr als nur eine soziale Funktion, sie hat fast sakramentale Dimension, da ich ja wirksam das einhole und gegenwärtig setze, was Gott selbst an uns tut: unbedingte Zuwendung, Solidarität, Heilung, ja Liebe. Im Sozialpraktikum erfahre ich auch, dass ich empfange im Geben, dass der Akku meiner Seele sich nicht verbraucht, wenn er eingesetzt wird. Ich erfahre, dass ich selber geliebt werde. Die Jugendlichen erzählen in der Reflexion immer und immer wieder von der Dankbarkeit, die ihnen entgegengebracht wurde und wie sehr sie das berühre. Ich lerne in der Begegnung mit dem Kleinen und Kranken, dass es komplexe Zusammenhänge gibt in dieser Gesellschaft. Zum Beispiel die manchmal kaum auszuhaltende Spannung zwischen Barmherzigkeit und Gerechtigkeit. Ich muss mir fast zwangsläufig die Frage nach der politischen Dimension meines Handelns stellen, die Frage nach der Nachhaltigkeit von Caritas und Diakonie. Ich lerne, dass mein Tun politisch ist und gesellschaftliche Relevanz hat. Ich lerne vielleicht auch, dass auch mein Nicht-Tun und mein Wegsehen politische Relevanz hat. Schließlich lerne ich in ganz neuer Weise, und damit sind wir plötzlich wieder im Kerngeschäft von Schule und Ignatianischer Pädagogik, die Reflexion auf das, was ich lerne und tue.

– Entscheidend für diese Art des Praktikums in der Schulzeit (in Zeiten von G8 zumeist am Ende der 10. Jahrgangsstufe) sind die Erfahrung und das Einüben des Perspektivwechsels. Für den unter die Räuber Gefallenen an der Straße nach Jericho (vgl. Lukas 10,25–37) ist nicht so entscheidend, dass ihm jemand die Übernachtung zahlt und Öl für die Wunden bereitstellt – entscheidend ist, dass er gesehen wird, dass er erkannt wird in der Situation, in der er tatsächlich ist, dass jemand stehen bleibt, vom Pferd steigt, sich bückt, hinschaut und auch den zweiten Blick aushält, ja sich gemein macht mit ihm, ihn bei der Hand nimmt, die berühmte „Meile" extra mit ihm geht. Hier wird der Übungsort zum Lernort, hier wird aus Erlebnis Erfahrung. Wer in das Antlitz des Armen schaut, sieht den Himmel offen.

Es wäre zu reden über interkulturelles Lernen und Internationalität, über die Möglichkeiten, die das weltweite Netzwerk der Bildungseinrichtungen des Ordens ermöglicht. Seit einigen Jahren lernen wir ganz neu, interreligiös zu denken, und machen im eher bürgerlichen Umfeld unserer Schulen entsprechende Erfahrungen mit anderen Kulturen.

Persönlich stehe ich da am Anfang, aber ich mache ganz erstaunliche Entdeckungen und spüre vielfach die Neugier bei den Schülern, wenn es gelingt, wirkliche Begegnung z. B. mit Flüchtlingsschicksalen zu ermöglichen, weil sie in der Klasse dabei sind, ganz „normal", weil sie eben gymnasial begabt sind, weil sie eben (aus vielerlei und vielleicht nicht immer gleich nachvollziehbaren Gründen) bei uns „gelandet" sind. Wenn ich helfen „muss" in Deutsch, Geschichte und Erdkunde und wenn ich Hilfe annehmen kann in Mathe und Bio („das haben wir bei uns in Homs längst schon gemacht"), dann ist das ein besonderes Geschenk, das es wertzuschätzen gilt und das uns schützt vor der Tendenz zur „gated community".

Eine Besonderheit an einigen unserer Schulen sei erwähnt, wenn über das „Mehr als Schule" gesprochen wird. Wir sagen ja stets „Kolleg", weil z. B. unsere Internatsschulen eben nicht Schulen mit angeschlossenem Wohnheim sind, sondern die Internate integraler Bestandteil des Ganzen sind. Hier vermischt sich etwas von dem eben Gesagten, hier hebt sich die (vermeintlich scharfe) Trennung von Schule und Elternhaus bzw. Familie auf. Unsere Internatsschüler nennen das Internat nicht umsonst „zweites Zuhause". Das beste Internat kann keine Familie ersetzen und ein gutes Internat will dies auch gar nicht. Es gilt aber auch: die intakteste Familie kann nicht bieten, was ein Internat zu bieten vermag: Leben und Lernen in Gemeinschaft – Leben und Lernen in Begleitung – Leben und Lernen in Vielseitigkeit – Leben und Lernen in einem christlichen bzw. kirchlichen Umfeld.

Die „peer group" ermöglicht „peer education", und zwar in einem im besten Sinn behüteten Umfeld. Schon ganz praktisch ermöglicht die Größe der Gruppe eine Vielzahl von Lern- und Erfahrungsorten, die eine Familie nicht bieten kann. Und wenn es stimmt, dass die Schule nicht im eigentlichen Sinn Lebensraum sein kann und darf, dann ist das im Internat etwas anderes. Das Internat ist Wohn- und Lebensraum. Das Internat ist auch Ort der Fürsorge weit über das hinaus, was Schule leisten darf und kann. Das Internat dient in Einzelfällen durchaus auch der Kompensation bei besonderen Nöten daheim, es funktioniert aber, weil der ganz große Teil der Internatsfamilien dieses Mehr des Lebens in Gemeinschaft sucht. „Freunde fürs Leben" gibt es gratis (im Wortsinn: als Gnade).

Orte der frohen Botschaft, der Beziehung und Begegnung

Ein letzter Aspekt schließlich: Wir sehen, dass unsere Kollegien mehr und mehr „Kirchort" geworden sind. Die Überraschung des Hl. Ignatius liegt schon lange zurück und sie ist doch ganz aktuell. Ignatius wollte sich ursprünglich nicht an (große) Institutionen binden. Sein Ideal war das des Wanderapostels: Beweglichkeit, die Straße, bei den Leuten sein. Als dann aber die Arbeit der Schulen begann, zunächst in Messina und dann sehr schnell an sehr viel mehr Orten, entdeckten Ignatius und die ersten Gefährten des jungen Ordens, dass die Institutionen Orte sind, die ausstrahlen. Die Kollegien gewannen schnell an Bedeutung für das, was der apostolischen Sendung der Jesuiten entsprach: *animas iuvare* – den Seelen helfen. Die Kollegien hatten Ausstrahlung über die anvertrauten Kinder hinaus in die Familien und in die Stadt.

Und heute? Zunehmend sehen wir heute die Bedeutung unserer Schulen als Orte der Kirche. Hier erfahren Kinder und Jugendliche Kirche als konkrete Glaubensgemeinschaft; sie machen die zentrale Erfahrung, dass ihnen abgenommen (geglaubt) wird, was sie glauben bzw. bekennen. Sie begegnen Menschen, für die der Glaube Bedeutung hat und Kraftquelle für den Alltag ist. Sie erleben Glaubensleben im Alltag. Auch die kritische Reflexion der Frage nach Gott hat hier einen Ort. Da, wo eine Beheimatung in der Pfarrgemeinde nicht gegeben ist, wird das Kolleg womöglich zum einzigen Ort, wo sie dem Evangelium begegnen bzw. Menschen, die das Evangelium verkünden. Nicht selten sind inzwischen die Erfahrungen von gemeinsamem Gebet, von Liturgie oder auch der Hinführung zu den Sakramenten Schulerfahrungen. Hier scheint erneut die Möglichkeit eines Kollegs auf, das eben mehr ist als Schule, das ganz unterschiedliche Orte und Weisen der Beziehung und Begegnung vorhält.

Anhang

Autorinnen und Autoren

Michael Becker, Lehrer für Mathematik und Kath. Religion am Kolleg St. Blasien, Mitglied im Schulleitungsteam, u. a. zuständig für Qualitätsentwicklung, Leitung der Steuergruppe.

Birgit Buchberger, pädagogische Leiterin am Kollegium Aloisianum, Lehrerin für Mathematik und Chemie.

Michael Dobes, Direktor des Kollegium Kalksburg in Wien seit 2004, Lehrer für Physik, Informatik und Mathematik, langjährig in der fachdidaktischen Ausbildung und in der Schulpolitik (Personalvertretung) tätig.

Ulrike Gentner, Diplom-Theologin, Diplom-Pädagogin, Leitung des ZIP – Zentrum für Ignatianische Pädagogik, stellv. Direktorin des Heinrich Pesch Hauses Ludwigshafen am Rhein, Coach für Persönlichkeitsentwicklung.

Philipp Görtz SJ, Doktor theol., Aufbaustudium in Pastoralpsychologie. Langjährige praktische Erfahrungen in der Schulseelsorge und vorübergehend auch in der Internatsleitung. Vorstand der Stiftung ignatianische Jugendpastoral.

Karl Hödl, Schulleiter am Kollegium Aloisianum, Lehrer für Englisch und Russisch.

Gabriele Hüdepohl, Deutsch- und Religionslehrerin, seit 2007 Schulleiterin des Canisius-Kollegs Berlin.

Jürgen Leide, Gymnasiallehrer mit den Fächern Geschichte, Katholische Religion, Politik. Pädagogischer Leiter des St. Benno-Gymnasiums Dresden. Logotherapeut (nach Viktor Frankl), Gestaltpädagoge, Zusatzausbildung in Gesprächsführung (Carl Rogers). Mitentwickler und Ausbilder für das schulische Erziehungskonzept „KidS – Kess erziehen in der Schule".

Klaus Mertes SJ, Lehrer, Direktor des Kollegs St. Blasien.

Mathias Molzberger, Diplom-Theologe und Oberstudienrat für Geschichte und Katholische Religion, Beratungslehrer, seit 2001 am Aloisiuskolleg tätig.

Albert Roth, Erzieher seit 25 Jahren im Kollegium Kalksburg, Lernberater und Lerncoach, Referent an Pädagogischen Hochschulen, Lehrgangsleiter des Hochschullehrgangs für Freizeitpädagogik an der KPH Wien.

Johannes Siebner SJ, seit 2011 Kollegsleiter im Aloisiuskolleg (AKO) in Bad Godesberg, zuvor Kollegsdirektor in St. Blasien (2002–2011) und KSJ-Jugendseelsorger in Hamburg (1993–2001); Lizentiat in Theologie.

Johann Spermann SJ, Diplom-Theologe und Diplom-Psychologe, Leitung des ZIP – Zentrum für Ignatianische Pädagogik, Direktor des Heinrich Pesch Hauses in Ludwigshafen am Rhein, Systemischer Berater und Systemischer Supervisor, Focusingtherapeut (DAF).

Tobias Zimmermann SJ, Theologe, Magister in Philosophie, Magister in Kunstpädagogik, 1994–1999 Geistlicher Leiter der verbandlichen Jugendarbeit am Canisius-Kolleg, 2003–2010 Schulseelsorger, 2011 Rektor am Canisius-Kolleg.

Impuls: Unterscheidung der Geister

Wer ich bin und was mir das Leben bedeutet, beantworte ich in den vielen Entscheidungen meines Lebens. Nicht selten aber treffe ich eine Wahl nicht aus freier Entscheidung, sondern aufgrund von Vorlieben, Abneigungen oder Zwängen. Ignatius von Loyolas Unterscheidung der Geister kann mir helfen, freie und stimmige Entscheidungen zu treffen. Wie geht das? Zusammen mit Gott – wie mit einem guten Freund – schaue ich auf mich in dieser Situation. Ich lasse Gedanken und Gefühle zu, die ich mir sonst vielleicht nicht eingestehe.

Schritt 1: Ich frage mich, ob überhaupt eine Entscheidung ansteht. Diese Frage stelle ich mir besonders, wenn ich verwirrt bin oder unter einem starken Druck stehe.

Schritt 2: Mit Fantasie und Mut kläre ich, welche Entscheidungsalternativen es gibt, um einem zwanghaften „Entweder-oder" zu entrinnen. Habe ich bisher alle Möglichkeiten gesehen und zugelassen?

Schritt 3: Ich sammle zu allen Alternativen nüchtern das Pro und Contra. Ich schaue besonders darauf, was im Rahmen meiner Kräfte, was vernünftig und sittlich erlaubt ist. Hilfreich können folgende Fragen sein: Was liegt in der Linie von wichtigen Entscheidungen, die ich bisher getroffen habe? Was fügt sich in den Rahmen meiner Aufgaben? Wie würde Jesus oder eine mir wichtige Person entscheiden?

Schritt 4: Achtsam spüre ich die Regungen meiner Seele zu jeder Option – die vielfältigen Stimmungen, Gefühle und Empfindungen. Besonders hellhörig und feinfühlig nehme ich wahr, wo ich gefangen von Ängsten und Zwängen bin. Welche Stimmen in mir sind besonders laut? Was wird übertönt? Was wagt sich kaum zu zeigen?

Schritt 5: Gott traut mir viel zu und will mein Bestes. In meinen inneren Regungen spricht er zu mir. Ich sage Gott, was meine eigentliche Frage ist und wohin mich meine innerste Sehnsucht treibt. Ich bitte um Mut und Freiheit.

Schritt 6: So schaue ich nochmals auf das ganze Bild der unterschiedlichen Optionen und versuche herauszufinden (zu verkosten), wo ich langfristig mehr Freiheit, mehr Gelassenheit, mehr persönliches Wachstum und mehr Zukunft spüre: Worin drückt sich Liebe aus und worin wird sie gestärkt? Wo öffnet sich mein Herz zu mehr Hoffnung, Glaube und Liebe, obwohl der Weg vielleicht sogar schwieriger ist? In diesen konstruktiven Regungen zeigt sich der Ruf meines Schöpfers.

Schritt 7: In diese Richtung entscheide und handle ich.

Impuls: Examen

Wenn sich der Tag dem Ende zuneigt, ist der Zeitpunkt gekommen, um durchzuatmen und Rückschau zu halten. Indem ich den Tag bewusst abschließe, gebe ich dem nächsten Tag die Chance, noch besser zu werden.

In die Stille gehen

Ich begebe mich an einen angenehmen Ort, schalte Lärm- und Störquellen aus und nehme mir Zeit für mich und meine Gefühle. In der Stille schaue ich mich an – ich mache mir bewusst, dass auch Gott mich anschaut.

Was habe ich heute erlebt?

Ich lasse den Tag Revue passieren und schaue die Geschehnisse an. Achtsam und ohne Wertung. Ich blicke auf Dinge, die mich besonders bewegt haben: Erlebnisse, Begegnungen oder Entscheidungen.

Was klingt auch jetzt noch, am Abend des Tages, nach?

Warum hat mich etwas besonders berührt? Was ist da eigentlich passiert? Ich gebe meinen inneren Regungen Raum – meinen Gedanken, meinen Gefühlen und all dem, was ich gespürt habe und gerade spüre.

Was treibt mich an?

Ich gehe dem nach, was mein Handeln geleitet hat: Was war meine Motivation? Was hat mich angetrieben, und was hat mich gehemmt? Was gibt meinem Leben die Richtung?

Was würdest Du sagen?

Ich lege Gott vor, was mir aufgefallen ist. Spreche Dank und Bitten aus. Ich stelle die Frage: „Und was würdest Du sagen?"

Was wird morgen auf mich zukommen?

Ich wende mich dem kommenden Tag zu und mache mir bewusst, dass ich mit Gottes Hilfe auch für das Morgen genügend Kraft haben werde. Was mich auch bewegt: Ich überlasse es der Liebe Gottes.

Loslassen

Im Gespräch mit Gott lege ich meine Fragen, die unbeantwortet blieben, meine Nöte und Ängste in seine Hand. Ich lege mich zur Ruhe, indem ich mein Leben in seine Hände gebe. „Vater unser im Himmel …"

Stichwortverzeichnis

ZIP – Zentrum für Ignatianische Pädagogik

Es liegt auf der Hand: Jede Schule und jede Ausbildungsstätte hat Weiterbildungsbedarf. Nur wer sich entwickelt, kann seinen eigenen Ansprüchen treu bleiben. Vor allem sind es derzeit die Umbrüche in Kirche und Gesellschaft, die eingefahrene Traditionen und das Profil von Schulen und Schulverbänden in Frage stellen. Manchmal bestehen aber auch ganz definierte Problemfelder: eine schwierige Beziehung zwischen Kollegium und Elternschaft, Misstrauen zwischen Lernenden und Lehrkräften, eine neue Schulleitung trifft auf mangelnde Akzeptanz …

Das Zentrum für Ignatianische Pädagogik bietet hier für alle Akteure und Themenfelder tragfähige Lösungen: Als Weiterbildungspartner führen wir Schulen und Schulverbände zu einem klaren und überzeugenden Profil, geben Lehrkräften sowie allen Verantwortungsträgern auf der Leitungsebene die Fähigkeit zu Dialog und entschlossenem Handeln und sorgen dafür, dass Schulen jetzt und jeden Tag die richtigen Schritte für eine erfolgreiche Zukunft gehen können.

Das ZIP befindet sich in der Trägerschaft der Deutschen Provinz der Jesuiten und des Heinrich Pesch Hauses, Katholische Akademie Rhein-Neckar der Diözese Speyer.

Der Sitz des Zentrums für Ignatianische Pädagogik ist das Heinrich Pesch Haus in Ludwigshafen am Rhein, Seminare und Bildungsangebote finden größtenteils dort aber auch im gesamten deutschsprachigen Raum statt.

**Über aktuelle Veranstaltungen informiert Sie
die Homepage des ZIP: www.zip-ignatianisch.org**